김정일의 운명과 북한의 운명

김정일의 운명과 북한의 운명

김정일의 운명과 북한의 운명

펴낸 날 · 2009년 11월 25일 | **초판 1쇄 찍은 날** · 2009년 11월 20일
지은이 · 심주일 | **펴낸이** · 김승태
등록번호 · 제2-1349호(1992. 3. 31) | **펴낸 곳** · 예영커뮤니케이션
주소 · (136-825) 서울시 성북구 성북1동 179-56 | **홈페이지** www.jeyoung.com
출판사업부 · T. (02)766-8931 F. (02)766-8934 e-mail: edit1@jeyoung.com
출판유통사업부 · T. (02)766-7912 F. (02)766-8934 e-mail: sales@jeyoung.com

copyright ⓒ 2009, 심주일
ISBN 978-89-8350-736-5

값 12,000원

김정일의 운명과 북한의 운명

심주일 지음

예영커뮤니케이션

적을 알면 이기기 쉽다는 말은 분명한 사실이지만 적을 알 수 있는 길이 쉽지는 않습니다. 그래서 첩보전을 하게 마련이고 사람을 투입하고 정보원을 확보하게 됩니다. 가장 유력한 것은 현장에 있던 이들의 정보입니다.

이 책의 필자인 심주일 목사님은 현장에서 태어나 자라났고 공부했습니다. 더불어 깊숙한 내막을 정신적인 세계와 영적인 면 모두 설명할 능력을 갖추신 분입니다. 중국에서의 목사님 삶을 보면 하나님께서 준비하신 일이 놀랍다는 것을 알 수 있습니다. 그리고 한국에서 잘 훈련되었고 영적 세계에 대한 분석을 잘 하시는 것은 결코 우연이라고 생각되지 않습니다. 하나님께서 심 목사님을 사용하시려고 준비해 놓으셨습니다. 목사님의 분명한 분석과 표현 그리고 내용들은 교재로 쓰기에 너무 합당합니다. 한국을 향한 많은 질책이 우리를 부끄

럽게도 하지만 훌륭한 지적이기에 배울 바가 많습니다.

바라는 것은 많은 분들이 이 책을 읽고 깨달아 북한 선교를 준비하고, 통일된 한국교회의 역할을 구체적으로 이해하고 준비하는 데 큰 도움이 될 것을 믿습니다.

모퉁이돌선교회

무익한 종 이삭

서문

　'북한' 혹은 '탈북자'라는 말은 이제 우리들에게 익숙한 말이다. 구체적으로 따져 보면 대한민국의 정치, 경제, 군사, 언론, 종교 등 모든 것이 북한과 연결되지 않은 것은 하나도 없다. 대한민국은 예전부터 지역주의는 늘 있어 온 것이고 최근 10여 년 전부터는 새로운 갈등이 첨예하게 대립하고 있는 양상을 띠고 있다. 다시 말해서 북한을 어떤 입장과 관점에서 보는가에 따라서 좌파, 우파, 진보, 보수로 갈라져 있는데, 이것만은 부인할 수 없는 현실이다. 물론 좌파도 아니고 우파도 아니라는 사람들도 있지만 자기도 모르게 좌든지 우든지 강경하지는 않더라도 입장을 가지고 있다.

　필자는 탈북자이지만 좌파가 되려고 하지도 않고 우파가 되려고 하지 않는다. 다만 두 체제를 체험하고 있는 조건 하에서 대한민국과 우리 민족의 이익을 위함이라면 좌파가 되는 것도 두려워하지 않고 우파가 되는 것도 무서워하지 않는다. 왜냐하면 통일된 대한민국, 우리 민족을 필자는 목숨보다도 더 사랑하기 때문이다. 그렇다고 해서 민족주의자는 아니지만 세계 인류 안에 우리 민족이 존재하는 한 나의 민족을 위함은 곧 세계 인류를 위한 일이기도 하다. 그리고 내 민족을 위한 일이 우선이기 때문이다.

'북한', '탈북자', '김정일', '핵'이라 하면 정말로 이제는 말할 것도 없는 문제인 것 같지만 우리 국민들은 '그것이 나와 무슨 상관이란 말인가?'라고 생각할 수 있다. 하지만 모두의 생업과 삶에 직간접적으로 연관되어 있다는 것을 국민 모두가 알아야 한다. 그것은 시간이 가면 갈수록 더할 것이고 북한 문제는 대한민국 국민들에게 있어서 생각하기도 싫은 일일지 모르지만, 필수가결의 대상이 북한이란 것을 잊어서는 안 된다. 때문에 북한을 잘 아는 문제는 중대한 문제이며 알면 알수록 한반도 문제는 더욱 빨리 해결될 것이다.

필자가 북한에 있을 때는 김일성이 죽은 다음 얼마 지나지 않았을 때였다. 대한민국의 북한 전문가들은 북한이 3년 후면 망한다고 이야기했다는 것을 알게 되었다. 나는 그때 '왜 북한을 그렇게밖에 모르고 있을까?' 하며 혼자 코웃음을 지었다. 오늘도 역시 달라진 것은 없다. 아니 달라진 것이 없는 것이 아니라 그때보다 지금은 더 북한을 모르고 있는 것 같다. 좌측으로 가 있는 전문가들은 좌측에서 북한을 보고, 우측으로 가 있는 전문가들은 우측에서 북한을 보기 때문이다. 거기에는 언론과 정치가들이 한몫을 하고 있고, 아직은 소수이기는 하지만 친북 단체들과 이 모두에 의해서 그렇게 되는 것이다.

3년이면 망한다고 하던 북한이 이제는 핵까지 만들어 세계판도에서 미국과 동등한 지위를 가지려고 온갖 노력을 다하고 있다. 사실 북한과 같은 나라는 이 세상에 없다. 그 특수한 집단이 바로 우리의 한반도에 사는 한 민족이다. 세상 논리로 보면 보편적 공산주의가 아니라 북한식 공산주의를 끝까지 실현하겠다는 고집과 아집, 독선으로 가득 찬 특수한 집단이다. 사실 그들은 공산주의가 실현할 수 없는 이념이라는 것을 알면서도 고집을 부리고 있다. 고집을 부리는 데는 한 가지 중요한 이유가 있다. 그 문제는 이 책에서 구체화적으로 논할 것이다. 종교적 논리로 볼 때에는 주체의 이단교로서, 복음주의 정통 종교의 국내 반입을 끝까지 방어하는 원형 방어와 최후 저지선을 형성한 지탱점에 불과한 곳이 북한이다.

국내 탈북자들은 현재 1만 7천여 명을 넘어서고 있다. 그들 중에 책을 쓴 사람들도 많다. 북한에 대한 여러 주제를 가지고 여러 책들을 펴냈다. 위선으로 덮어져 있는 북한을 세상 사람들에게 알리고 싶어 했던 그들의 양심이 바로 책으로 만들어 졌을 것이다. 필자도 생각을 안 해 본 것은 아니지만 그렇다고 해서 책을 만들어 낼 용기를 갖지 못했다. 그것은 나의 겸손이라기보다 북한의 모든 것을 잘 알면서도 책을 쓸 자질이 부족했기 때문이다.

책이란 독자들과 가까워져야 하는 것은 물론, 함께 웃고 함께 울고 함께 호흡을 해야 하는 것인데 어떻게 된 것인지 북한에 대하여 말을 하거나 글을 쓰면 쓸수록 독자들과 멀어지는 것이 현실인 것 같다. 물론 한국의 국민들은 북한이라 하면 독재 국가, 그리고 굶어 죽은 나라, 자유가 없는 나라, 정치범 수용소와 핵이 존재하는 나라 등 보편적인 문제들에 대해서는 모르는 사람들이 없을 것이다. 그러나 오늘날 북한의 결과가 왜 초래했는지, 3년 후면 망한다던 북한이 어떻게 저렇게도 버티고 있는지 그 원인을 정확히 아는 사람은 별로 없는 것 같다.

종교계는 물론 북한 연구 전문가들이 이러저러한 주제들을 가지고 포럼을 비롯한 언론 및 TV화면을 통해서 토론하는 것들을 많이 보았다. 그럴 때마다 저것은 아닌데 하면서도 어쩔 수 없이 지켜봐야만 하는 이가 필자를 비롯한 탈북자들일 것이다. 탈북자들이 글을 잘 못 쓰거나 말을 할 줄 몰라서가 아니다. 북한 전문가임을 자칭하는 전문가들과 대한민국 국민들의 열리지 않는 귀를 탈북자들이 열 수 없다. 이럴 때마다 북한의 김정일을 비롯한 수뇌부에서는 좋아서 어쩔 줄을 모른다. 김정일은 자신이 어떤 일을 어떻게 하는지에 대해서는 이 세상 사람들이 아무도 알아서는 안 된다고 하였기 때문이다.

대한민국 국민들이 반드시 알아야 할 곳이 있다면 그곳은 북한이다. 오늘날 1만 5천여 명의 탈북자들이 이 땅에 들어와 살아가고 있다. 앞으로 얼마나 더 증가할지 모르겠지만 탈북자가 남한에서 이렇게 많이 살게 될 줄은 사람들이 몰랐던 문제이다. 대한민국도 북한도 몰랐던 문제이다. 사람들이 전혀 생각지도 못했던 문제가 일어나는 것은 인간의 한계를 초월한 초인간적 그 어떤 존재의 능력을 우리가 인정하지 않을 수 없다는 것이다. 그 능력은 바로 진리이며 진리이기 때문에 감추어진 북한을 세상에 알리라고 이 땅에 탈북자들을 보내 주고 있다.

탈북자들은 사명을 가지고 이 땅에 온 것은 확실하나 부여된 사명에 대해서 잘 느끼지 못하고 있는가 하면, 알아도 사명을 원만히 수행하지 못하고 있다. 그 중에 나도 한 사람이다. 오늘날 탈북자들이 북한을 알리고자 하는 것은 모든 것을 떠난 양심에서 시작되는 것이며, 한편 좌로도 우로도 치우치지 말고 북한을 아는 문제는 국민으로서의 의무이자 애국심으로 제기되는 문제이다.

나는 분명히 알고 있다. 이 글을 쓰는 목적은 단 한 가지, 북한의 속과 겉을 좀 더 깊이 국민들에게 알리는 것이다. 그 외에 아무런 목적도 없다. 시작이 절반이라고 우선 시작을 하는 것으로서 나의 사명 앞에 조금이나마 순종하고자 한다.

제1부
나는 누구인가?

나는 탈북자이다. 북한군 정치장교로서 평양을 방어하는 부대에서 30여 년간 근무하였고 1998년 10월 13일 대한민국으로 왔다. 이세상 사람들 가운데 고향을 떠나 사는 사람들은 많아도 가족과 친척까지도 떠나 사는 사람은 많지 않다. 떠나본 사람들은 다 알겠지만 고향과 가족과 친척을 뒤에 남기고 떠난다는 것은 그리 쉬운 일은 아니다. 이런 사람들에 대하여 일부 대한민국 국민들은 사람 취급을 하지 않는다. 한 번 변절한 사람이 또 변절할 것이라는 생각으로 정부 조사기관에서는 이 땅에 들어온 탈북자들에 대해 가치를 부여한다. 뿐만 아니라 '사람이 어떻게 가족을 버리고 올 수가 있는가?', '탈북자들은 북한에서 다 죄를 짓고 도망쳐 온 사람이다.'라는 생각을 한다.

탈북자들이 많이 생기고 그 탈북자들이 대한민국으로 오면서 궁색해진 북한 당국자들이 탈북자들에게 내린 평가가 '변절자 죄인'이라는 것이었다. 2007년 10월 노무현 전 대통령이 평양을 방문했을 때 김정일은 "탈북자들 때문에 골치 아프지요? 여기서도 골치 아프게 놀던 사람들이 바로 그 사람들이다."라고 이야기했다고 한다. 전 집권당이었던 열린 우리당의 장OO 국회의원과 조사기관의 일부 사람들은 상식을 가지고 이야기한 것 같지만 북한 당국의 입장을 대변한 것이나 다름이 없다. 탈북자가 변절자인지 죄인인지는 훗날 역사가 정확히 심판할 것이다. 언제나 진실과 진리는 후에 나타나기 때문이며 후에 나타나지만 진리이기 때문에 반드시 승리한다는 것을, 북한의 수뇌부나 그들을 대변한 사람들이 알아야 할 때가 점점 다가오고 있다.

나 자신도 평양에 가족을 두고 떠나온 사람이다. 변명하는 것은 아니지만 한국으로 들어올 때 한국 정부로부터 명령을 받고 나를 안내한 주요 간부들에게 다짐을 받았다. 첫째, 한국에 들어가면 일체 언론을 차단시켜 달라. 둘째, 평양에 있는 가족이 제 3국으로 오면 오늘 나를 안내한 것처럼 안내해 달라. 이렇게 철석같이 약속을 하고 다짐을 받았는데 내가 정부요원의 안내를 받아 한국으로 들어오고 제 3국에 있는 어느 분은 자신의 가족을 안내하기 위해 평양으로 들어갔다. 그런데 내가 김포공항에 내리는 날에 국영방송 KBS는 북한군 정치장교 OOO 군사칭호(계급)가 국내로 귀순했으며 현재 해당기관에서 조사 중이라고 김종진 앵커가 보도하고 있었다.

이후 결과에 대해서는 더 기록하고 싶지 않다. 지금도 가족을 생각하고 평양을 생각하면 잠을 자다가도 호흡이 딱 막히는 것 같아

잠을 못 자고 일어날 때가 많다. 그럴 때마다 성경을 보고 기도를 한참 하고 나면 그것으로 위로가 되고 다시 잠을 이루곤 한다. 가족을 찾아오지 못한 사람이나 가족을 버리고 왔다고 사람 취급을 하지 않는 그분들의 심정은 같으리라고 생각한다. 다만 그때 환경이 어떠했으며 무엇이 원인이었을까 하는 것은 사람마다 다르겠지만, 이제 와서 욕을 먹어도 할 수가 없고 사람이 아니라고 해도 애써 변명하려고 하지 않는다.

북한군 정치 장교는 한국군 정훈장교와도 차원이 다르며 또 기무사하고도 다르다. 세상 어느 나라 군대에도 없는 오직 북한군만 가지고 있는 편제이다. 정치장교는 수령의 군사 사상과 노동당의 군사 노선과 정책을 무력 기관 안에 구현하고 장악통제하고 지도하는 당에서 파견한 군 안의 당 일꾼이다. 북한의 수령과 당은 철저하게 군대를 수령의 군대, 당의 군대로 만들기 위해 군대 안에 당조직을 건설하고 그 당조직을 통하여 수령의 사상과 영도를 실현하고자 한다. 여기서 군대 안의 당 사업을 할 일꾼이 필요한데 그것이 바로 정치장교들이다. 그들은 직무상 복종관계보다 당 권한과 힘을 갖고 자기의 임무를 수행한다. 그러므로 북한군 간부, 즉 군관(장교) 대열을 정간주의 원칙에서 꾸리는 것이 당연하나 그중 정치장교는 거기에 더해지는 핵심 분자라 할 수 있다.

솔직히 말해서 필자는 핵심적 위치에서 조선의 공산주의 혁명을 해 왔고 공산주의 혁명을 무력으로 담보하는 사명 앞에 충성을 다했다. 김일성과 김정일, 당으로부터 총애를 받았다. 그러나 고등교육을 받으면서 공산주의 사회의 그 실현에 대한 확신과 그 노정이 도저히 인간이 그 길로는 절대로 갈 수 없다는 것이 머릿속에 스며들기 시작했다. 특히 자본주의 사회의 정치 경제학과 사회주의 경제학을 배우면서 인간은 사상적으로도 공산주의에 갈 수 없으며 사회주의 경제 법칙을 가지고서는 물질적으로도 공산주의는 갈 수 없다고 생각되었다. 그럴 때 나의 생각을 증명이나 하듯 소련을 비롯한 공산권이 무너지기 시작했고 이미 중국은 특색 있는 사회주의 구호를 걸었지만 본질적으로는 자본주의 길을 걷고 있다.

그러나 북한에서의 성장하고 교육을 받은 나의 세계관은 절대로 자본주의에 현혹될 수는 없었다. 그렇다고 희망 없는 공산주의에 대해서도 낙관할 수도 없었다. 이렇게 될 때 인간은 자연히 인생이 허무해지고 갈등을 느끼게 되며 인간 자체의 정체성까지도 고민하게 된다. 거기에 김일성은 죽고 김정일 시대가 대두되면서 무엇인가 변할 수 있다는 기대를 가졌었다. 나만이 아닌 북한 인민 모두가 그러했을 것이다. 그러나 이 기대는 너무나도 순진했다는 것을 알게 되었다.

김일성의 가장 큰 실수

"나에게 있어서 변화란 절대로 있으리라고 생각지 말라. 하늘이 무너져도 솟아날 구멍이 있다."

김정일은 정권을 잡은 첫날부터 배짱을 가지고 살아야 한다고 하면서 간부들에게 자신의 말을 침투(전달)하고 그 사상으로 살라고 하였다. 그 다음 날부터 김정일은 최 전연(전방부대) 제 1제대 부대 및 구 분대들을 찾아다녔다. 당시 북한의 형편은 차마 눈뜨고 볼 수 없는 처지었다. 경제는 불경기가 아니라 완전한 폐허와 파탄 속에서 활기 증진할 수 있다는 이론적 근거도 없었고, 물질적, 재정적 기초도 없었고 국가 배급제는 붕괴되어 가는 곳마다 아사자들이 발생하였다. 한마디로 국가는 마비상태에 돌입했다는 것이 확연했다.

그때 필자는 이러한 상황에 대처하기 위해 국가는 당연히 비상사태를 선포하고, 또 기근이 일어났으므로 인민들에게 비상용 쌀이라도 풀어서 공급해야 한다고 생각했다. 빚을 지더라도 중국에 가서 강냉이라도 꿔다가 인민들에게 공급함으로써 아사상태는 막을 줄 알았다. 그런데 아무리 김정일을 올려 봐도 아무런 대책이 없었다. 김정일은 해당 당조직을 통하여 전국 각지에서 굶어 죽는 사람이 많다는 보고를 받고 있기에 분명히 알고 있었다. 그때 나는 김정일은 인간이 아니라고 결론지었다.

"간부는 간부가 되기 전에 인간부터 되어야 한다. 인간이 된 다음에 간부가 되어야 한다. 그래야 인민의 심부름꾼으로 인민을 위해서 일을 잘 할 수 있다."

김일성은 생존해 있을 때 우리 간부들에게 여러 번 교시를 통해 말했다. 그런데 김정일은 인간이 되기 전에 나라의 왕이 되었으니 걱정이 안 될 수가 없었다. 나는 지금도 김일성을 나쁘게 생각하지 않는다. 그는 무엇인가 정책을 연구하고 내놓을 때마다 현 지지도를 통해 인민들의 목소리를 듣고 거기에 기초하여 정책을 내놓았다고 김일성 본인도 이야기했고, 또 교시를 할 때 보면 인민이라는 큰 공동체를 밑에 깔고 그들을 걱정하며 나라의 정치를 해 나간다는 것을 알게 했다. 그러나 사실은 인민들의 목소리를 들은 것이 아니라 김일성 자신의 생각을 인민들이 무조건 받들도록 하였다.

김일성이 잘못한 일 가운데 가장 크게 잘못한 것은 김정일을 인간답게 만들어 놓지 못하고 죽은 것이다. 대한민국 국민들은 김일성이라 하면 1950년 6월 25일부터 생각할 것이다. 그러나 그것은 사실은 소련의 스탈린에게 기만당한 것이나 다름이 없었다. 기만을 당하였든 또 기만을 안 당하였든 전쟁을 일으킨 장본인으로서 그는 그 책임에서 벗어나지는 못할 것이다.

당이 하라면 하라는 대로 따르며 고지식하게 살아온 순진한 인민들에게 아무런 대책도 세우지 않는 김정일, 그럼에도 불구하고 자신을 위대한 인민의 지도자라고 불러달라고 한다. 그의 눈에는 수백만 인민이 굶어 죽어 나가는 것이 보이지 않는지 국가 경제의 숨이 죽었는데도 그 숨결을 느끼지 못하는지 "변화란 있을 수 없다. 하늘이 무너져도 살아날 구멍이 있다."라는 말로 대답했으니 무슨 말을 더 하겠는가? 나는 그때 김정일의 말에서 그의 속내를 들여다 볼 수 있었다.

"다 죽어라. 다 죽어도 좋다. 그러나 나는 군대를 가지고 살 것이다. 나는 나라의 왕이니 나는 죽을 수 없고 살아야 하며 나만 있으면 된다."

사람의 생명은 김정일의 생명이나 이름 없는 북한의 어느 한 인민의 생명이나 모두 귀중한 것이다.

나는 직책에 따른 국가적 대우를 받았기 때문에 굶지 않았고 가족도 그렇게 살았다. 그러나 나는 출장 다니면서 굶어 죽는 사람들을 길거리, 역전, 대합실 등 공공장소에서 많이 보았고 부모를 떠난 꽃제비들이 몰려다니는 것도 보았다. 이를 통해 '죽음 가운데서도 제일 불쌍한 죽음은 굶어 죽은 것이 아닌가?'라고 생각했다. 죽음은 여러 가지 형태의 죽음이 있다. 인간이 한 번 죽는 것은 정한 것이기 때문에 누구나 어떤 형식이든 한 번 죽게 되어 있다. 그러나 굶어 죽는 사람의 죽음은 죽는 순간까지 정신이 똑바로 살아 있고 죽음이 점점 다가오고 있다는 것을 알고 그 죽음을 맞이하게 된다고 한다.

성경에 의하면 인간은 하나님으로부터 지음을 받고 죄를 지은 그때부터 일을 해서 그것으로 먹고 살게 되었다. 이것은 인간에게 주어진 당연한 권리이며 인간 생명의 질서이다. 그러나 북한의 인민들은 일을 하면서도 굶어 죽는다. 그러니 이와 같은 난폭한 인권유린이 어디에 있으며 북한 인민들의 인권을 유린할 권한을 누가 김정일에게 주었는가?

김정일에게 충성하는 것, 그러다 김정일을 위해서 죽어야 한다는 것, 이것이 인생이라면 이것처럼 허무맹랑한 일이 어디에 있는가? 원래 공산주의 혁명이란 개인이 집단을 위해서 혁명하는 것인데 그 가운데는 분명 자기의 것도 있다. 그러나 김정일을 위한 혁명이라면 이것은 너무한 것이라고 생각했다. 나 자신이 살아 있는 것도 저주할 노릇이다. 그러면 나는 어디로 가야 하는가? 공산주의도 아니면 자본주의가 대안일까? 공산주의는 이미 체험했고 자본주의는 돈이 없는 이상 자신이 없었을 뿐더러 교육을 통해서 그 내용을 잘 알고 있었으니 생각조차 할 수가 없었고 마음에 담고 싶지 않았다. 드디어 필자는 인생의 한계에 도달했음을 느꼈다.

성경을 통해 깨달은 진리

인생의 갈등 속에서 이러지도 못하고 저러지도 못하고 있을 때인 1997년 1월에 『라이프성경』 한 권이 나의 손에 들어왔다. 그 성경을 통해서 나는 하나님의 음성을 들었고 북한을 떠나 압록강변에서 기도할 때 분명히 영적인 하나님을 보았다. 나는 성경 속에 주체사상이 있다는 것을 알게 되었고 공산주의도 자본주의도 그 안에 다 들어 있다는 것을 알게 되었다. 그러면서 대한민국 제주도 극동방송을 통하여 한국 목사들의 설교를 들으면서 나의 영혼 속에 믿음이 자리 잡게 되었고 자리 잡은 그 믿음이 성장하여 지금에 이르렀다.

아직 예수 그리스도의 장성한 분량까지는 멀었지만 분명한 것은, 인류는 공산주의도 아닌 또 자본주의도 아닌 하나님주의로만 가는 것이 정로임을 깨달았다. 이 세상 모든 인간들이 진실로 하나님으로부터 지음 받은 창조의 본연으로 돌아가, 창조 당시의 하나님의 백성이 된다면 공산주의든 자본주의든 그것은 문제가 아닌 것이라고 결론을 지었다.

하나님의 존재가 나에게 있어서 많은 거부감이 있었고 생소했지만 성경을 두 번째 읽을 때 사로잡혀 '아, 이것이로구나!' 하고 무릎을 치게 되었다. 창세기 1장 26-28절을 읽으면서 하나님의 음성을 못 듣는 사람이 있다면 그분은 북한에서 주체사상 학습을 잘못한 사람이라고 생각했다. 북한의 주체사상탑에는 분명히 "사람이 모든 것의 주인이며 모든 것을 결정한다는 것이 주체사상의 기초입니다.", "아, 인류 희망의 장엄한 선언을 하신 위대한 수령 김일성에게 감사하라."는 글이 박혀져 있다.

그렇다면 하나님의 말씀인 성경 창세기 1장 26-28절에는 어떻게 기록되어 있는가?

"하나님이 이르시되 우리의 형상을 따라 우리의 모양대로 우리가 사람을 만들고 그들로 바다의 물고기와 하늘의 새와 가축과 온 땅과 땅에 기는 모든 것을 다스리게 하자 하시고 하나님이 자기 형상 곧 하나님의 형상대로 사람을 창조하시되 남자와 여자를 창조하시고 하나님이 그들에게 복을 주시며 그들에게 이르시되 생육하고 번성하여 땅에 충만하라, 땅을 정복하라, 바다의 물고기과 하늘의 새와 땅에 움직이는 모든 생물을 다스리라 하시니라."

필자는 이 말씀을 보면서 물론 김일성은 주체사상의 본질과 기초에서 사람이 혁명과 건설에서 어떤 지위 즉 주인다운 지위에 있으며, 또 혁명과 건설에서 어떤 결정적 역할을 해야 한다는 말을 믿고 신봉했으며 충실했다. 그러나 솔직히 너무나도 당연한 이야기를 어디에서 옮겨다가 쓴 것 같은 마음을 가지고 주체사상을 배워왔다. 그러나 위에서 이야기한 하나님의 말씀을 접할 때 사람의 기원문제, 그리고 이 세상에 살면서 사람의 지위와 역할 문제를 얼마나 구체적으로 밝혀 주었는가 하는 것을 새롭게 깨달았다.

'그러면 그렇지, 주체사상이 여기 성경에서 표절하여 옮겨다가 좀 가공하여 만들었구나.'

이렇게 생각하니 얼마나 마음이 후련하였는지 모른다. 그렇다면 수천 년 전 하나님의 말씀으로 기록된 성경을 믿고 성경을 우리에게 준 하나님께 감사하며 믿는 것이 너무나도 당연한 것이지 무엇 때문에 1970년대를 거쳐 1980년대에 만들어졌다는 주체사상을 믿어야 하는가? 그것도 어디에서 옮겨다 쓴 것 같은 것을. 그래서 나는 하나님의 말씀을 믿게 되었고 그 후 하나님은 하나님 자신의 영까지 나에게 부어 주셨다. 압록강변에서 물과 불로써 말이다.

나는 성경에 부자들, 북한식으로 말하면 자본가, 지주, 부르주아들의 소유권을 프롤레타리아 혁명으로 강제로 죽이고 빼앗아 국가 소유로, 또 그것을 수령의 소유로 만들라는 말씀이 전혀 기록되어 있지 않으며, 또 한편 부자들도 치열한 경쟁 사회에서 자신의 능력으로 성공하여 부자가 되면 마음대로 먹고 쓰고 흥청대며 살다가 후대들에게 상속하면 된다는 말씀도 없음을 깨달았다. 다만 신명기 15장 11절에서 하나님께서 말씀하시는 바와 같이 "땅에는 언제든지 가난한 자가 그치지 아니하겠으므로 내가 네게 명령하여 이르노니 너는 반드시 네 땅 안에 네 형제 중 곤란한 자와 궁핍한 자에게 네 손을 펼지니라.”라는 말씀과 “일하지 않는 사람은 먹지도 말라.”라는 말씀을 통해 사랑과 노동이 인간의 삶에서 일차적으로 요구하시는 하나님의 진리임을 깨닫게 되었다. 하지만 모두 다 그런 것은 아닌 것 같다. 하나님은 분명히 주권 선택권이 있으므로 하나님의 음성은 하나님의 은혜로 값없이 듣게 하는 것이다. 이성적으로만 생각한다면 주체사상을 만든 황장엽 선생도 아직 교회에 나가지 않고 있다. 지식과 철학으로 만은 하나님을 만날 수 없다는 것이다.

나는 더 이상 북한에 있을 필요가 없다고 생각했고, 하나님에 대한 그리움과 그 영감의 인도와 함께 1998년 3월 17일 평양을 떠나 1998년 3월 19일 압록강을 도하하여, 주님께서 함께 동행해 주심을 체험하면서 1998년 10월 13일 대한민국으로 왔다.

누가 진짜 배신자인가?

김정일이 이끄는 북한의 공산주의는 참 공산주의가 아니다. 공산주의 그 자체는 만민을 위한 것이지 김정일 자신을 위한 것이 절대로 아니기 때문이다. 만일 김정일이 만민을 위한 공산주의를 지향하고 손수 앞장서 앞길을 헤쳐 나가는 영도자라면 그 앞길에 어떠한 애로와 난관이 있어도 두려울 것이 없다. 죽음에 죽음을 쌓아 그것을 뛰어 넘어도 좋고, 굶주림에 또 굶주림을 뛰어 넘어도 얼마든지 웃으면서 갈 수 있다. 천신만고의 비바람도 뚫고 나가는 것이 낙관주의고 그 낙관주의는 공산주의 혁명가들에게 있어서 고유하며 강인한 내적 사상의 표현의 한 형태이다. 허나 아무리 내적 사상이라 할지라도 그 사상의 원천은 진리를 사모하는 데 있다. 그러나 현실과 실천은 그것이 아님을 너무나도 잘 알게 해 주었다.

대한민국에 와서 많은 깨달음을 얻기는 했지만 이 세상 정치가들과 통치자들은 다 파렴치하다는 것을 알게 되었다.

"세상에서 일어나는 모든 정치적인 일은 우연이란 있을 수 없고 오로지 계획을 했기 때문에 일어나는 것이다."

미국 대통령이었던 프랭클린 루스벨트의 말이다. 미국의 프랭클린 루즈벨트, 영국의 윈스턴 처칠, 소련의 이오시프 스탈린 이들이 얼마나 파렴치했으면 1945년 8월 15일 광복 후 한반도를 둘로 갈라놓으려고 이 나라 주인인 우리 남북한 국민은 누구도 알지 못하는데 포츠담 회담이라는 것을 열어 놓고 사실상 자기들의 손아귀에 잡힌 인형을 주무르듯 그때 이 나라를 갈라놓았다.

김정일은 탈북자들을 '배신자 또는 변절자'라고 한다. 그렇다면 지금에 와서 진짜 배신자는 누구인가? 두 말 할 것 없이 김일성과 김정일은 인민들을 배반하였다. 인간은 창조적 속성상 진리를 사모하고 진리를 위해서 인생의 정신적 및 육체적 모든 것을 소멸하게 되어 있다. 그렇다면 '진리가 아닌 김정일을 위해서 정신적 및 육체적 모든 것을 소멸시켜야 한다는 것은 진리 자체가 그것은 아니다.'라고 가르쳐 준다. 따라서 북한을 떠난 탈북자들은 절대로 배신자가 아니다.

'뜻이 있는 사람들은 다 북간도로 간다.'라는 말은 1960년대 중반에 북한에서 만든 예술영화 "한 지대장에 대한 이야기"에서 나오는 대사이다. 우리 민족은 일제 때부터 살 길을 찾을 때 현해탄을 건너가지 않았으면 두만강, 압록강을 건너갔다. 그러나 그때는 그들이 가는 길을 누가 막지는 않았다. 지금은 일제의 식민지로 있는 것도 아니며 주체의 조국, 자주독립국가, 수령 복을 타고난 민족이라 하면서도 많은 사람들이 왜 압록강과 두만강을 넘지 않으면 안 되었을까?

오늘날에는 항일을 위해 독립의 뜻을 가지고 압록강과 두만강을 넘는 사람은 없다. 분명히 북한 당국은 여기에 답을 주어야 한다. 그리고 대책을 세워야 한다. 북한을 떠나면 반역자로 몰고 인민들에게 식량을 주지도 않으면서 또 먹을 것을 자체로 해결하려고 하면 비사회주의라 하여 잡아가니 어떻게 하란 말인가? 그저 앉아 죽으란 말인가? 왜 여기에 답을 주지 못하면서 살겠다고 떠나는 사람들을 정치적 문제로 보며 죽이려고 하는가? 조국이 없는 서러움, 상가 집 개만도 못하다는 말을 모르는 북한 사람들은 없다. 그러나 그들은 떠났고 여기 대한민국으로 왔다.

대한민국 국민은 북한을 너무 모른다

세상을 돌아볼 때 질타하고 싶은 것이 한두 가지가 아니다. 이것은 대한민국 국민들도 동일하다고 할 수 있다. 지난 10년 동안 좌파 정부의 대북정치는 더 할 말이 없으며 현 정부의 대북정치도 할 말이 많다. 필자는 이번에 10년의 좌파정부를 끝내고 현 정부를 출범시킨 것은 현 정부에 대한 절대적인 신뢰를 보낸다기보다 그동안의 좌파정부의 대북정치에 환멸을 느꼈으므로 지금의 정부를 출범시켰다고 생각한다.

지난 10년 동안 좌파정부의 대북정치 하에 남북 관계는 좋아진 것 같으면서도 모순으로 가득 차게 했고 그 모순 속에서 쌍방은 서로 원칙이 없는 전철을 밟아 왔다. 모든 사물의 변화 발전 과정에 모순과 갈등은 분명 어느 한 시점에 가서는 폭발하게 되어 있다. 그 폭발로 인해 시대를 체험해 보지 못한 모든 인간들에게 역사는 멀리 뒷자리에 있고 '너희는 다시 새 출발하라.'고 할 것이다. 오늘 남한과 북한과의 관계가 바로 그렇다. 새로 이명박 정부가 출범했지만 또 새롭게 출발하지 않으면 안 된다. 지난 좌파정부의 대북정치에서 남북한이 좋은 것 같았지만 모순과 갈등은 감추어 놓고 정치를 해 왔기 때문이다.

오늘날 대두된 북한의 핵문제도 바로 이러한 논리로부터 출발한다. 사실상 북한은 핵으로 무장한 자체가 미국을 겨냥한 핵무기인 것 같지만 그 본질은 남조선 혁명을 완수하기 위한 조선노동당의 혁명적 무장력의 핵심적 골간이다. 당면하게는 미국과 동등한 핵보유국의 지위를 가지자는 데 있으며 다른 한쪽으로는 경제 문제도 풀어 보겠다는 것이 그들의 속셈이다.

북한은 남조선 혁명을 완성함에 있어서 미국을 견제하지 않고서는 또 그와 정반대로 친미 정책을 추구하여 한미 동맹보다 더 강한 북미 동맹을 결성하지 않는 한, 단 한 발자국도 대한민국 땅은 밟을 수가 없다. 한미 동맹보다 북미 동맹을 더 강화해도 그 자체가 미국을 견제하자는 데 있다. 때문에 첫째는 미국을 견제하는 데 있고 그 다음은 우리 자신이 타격 대상이 되는 것이다. 그때 가서 그들은 지난 좌파정부의 10여 년에 거친 남북 관계를 계산하지 않을 것이다. 그렇다면 실리를 추구하는 이명박 정부의 탓으로 모든 문제를 보겠는가? 그것도 아니다. 문제는 남조선에 대한 적화 혁명을 기어이 완수하겠다는 북한에 있다.

대한민국 국민들은 북한에 대하여 너무나도 모르는 것이 많다. 그러면서도 알고 싶지 않은 것이 또한 북한이다. 정치를 하는 사람들부터 청년들, 특히 새 세대들은 더 할 말이 없다. 사실상 오늘의 북한을 대한민국이 생각할 때, 한 민족 한 지맥으로 잇닿은 화해와 협력대상이 아니라 숭배 대상이 되지 않았나 하는 것이 나의 생각이다. 북한은 우상 숭배의 나라임에는 확실하다. 때문에 북한 주민들에게 있어서 김정일은 완전히 신이며 숭배의 대상이다. 그 숭배는 북한 주민들의 삶에서 체험된 숭배가 아니라 세뇌된 맹목적 숭배이다. 그러면 남한은 어떠한가? 상식적으로 인텔리들은 북한을 과학적으로 연구 분석할 것 같은데 그렇지 못하며, 우경주의 사람들은 체험에 기초하여 공산주의는 나쁘다고 하면서도 혁명적 행동으로 나서지 않고, 좌경 친북세력은 때가 왔다는 어설픈 말을 하고 있다. 이 모든 것은 다른 데 있는 것이 아니라 바로 북한을 숭배 대상으로 보고 있기 때문이다. 우상은 연구 대상이 아니라 숭배 대상이기 때문에 위에서 이야기한 문제가 당연시 될 수 있다. 그러면 우상 숭배는 사실인가, 진실인가? 필자는 신이 아닌 사람을 신처럼 숭배하는 것은 진실도 아니고 사실도 아니라고 말하고 싶다. 우상 숭배 뒤에는 반드시 두려움이 있기 때문이다. 그 두려움은 북한 주민들은 물론이고 새삼스러운 것은 대한민국의 일부 국민들도 김정일을 두려워하고 있다.

모든 사물을 보고 판단 분석할 때 어떤 대상이든 숭배 대상으로 보고 숭배만 한다면 그 숭배 대상은 벌써 신격화되며 연구하고 알려고 하는 것이 아니라 숭배하려고 달려들기 때문에 잘 알 수가 없다. 오늘 대한민국이 북한을 겉으로 알 것은 겉으로 알고, 속으로 알 것은 속으로 알지 못하는 이유가 10년 동안의 좌파정부 영향 하에 바로 북한을 숭배 대상으로 보고 있기 때문이다.

누구에게나 물어보면 '그럴 수 있겠는가?' 하겠지만 자기도 모르게 벌써 그렇게 되었다는 것을 다시 한 번 돌아보아야 한다. 사실 숭배 대상이 숭배를 받으려면 자기를 낱낱이 알려야 하고 모든 민중들로부터 숭배 대상이 될 수 있는 신적인 능력을 보여 주어야 한다. 그렇다면 북한의 김정일은 무엇을 우리들에게 알렸는가? 물론 거짓으로 알린 것은 많다. 태어나 자란 고향까지도 왜곡하였고, 북한에서 굶어 죽는 사람들이 불쌍해서 외국에서 도와주는 쌀도 김정일이 위대해서 미국을 비롯한 대한민국이 무릎을 꿇고 가져다 바친다고 하고 있으니 과연 숭배 대상이 될 만도 한 것 같다. 이상한 것은 처음에는 그것을 누가 믿었으랴? 그러나 좌파정권 10년 후의 우리 국민들은 덤덤히 그리고 분별력이 없이 그런가보다 하고 믿고 있다.

옛날부터 임금은 '민심은 천심'이기 때문에 민심을 하늘처럼 존중했다고 한다. 그런가 하면 백성들은 먹는 문제를 하늘처럼 생각했다고 한다. 그렇다면 김정일에게 천심은 어디로 가 있고 백성들의 민심은 어디에 있는가? 대한민국의 일부 정치인들, 언론인들, 또 정말로 좌측으로 가 있는 분들은 김정일이 통이 크고 호방하며 인간 중의 인간이라고 평하는 사람들이 있다. 물론 이렇게 평하던 사람들이 대부분 지난 대선과 총선에서 국민들이 표를 주지 않아 떨어져 나가기는 했다. 아마 이런 분들은 자기 개인의 인격과 명예에 김정일의 쇼와 같은 추파가 가깝게 느껴졌나보다. 그것도 오랜 세월 속에서 체험한 것이 아니라 만찬이나 회담장에서의 순간에 만남을 체험한 사람들이라 생각된다. 대한민국의 어느 한 가수는 김정일 앞에 가서 노래 부르고 싶다고 한다.

사실 김정일이 그렇게 참 사람처럼 보였다면 탈북자들은 대한민국을 포기하고 김정일을 이 한반도의 대통령으로 추대하자고 했을 것이다. 대한민국의 정치인 중에 누구도 참 인간이며 호방하고 호탕하다고 평가 받는 사람을 보지 못했기 때문이다. 북한과 김정일을 숭배의 대상으로 볼 것이 아니라 연구 대상으로 보아야 하며 북한을 사실대로 알고 진실을 도출해 내야 한다.

나는 지금 대한민국에서 살고 있다. 나는 공산주의자도 아니며 그렇다고 해서 자본가도 아니다. 정치가는 더욱 아니다. 다만 진리만을 추구하는 하나님주의자로서, 우익도 아니고 좌익도 아닌 현실을 진리의 세계관으로 보고 판단 분석하는 평범한 목회자에 불과하다. 목회

자에게 있어서 누구를 정죄하고 평가하고 판단하기보다는 내가 절대적으로 믿는 신에게 기도부터 해야 하는 것이 순리라면, 제일 먼저 기도하고 싶은 대상이 대한민국의 정치이며 두 번째로 한국 교회, 세 번째로 논리적이지 못하고 맹목적 환상에 빠져 있는 친북 세력이다.

다만 이 글이 어쩔 수 없이 북한의 문법과 문체로 또 그들의 가치관으로 많이 쓰여질 것만은 사실이나 우리 대한민국 모든 국민들이 북한을 논리적으로 잘 알 수 있도록 하는데 기여했으면 하는 순수한 바람에서 독자들에게 닿기를 희망한다.

제2부
북한은 왜 붕괴되지 않는가?

김일성이 죽었을 때, 대한민국에서는 3년이면 북한은 망한다고
하였다. 어떤 근거로 그렇게 이야기했는지 모르겠으나 단지 김일성이
죽고 북한 인민들이 굶주리고 있다고 하여 그 자체가 근거로 되는 것
은 아니다. 망한다고 했던 북한이 망하지 않고 김일성이 죽은지도 벌
써 15년이 지났지만 북한은 요지부동으로 버티고 있다. 이제는 핵까
지 만들어 강대국 미국과도 초강경으로 맞서고 있다. 이러한 전술을
북한에서는 '맞받아 나가는 전술'이라고 하고, 대한민국에서는 '벼랑
끝 전술'이라고 한다. 김일성은 생존해 있을 때 인민군 군관(장교)들
에게 기회가 있을 때마다 "나는 일본 놈들과 미국 놈들과 늘 맞받아
나가는 전술로 싸워 이겼다."고 이야기하곤 하였다.

　　역사적으로 볼 때 김일성의 말이 틀린 것 같지는 않다. 자유민주
주의를 전통성으로 하고 있는 대한민국이나 세계의 나라들에서는 언

제나 여당과 야당이 존재하며 이들의 파쟁은 국민들의 투표에 의해서 결정된다. 그 결정에 따라 집권당도 되고 대통령도 된다. 문제는 어느 나라 국민이나 다 평화를 중시하는 것이다. 그러니 국민들로부터 표를 받아야 할 대통령과 집권당이 누가 김일성과 김정일처럼 맞받아 나가는 전술을 쓰겠는가? 김일성과 김정일은 영원한 수령으로서 국민들로부터 표를 받는 문제에 대해 신경을 쓸 필요를 전혀 느끼지 않는다. 그러니 그들의 맞받아 나가는 전술은 극단에 이르기 전까지는 늘 상대측에 먹힌다고 생각하고 있으며 또 지금까지 그렇게 해 왔다.

객관적으로나 이성적으로 보면 분명 북한은 망할 것 같이 보이고 또 벌써 망했어야 하는 것이 정상이다. 바로 대한민국의 가치관으로 보면 얼마든지 그런 결론을 내릴 수 있다. 수백만 인민들이 굶어 죽었고, 수십만이 그 땅에서 탈북을 감행했으며, 경제는 불경기에서 활기 증진할 수 있다는 근거는 전혀 없다. 세상에 하나밖에 없는 독재국가인 북한은 보편적 진리의 정로에서 탈선되어 있다.

북한 당국자들은 조선혁명을 위해서 잘 싸웠다는 사람들에 대해서는 영웅 칭호를 비롯한 국가 수훈을 아끼지 않는다. 북한의 아사자들은 정말로 충실한 사람들이었다. 그들은 순진무구했고 그야말로 당만 믿었던 사람들이다. 이제라도 그들에 대한 공로를 평가하고 국가 수훈을 아끼지 말아야 한다고 생각한다. 생명의 마지막 순간까지 순진무구로 당 앞에 검증받았고 당이 하라고 하는 대로 살아 온 신념이 투철한 사람들이 이 세상에 또 누가 있겠는가?

사람은 죽을 것을 각오하면 못할 일이 없다. 남한에서는 자기의지에 따라 데모도 할 수 있고, 개인 복수도, 분신도 할 수 있고, 투신도 할 수 있다. 심지어 이념에 휘말려 폭력 투쟁도 할 수 있다. 그러나 북한에서는 그렇지 못하다. 왜 그렇지 못한지 대한민국 국민들은 이해를 못한다. 우리는 그것을 보았고, 손으로 만졌으며, 귀로 들었고, 몸으로 체험했다. 손으로 만지고, 눈으로 보고, 귀로 듣고, 몸으로 체험한 것을 많은 탈북자들이 대한민국 앞에 증언하였으나 누구도 이해를 하지 못하고 심지어 믿으려 하지 않는다. 이것도 역시 좌파정부 10년의 여독이다. 좌측으로 가 있는 사람들에게 좌파라고 하면 좋아하지 않는다는 것을 느꼈다. 그러나 노무현 전 대통령이 좌파라고 하였으니 그것은 좌파인 것이다.

솔직히 말해서 김정일과 같이 참된 인간의 속성은 조금도 찾아 볼 수 없는 살인 독재자가 살아 있다는 것은 21세기 인류의 망신이고, 수치이며, 정의의 슬픔이다. 나는 개인적으로 현실성이 있고 실현만 될 수 있다면 사회주의 공산주의를 지향한다. 능력에 따라 일하고, 수요에 따라 분배를 받으며, 누구나 다 권리를 평등하게 행사하고, 골고루 다 잘 산다는 것이 얼마나 좋고 매력적인가? 이것은 무계급 사회를 말하며 착취를 받는 사람과 착취를 하는 사람과의 관계가 완전히 해결된 사회이다. 이런 사회가 싫다면 그러한 사람은 인간이 아니다.

그러나 현실을 그렇지 않다. 이러한 이론을 내놓은 공산주의사상 이론가들은 무엇인가 이 세상을 잘못 본 것이 있다. 인간을 잘못 보든, 물질과 인간관계를 잘못 보든, 누구도 발견하지 못한 이론을 인류가 갈망하면서도 창시해 내지 못하고 정답을 보지 못하거나, 창시해 내지 못한 것들을 바라는 것들의 실상이 사실인양 그것을 거짓 이론화하였을 따름이다. 때문에 북한의 공산주의는 시간과 노력의 낭비이며 독재자의 운명의 연장이다. 김정일은 이 세상에 존재할 이유가 없으며 현재 존재하고 있다는 자체가 새로 자라나는 한민족과 온 인류의 후대들에게는 비판적 견지에서는 교훈이 될 수는 있을지 모르겠지만 증오스럽다. 그러나 슬프지만 역사는 역사대로 바라보고 기록되어야 할 것이다.

공산주의 혁명 원리로 북한을 분석하여 보아도 착취와 독재가 있는 곳에는 반드시 혁명이 일어나게 되어 있는데 왜 북한은 꿈쩍도 하지 못할까? 그렇다면 북한은 혁명이 일어날 수 있는 제반 요소와 정세가 성숙되지 못했단 말인가? 그것도 아니다. 그렇다면 북한은 왜 혁명이 일어나지 못할까? 우리가 그 이유를 구체적으로 알 때 "김정일의 운명과 북한의 운명"이라는 문제에 과학적인 답을 찾을 수 있다. 그 답을 찾지 못한다면 통일 운동은 오래 지연될 것이며 '북한은 3년이면 망한다.' 아니 '북한의 붕괴는 오래 남지 않았다.'고 이야기하는 사람들이 국민들을 미혹케 하는 일은 계속될 것이다.

얼마 전에 설문 조사 자료에서 찾아 볼 수 있는 바와 같이 우리 국민들은 통일에 대하여 또 북한의 운명에 대하여 근거도 없이 추상적인 개념을 갖고 있는 것이 뚜렷이 드러났다. 물론 일부 사람들을 제외하고는 북한의 붕괴와 통일을 갈망하는 것은 우리 민족 누구라면 다 천추 갈망하는 것이다. 그러나 추상적이어서는 안 된다. 하나님

한 분밖에 알지 못하는 그 날, 즉 통일의 날과 북한 붕괴의 날을, 우리가 가지고 있는 북한 정보와 환상적 북한 인식을 가지고 예측한다는 것은 다 거짓된 것이다.

왜 북한은 아직도 망하지 않고 있는가? 이제 그 구체적인 이유를 알아보도록 하겠다.

1. 북한노동당이 있기 때문이다

북한노동당(조선노동당)이 북한을 절대로 망하지 않게 정치를 하고 있기 때문이다. 북한노동당은 북한의 집권당으로 말 그대로 노동자, 농민, 근로 인텔리 각계각층에 깊이 뿌리박은 근로 인민의 대중적 정당이다. 조선노동당은 프롤레타리아 독재 체제 안에서 핵심적 위치에서 영도적 역할을 하며 그 외곽 단체인 근로단체들을 통하여 인민 대중과 긴밀히 연결되어 있다. 근로단체라 하는 것은 노동자 조직인 직업총동맹을 말하며 농민 조직인 농업근로자동맹, 청년 조직인 김일성사회주의청년동맹, 여성 조직인 여성중앙위원회가 있다. 소년단 조직은 존재하지만 여기서는 깊이 다루지 않는다.

김일성은 당과 근로단체를 복숭아와 비교하여 복숭아씨는 노동당이고 복숭아 살은 근로단체라고 했다. 그러면서 혁명의 영도 계급은 노동 계급이지만 프롤레타리아 독재 체제 안에서 당 다음 가는 조직은 김일성사회주의청년동맹이라고 하였다. 그것은 당 대열 장성의 원천이 청년 조직에 있으며 청년 조직의 지위와 역할의 특수성으로부터이다. 또한 김일성은 근로단체는 당과 대중을 연결하는 것이라고 말했다. 좀 더 생동감 있게 말하자면 물을 푸는 펌프가 있으면 그 펌프를 돌려야 할 모터와 펌프 사이의 벨트와 같다는 것이다.

조선혁명의 정치적 수뇌부

조선노동당은 공산주의 혁명 원칙에 따라 일국 일당제로서 야당을 허용하지 않는 집권당이며, 당을 창건한 수령의 사상과 영도를 실현하기 위한 조선혁명의 참모부이자 노동계급의 이익을 대표한 조선혁명의 정치적 수뇌부이다. 내용이 없이 형식적으로 이름만을 가진 야당이 있기는 하지만 그것은 남조선의 각계각층 군중을 포섭하기 위한 기만적 야당이다. 그 야당의 일꾼도 노동당에서 임명하여 배치하게 되어 있다. 이것은 본질에 있어서 북한에는 야당이 전혀 있을 수 없다는 것을 말해 준다. 조선노동당은 말로는 대중적 정당이라고는 하지만 수령 개인의 당으로 완전히 변질되고 전락되었다. 오늘 노동당을 김일성·김정일 당이라고 부르는 것은 우연한 일이 아니다. 여기에 노동당의 본질적 모순이 있다.

원래 마르크스–레닌주의 당 건설 원칙과 공산주의 사회 건설을 위한 당의 활동 원칙에 당은 철저히 어느 한 개인의 당으로 될 수 없고 민주주의 원칙에 근거한 대중적 정당으로서의 참모부이다. 그러나 북한노동당은 특히 김정일 시대에 와서 더 심화시켰지만 혁명과 건설에서 수령의 역할론과 수령론, 수령관에 따르는 수령 절대주의 이론이 주체사상에서부터 발생되 나오면서 김일성.김정일 당으로 완전히 전락되었다. 이것만은 그야말로 김정일의 업적이라고 당당히 이야기할 수 있다.

당은 당수에 의해 영도되는 것이 사실이지만 그렇다고 해서 그 당의 최고 영도자의 개인당으로는 절대로 될 수 없다. 지금 북한노동당은 만일 김정일이 죽고 김정일과 꼭 같은 후계자에 의해 영도된다면 조선노동당은 존재할 수 있으나 그렇지 않다면 즉 차기 당수가 어떤 사람인가에 따라 조선노동당의 운명과 그 성격과 강령은 달리 결정될 것이다.

종합적으로 북한노동당의 성격을 규정한다면 조선노동당은 위대한 수령 김일성 동지에 의해 창건된 주체형의 마르크스-레닌주의 당이라고 규정할 수 있다. 북한노동당의 주장에 의하면 김일성은 1926년 10월 타도제국주의 동맹을 결성하고 당을 창건하기 위한 조직 사상적 기초를 타도제국주의 동맹에 두고 항일의 혁명투쟁 과정에서 당을 창건하기 위한 조직 사상적 기초를 확고히 마련했다. 해방 후 건당, 건국, 건군의 당면 사명을 지니고 제일 먼저 1945년 10월 10일 조선노동당 창건을 온 세상에 선포하였다.

그렇기 때문에 조선노동당은 조선 인민의 모든 승리의 조직자이며 향도자라고 하고 있다. 그러면서 기회가 있을 때마다 북한의 노동당원들과 인민들은 조선노동당 만세를 부르고 있으며 "영광스러운 조선 노동당 만세!"의 구호를 당의 고정 구호로 정하여 놓고 있다.

북한노동당의 강령

그러면 북한노동당이 정치를 어떻게 하기에 북한이 망하지 않고 있을까? 우선 조선노동당의 강령에서 찾아 볼 수 있다. 어떤 당이든 당은 그 당의 해당 강령과 규약을 기초로 당을 건설하고 활동하고 있다. 당의 강령은 당의 성격을 규정하는 당의 사명과 같은 것이다. 조선노동당의 강령은 당면 목적과 최종 목적으로 명시되어 있다. 당면 목적은 남조선에서 반제, 반봉건 민주주의 혁명을 수행하고 전국적 판도에서 사회주의 완전 승리를 이룩한다는 것이고, 최종 목적으로써는 온 사회에 주체사상을 실현하는 것이라고 명시되어 있다. 남조선에서 반제 반봉건 민주주의 혁명이라는 말을 지금은 인민 민주주의 혁명이라고 바꾸어 놓았지만 그 내용은 똑같다.

당의 당면 목적과 최종 목적에 대해서 좀 더 설명한다면 당면 목적에서 남조선에서 반제 반봉건 민주주의 혁명을 수행한다는 것은 미제를 반대하고, 미제를 남조선에서 몰아내며, 미제의 식민지로부터 남조선을 해방하고, 지주와 자본가들의 착취와 압박에서 대다수 무산 계급인 노동자 농민을 해방한다는 것이다. 북한노동당은 착취자와 피착취자를 구분하는 것을 소유권을 가진 자는 착취 계급이고, 소유권을 가지지 못한 자는 피착취계급으로 구분한다. 이것은 우리 자유 민주주의 체제 하에서는 좀처럼 이해할 수 없는 것이다.

누구나 다 시장 경제 원리에 따라 치열한 경쟁 속에서 열심히 일한 사람은 자연히 소유권이 생기기 마련이고 그 소유는 또 소유를 낳게 하여 부자가 될 수 있는 것은 자연스러운 일이다. 때문에 소유권을 가졌다는 것은 본인 자신의 피와 땀의 노력으로 이루어진 것인데 북한노동당은 그렇지 않다. 오직 소유권은 국가만이 소유할 수 있다는 것이다. 국가의 소유는 본질에 있어서 수령 개인의 소유가 된다. 가만히 따져 보면 일리가 있는 것 같이 보인다. 남조선이 정말 미국의 식민지라면 그럴 수 있다. 또 대기업이든 중소기업이든 심지어 작은 음식점이나 가게까지도 사유재산으로 누구를 착취하기 위한 것이라면 반제 반봉건 민주주의 혁명 대상으로 될 수 있다.

그러나 다 알다시피 미국과 한국은 동맹 관계이고, 세계 앞에 한국도 미국과 같은 자주권을 행사하고 있다. 또 소유권을 가진 사람들이 이윤을 창출하기 위해 기업을 경영하는 것은 너무나도 당연하다. 이윤 창출을 위한 기업 경영을 착취 현상으로 보아서는 안 된다. 이윤 창출은 기업 경영의 보편적 원칙이다. 사회주의 경제이든 자본주의 경제이든 이것은 부인할 수 없는 것이고 만일 이윤이 없다면 경제 그 자체는 존재할 수도 없다. 이윤 창출을 착취 행위로 본다면 북한은 엄연하게 착취 국가라고 말할 수 있다.

'정의의 전쟁'의 진정한 의미

조선노동당은 남조선에서 반제 반봉건 민주주의 혁명을 이룩하기 위해 폭력 투쟁을 해야 한다고 말한다. 왜냐하면 가진 자들, 즉 부자들의 소유권을 국유화한다는 것은 평화적 방법으로는 될 수 없는 일이기 때문이다. 또한 미국을 남조선에서 내쫓는다는 것도 그저 말로 될 일은 아니기 때문이다. 조선노동당의 당면 목적은 그 자체가 폭력 투쟁을 의미하는 것이며, 이 폭력 투쟁은 전쟁을 의미한다. 대한민국의 어느 한 부자나 개인을 상대로 하는 것이 아니라 법으로 인정된 대한민국의 사유권을 국유화하겠다는 것은 대한민국과의 전쟁을 의미하는 것이다. 북한은 이러한 전쟁을 '정의의 전쟁'이라고 말하고 있다. 우리 한반도의 절반 땅을 미국에게 빼앗겼기 때문에 반드시 찾아야 한다는 것이며 또 세상에는 착취와 압박이 없어야 하는데 남조선의 무산 계급은 소유권을 가진 사람들로부터 착취를 당하고 있기 때문에 그들 즉 착취 계급들을 때려 부수고 무산 계급을 해방하여야 한다는 것이다. 이 얼마나 정정당당한가? 그래서 조선노동당이 남조선을 해방해야 할 반제 반봉건 민주주의 혁명은 곧 전쟁을 의미하는 것이고 이 전쟁은 당연히 '정의의 전쟁'이라고 한다.

조선노동당은 이 세상에 전쟁은 정의의 전쟁과 비정의의 전쟁이 있는데 정의의 전쟁은 혁명의 정세가 조성되면 반드시 해야 한다고 보고 있다. 때문에 내일 아침에 전쟁이 일어난다 하더라도 오늘 밤 12시까지는 건설해야 한다는 것이 조선노동당의 전쟁 철학이다. 혁명을 이룩하기 위해 백 번 천 번 건설할 수 있고, 그 건설된 창조물들은 정의의 전쟁을 위해 다 파괴될 수 있으며, 정의의 전쟁의 목적을 이루면 또 백 번 천 번 건설한다는 사상이다. 대한민국의 위정자들과 국민들은 정의의 전쟁이든 비정의의 전쟁이든 전쟁 일체를 반대하지만 조선노동당은 전쟁 그 자체를 두려워하지 않는다.

나는 조국 통일을 놓고 조선노동당의 폭력적 투쟁방법도 반대하지만 우리 대한민국의 위정자들과 일부 국민들과 같이 무조건 전쟁을 반대하는 것은 더욱 반대한다. 전쟁은 바라지 않지만 우리의 자주권, 영토, 국민의 이익을 조금이라도 침범한다면 주저 없이 백 배 천 배 보복을 가하는 것이 우리의 입장이라는 것을 명백히 밝혀야 한다. 무조건 전쟁을 반대한다는 입장은 적에게 나약성과 비겁함을 보여 주고, 적으로 하여금 오만하게 만들고 전쟁을 일으킬 수 있는 빌미를 주는 행동이다. 결국 자신도 모르게 염전사상에 물들어 안일하게 되고, 조국의 운명을 개인의 운명보다 귀중이 여길 줄 모르는 반역자 겁쟁이 평화주의자로 전락될 수 있다. 전쟁을 무조건 하지 않겠다는 것이 사실은 평화가 아니라 그 자체가 적들에게 전쟁의 원인을 제공하는 것이 될 수 있다.

오늘날 군 입대를 기피하거나 전쟁이 일어나면 군대에 가지 않겠다는 사람들의 사고와 세계관에 대해서 나는 도저히 이해가 되지 않는다. 언제인가 어느 한 국군 부대에서 강연을 할 기회가 있었다. 그때 병장 두 명에게 질문을 했다.

"병장 둘은 내일 제대하는 날이다. 그런데 내일 이 나라에 전쟁이 일어난다면 어떻게 행동하겠는가?"

나의 질문에 대해 한 명은 제대를 취소하고 조국을 위해 전쟁에 참전하겠다고 했고, 다른 한 명은 전쟁은 자신과 아무런 관계가 없으니 제대하겠다고 답했다. 조국을 위해 둘도 없는 목숨이지만 그것을 바치는 것은 양심이고, 애국이고, 의무이고, 행복이고, 축복이다. 국사 중에 제일 중요한 국사는 조국을 지키는 것이다. 이보다 더 중요한 국사는 없다. 무조건 전쟁을 반대한다면 지금 우리의 군대와 군사력은 어디에다 쓸 것인가? 전쟁을 하려고 군대와 군사력이 있는 것이 아니라 외부의 세력으로부터 조국과 국민을 지키기 위해서 군대와 군사력이 필요한 것이다. 조국과 국민을 지키는 방어전도 전쟁이라는 것을 알아야 한다.

북한노동당은 당의 강령에서 명시한 대로 남조선에서 반제 반봉건 민주주의 혁명을 수행하기 위해서는 국력의 80%, 외교력의 80%를 여기에 집중하고 있다. 일반적으로 어느 나라나 외교 정책은 자국의 안보와 번영과 부흥, 자국 내 국민들의 보호 등 이러한 것이 보편적이다. 그런데 북한노동당의 외교 정책은 남조선 혁명을 위한 국제 혁명 역량과의 연대성 강화와 그 대열의 확보, 그로부터 남조선을 국제적으로 고립시키고 남조선 안에 주체 혁명 역량을 더욱 강화하여 혁명의 대상을 극소수로 압축하자는 데 있다.

북한노동당의 바뀌지 않은 과녁

북한노동당의 당면 목적으로 전국적 범위에서 사회주의 완전 승리를 이룩한다는 것은 북이나 남이나 사회주의 제도를 수립하여 사회주의 국가가 되도록 한다는 것이다. 사회주의가 완전히 승리한 사회, 이것은 공산주의의 낮은 단계라고 볼 수 있는 바 그 징표는 간단히 말해서 모든 사람의 생활수준이 중산층 수준에 이루어야 하고 착취 계급과 그 잔여분자들의 준동이 완전히 청산된 사회를 말한다. 착취 계급의 준동이 없어야 한다는 것은 착취 계급, 즉 작은 소유권이라도 있는 자들에 대해서는 프롤레타리아 혁명으로 청산하고 그 잔여분자(후세들)의 준동도 없애 버리고 그 소유를 국가 소유, 즉 수령의 소유로 만든다는 것이다.

조선노동당은 혁명의 때는 바뀌어도 혁명의 과녁은 절대로 변하지 않는다고 후대들을 교육하고 있다. 바로 혁명의 과녁이라는 것은 소유권을 가진 착취 계급과 그 후대들을 말한다. 그래서 북한은 계급투쟁에서 세대 차이가 있을 수 없다.

북한노동당의 당면 목적은 한반도를 조선노동당의 통치 밑에 북한의 수령을 통일된 조국의 수령으로 만들기 전에는 전혀 한 발자국도 실현될 수 없는 강령이다. 그러므로 그들은 대한민국 땅을 사회주의 공산주의화 하려고 하고 있으며 이것은 노동당이 존재하는 한 계급적 성격을 부여한 불변의 법칙이다.

조선노동당의 최종 목적은 온 사회의 주체사상화를 실현한다는 것, 온 사회에 김일성주의화를 실현하고 공산주의의 높은 단계를 이 룩한다는 것이다. 온 사회를 주체사상화 한다는 것은 크게 두 가지 문제가 포함되어 있다. 하나는 사상적 요새를 점령하는 것이고, 또 하나는 물질적 요새를 점령한다는 것이다. 이것을 통 털어 '김일성주 의'라고 말한다. 김일성주의란 김일성의 사상, 이론. 방법의 전일적인 체계를 말한다.

오늘날 세상은 특히 대한민국은 좌파정부나 현 정부나 할 것 없이 북한이 변하여 개혁 개방의 길로 나오기를 바라고 있으며 또 그렇게 유도하려고 애를 쓰고 있다. 그러나 북한노동당의 강령이 바뀌기 전 에는 김정일이 노무현 전 대통령 앞에서도 이야기한 바와 같이 변화 란 있을 수 없을 것이다.

'북한도 중국이나 베트남처럼 변화될 것이다.'

이렇게 예언하는 사람들도 많지만 절대 그렇지 않다. 경제적 측면 은 그럴 가능성이 있으나 정신적, 사상적, 문화 예술적 분야에서는 절 대로 이루어지지 않을 것이다.

북한이 하도 힘이 들다 하니 금강산 관광길도 열고 개성 땅도 임대 해 주고 백두산 관광길도 연다고 하였다. 이것은 북한노동당의 강령 을 바꾸려고 하는 것이 아니라 다른 목적이 있다. 첫째는 재정 문제일 것이고, 둘째는 한국의 좌파 세력이 제한 없이 활동하는 것과 관련 하여 대한민국 국민들을 김일성의 혁명 전통으로 무장시키는 문제가 중요하다고 생각했을 것이다. 이것은 남조선 혁명 역량을 사상적으로 좀 더 업그레이드 하겠다는 것이다. 금강산처럼 통제 안에서 관광을 현실화한다면 제일 무서워하는 자본주의의 날라리 바람과 기독교 복음까지도 들어올 수 없다는 자신감을 가진 것이다. 그야말로 백두산은 김일성의 혁명 전통 교육의 대노천 박물관이 되는 것이다.

북한의 입장에서는 한반도를 바라볼 때 반드시 한반도를 북한화해야 한다. 그런데 왜 북한이 개혁 개방을 해야 하겠는가? 개혁 개방을 한다는 것은 본질에 있어서 자본주의화 된다는 것인데 그렇게 되서는 남조선을 공산화 할 수 없다.

북한이 변화하는가 또 변화하지 않는가 하는 기준은 백두산이나 금강산의 관광길이 열리는 데 있는 것이 아니라 북한노동당의 성격과 강령이 바뀌어야 하며, 또 바꾸면 어떤 내용으로 바뀌는가에 따라 북한의 변화를 가늠해 볼 수 있다. 한편 북한은 대한민국 국민들의 민심이 북한노동당의 강령이 바뀌어야 한다는 데로 초점이 모아지면 조선노동당의 강령이 바뀐 것처럼 거짓 강령을 온 세상에 내놓을 것이다. 그리고 마치 노동당의 강령이 바뀐 것처럼 우리 국민들과 세계 정의의 편에 선 인류를 기만할 것이다. 진짜 변할 수 없는 강령은 속에 품고 있을 것이다. 얼마든지 그렇게 할 수 있는 사람들이 북한노동당과 그 수뇌부들이다. 평양에 봉수교회와 칠골교회를 만들어 놓고 하나님과 세계 복음주의 신앙인들을 기만하는 것과 같다. 노동당의 조직된 군중으로서의 봉수교회 일부 교인들 속에서 눈물을 흘리는 모습을 보이는 것 자체도 노동당의 수법이다.

거짓투성이의 북한 외교전술

북한의 외교 전술은 여러 가지가 있고, 또 그 전술이 정세와 환경의 변화에 따라 창조되고 변하지만 상대측이 도저히 생각할 수 없는, 즉 예측조차 할 수 없는 문제들을 갑자기 들고 나와 상대측에서 중심을 잡지 못하고 어리둥절하게 만들어 자기들의 목적을 달성하는 '적들이 예상치 못하는 방향에 주 타격 방향을 설정하라.'는 전술이 있다. 광복 60주년을 맞으면서 북한의 인사들이 현충원을 참배한 그 자체가 우리들이 예상치 못했던 문제들을 들고 나와 어리둥절하게 만들었고 또 앞으로 자기들의 기본 목적이 김일성의 참배 문제를 기어이 대한민국 국민들에게 강요하려는 술책의 일환으로 우리는 북한이 던진 낚시에 이미 입질을 시작했다.

북한은 위선 국가이다. 너무나도 거짓말을 잘 하는 것이 북한의 수뇌부이다. 자국 내 인민들에게도 거짓말을 잘 하며 대한민국을 비롯한 전 세계 인류를 향하여 거짓말을 잘 한다. 수뇌부가 거짓말을 잘 하더니 북한의 노동당원들과 일반 주민들까지도 그 흐름이 흘려 내려 그것이 이미 체질화 됐다. 그들은 거짓말을 하면서도 그것이 거짓말이라는 가책조차 받지 않고 있다. 오히려 거짓말을 진실처럼 착각하고 있는 데까지 이르게 되었다.

결론은 북한노동당이 존재하는 한 그리고 김정일이 노동당을 영도하고 있는 한 북한의 변화는 있을 수 없다. 북한이 변하지 않는다는 것은 북한이 망하지 않는다는 것이다. 이미 북한은 세상 논리로 볼 때 망했어야 되는 것이고 또 망한 것이나 다름이 없다. 그러나 그 체제와 사상은 망하지 않는다. 이보다 더한 형편에 처하더라도 절대로 망하지 않는다. 이것은 북한노동당에서 직접 혁명을 하면서 체험한 사람이 아니라면 절대로 단언할 수 없는 특별한 이치이다.

황장엽 선생은 북한노동당 비서였다. 사실 당중앙위원회에 비서가 몇 명 되지 않는다. 이 비서들이 모이는 회의가 바로 당중앙위원회 비서국 회의라고 한다. 그러면 황장엽 선생은 북한이 절대로 망하지 않는다는 것을 몰랐기 때문에 북한을 떠났겠는가? 이렇게 문제를 제기 한다면 그렇다. 북한 자체로는 망하지 않는다는 것을 알고 떠났을 것이다. 단지 외부의 그 어떤 힘을 바라고 그 세력과 협력하면 북한의 붕괴는 얼마든지 촉진될 것이고 결국 붕괴 될 것이라는 결론을 가지고 떠났을 것이다. 그 믿었던 외부의 힘이 바로 대한민국이 아니었을까?

북한은 기회가 있을 때마다 민족 공조를 외치고 있는데 이것은 북한노동당의 대남전략 전술의 한 일환이다. 대한민국은 통일을 위한 북한과의 문제를 '대북 정책'이라고 흔히 부른다. 그러나 북한은 반대로 '대남 정책'이라고 부르지 않고 '대남전략' 혹은 '남조선 혁명'이라는 군사적 술어로 부르고 있다. 여기서도 남과 북의 통일의 가치관 차이가 명백히 드러나는 것을 알 수 있다. 공조할 것이 있으면 한 민족으로서 공조하는 것이 좋고 마땅하다. 그러나 북한과 과연 무엇을 공조해야 하는가? 북한노동당의 강령도 우리와 양립될 수 없고, 북한의 인권도 우리와 가치관이 다르며, 북한의 경제도 근본적으로 우리와 구조가 다르며, 자유□민주□종교 등 모든 것이 공조될 수 없는 문제들이다. 그런데도 불구하고 공조를 외치는 것은 북한노동당의 대남전략에 우리가 순종하고 나중에는 복종하라는 것밖에는 달리 생각할 수 없다. 모든 것을 쌍방 간에 서로 인정하고 화해하고 공조한다는 것은 있을 수도 없는 문제이다. 인정하면 할수록 모순과 갈등뿐이다. 그런데도 화해하고 공조한다면 그것은 내용이 없는 형식주의(쇼)에 불과하다.

사정이 이런데도 불구하고 북한노동당에게 원칙적인 진리를 선포도 못하고 인식도 못시키며, 좌파 세력들이 아무런 제한도 받지 않고 마음껏 이제는 때가 됐다는 식으로 활개치는 것은 두 가지로 분석할 수 있다. 하나는 환상적 북한노동당의 강령에 종속된 공산주의 혁명을 직접 체험해 보지 못한 공산주의자, 그리고 불쌍한 정치의 빈곤자들이다. 그 빈곤이 바로 북한노동당을 모르는 사람들이며 알고도 그렇다면 그것은 정말 빨갱이이다.

남한 좌파세력의 두 가지 특징

오늘날 좌파세력들의 특징이 또 두 가지가 있다. 하나는 '당신은 공산주의자인가?'라고 물어보면 '나는 공산주의자가 아니다.'라고 자기의 정체성을 솔직히 밝히지 않는 것이 첫째 특징이다. 그들은 이 땅에서 미군을 철수시키고 공산화가 되고 호방하고 통이 크다고 하는 김정일을 통일 대통령으로 모셨으면 좋겠다고 하면서도 공산주의 자는 아니라고 한다. 인간들의 사상은 말과 행동으로, 정당의 사상은 노선과 정책에서 표현된다. 말과 행동, 노선과 정책은 분명 공산주의 인데 '당신의 정체성이 무엇인가?'라고 물어보면 그들은 '색깔 논쟁을 한다'고 맞받는다. 이마에 자신이 '간첩'이라고 붙이고 다니는 간첩은 없다. 그러나 지금은 간첩이라고 써 붙이고 다녀도 당연한 시대가 되기도 한 것 같기도 하고 '오히려 그들이 더 스타가 된 시대가 아닌가?'라는 생각이 든다. 진짜 간첩들과 그들에게 이용당한 환상적 좌파세력들은 김정일 앞에서는 잠시 기쁨을 누릴지는 모르겠지만 인류의 역사와 진리 앞에서는 후회와 함께 심판받을 것이다.

또 하나의 특징은 '공산주의가 좋다면 이 한반도에는 공산주의 사회를 건설한다는 것을 당의 강령으로 하고 있는 그런 제도가 있는 북한에 가서 살라'고 하면 '그렇게는 하지 않겠다'고 한다. '그렇게 공산주의가 좋은데 왜 가지 않으려고 하는가?'를 물어보면, '굶어 죽겠다고 가느냐?'며 맹목적으로 공산주의를 숭배하는 것이 두 번째 특징이다.

좌파 세력들이 이념과 민족주의를 통합하여 생각하는 현 시대 민족주의의 개념을 잘 이해할 필요가 있다. 광복 이후 강대국들에 의해 남북이 갈라진 것은 사실이지만 남북 서로의 역사는 그 내용이 다르다. 북한이 공산주의를 이념으로 한 수령 유일 독재의 역사라면, 남한은 자유민주주의 체제에 의한 참된 민주주의를 완성하기 위한 투쟁의 역사라고 볼 수 있다.

남한 국민들 중에서 북한과 미국이 전쟁을 하면 북한 편을 들어 싸우겠다는 사람들의 비율이 70%에 달한다고 한다. 물론 좋다. 한민족이니 그럴 수 있다. 이것이 바로 현 시대 대한의 젊은이들의 신민족주의다. 그러나 원래 인류의 이상은 자기 민족, 즉 민족 이기주의가 아니다. 세계 인류 안에 민족이 있고, 민족은 그 인류의 한 부분이다. 그러나 현 시점에서 살림살이는 국가와 민족 단위로 진행되고 있다. 그러니 아차 잘못하면 민족 이기주의만이 눈앞에 보일 수 있다. 다시 말해서 남북한이 하나의 민족임은 당연하고 북한이 어려울 때 북한 편을 드는 것은 인류의 이상 실현을 위한 첫 단계인지는 모른다. 그러나 인류 역사가 말해 주는 바와 같이 독재자와 독재 정권이 지난 날 인류 역사에 기록된 것만 해도 수치스럽고 지긋지긋한데 앞으로도 계속해서 기록된다는 것은 절대로 용서해서는 안 되며 독재 세력을 도와주거나 동조한 세력도 용서해서는 안 된다.

진정으로 북한편이 되는 길

진정으로 북한편이 되려면 아직도 독재가 살아 있는 북한의 독재자를 청산하는 편에 서는 것을 말하고, 어떤 방법으로든 남한을 공산화하려는 북한의 공산화 혁명을 반대하는 반공산주의자가 되는 것이다. 또한 독재 아래 신음하고 있는 2,000만 북한 인민들의 편에 서는 것이다. 대한민국은 광복 이후 민주주의를 실현하기 위한 역사였고 그 위의 민주주의는 완전하지는 않지만 세워졌으며, 우리 국민들은 지금 그것을 누리고 있다. 이 민주주의는 분명 참된 민주주의로 발전해야 하며 남한뿐만 아니라 한반도 전체에 이루어져야 한다.

오늘날 좌파라는 친북 세력들이 도대체 누구의 편인지 절대로 알 수 없다. 북한 인민들의 편인지, 아니면 독재자의 편인지, 그들은 자기의 정체성을 똑똑히 말해야 할 것이다. 독재자 김정일 편에 서 있는 것이 곧 북한 2,000만 인민들의 편에 서 있는 것이라고 혹시 생각한다면 그들은 공부를 좀 더 해야 한다. 10년간의 좌파정부도 북한을 물질적으로 많이 도와 북한 인민들의 생활 문제가 풀리면 북한의 자유, 인권, 민주주의 등 모든 문제가 해결될 것이라고 생각하고 있으니 더 할 말이 없다. 원래 공산주의는 물질 문제가 풀렸다고 해서 완성되는 것이 아니다. 물질 문제가 풀리면 풀릴수록 인간의 정신적, 사상적 문제는 더욱더 통제해야 한다는 것이 그들의 이론이다. 바로 인간의 정신사상적 문제를 통제하는 것이 바로 독재이다.

북한의 과거를 돌이켜 볼 때 1970년대는 참 좋았다. 먹고 입고 사는 문제에 있어서 그때 당대 사회에서 좋았고 또 인민들의 의식 수준도 좋았다. 도시는 몰라도 농촌에서는 집집마다 문에 자물쇠를 잠그고 다니는 법이 없었다. 그래도 정치범 수용소는 있었다는 것을 알아야 한다. 공산주의가 발전하면 할수록 정치범 수용소는 더욱 강화될 것이고 확대될 것이다. 물론 북한의 수령이 이야기한 것처럼 인간이 정치적, 사상적으로 수양 받고 단련되어 수령에게 맹목적으로 충성하는 것이 인간의 속성이라면, 그때는 정치범 수용소가 조락되어도 되겠지만 인간은 자주성, 창조성과 의식성을 가진 사회적 존재로서 창조주로부터 받은 특혜의 권리를 가지고 있는 한 절대로 그렇게 될 수 없는 존재이다. 때문에 대한민국에서도 민주주의를 위한 역사가 창조될 수 있었던 것이다.

사라진 대한민국의 주적(主敵)

좌파정부 10년 이래 우리에게는 주적이 사라졌다. 총과 포로 대치하고 있는 세력만이 주적이 아니다. 북한의 민주화를 반대하는 세력, 남한을 공산화하려는 세력, 북한의 인권을 유린하는 세력, 북한 인민들의 자유를 억압하는 세력, 북한을 기독교 시스템화 한 우상화 세력, 이것이 오늘의 주적이다. 적이라는 개념은 오직 군사적 개념만이 아니다. 따라서 우리의 주적은 미국이 아니라 민족 내부에 있다. 우리의 주적은 북한에도 있고, 남한에도 있고, 소위 대한민국을 민주화하기 위해서 투쟁하였다고 하는 세력에도 있다.

화해와 협력, 나아가 통일, 이것은 우리 민족의 염원이며 이상이고 민족 지상의 과업이다. 이것을 한 발자국 한 발자국 집고 나가면서 통일을 현실화 하는 것은 정치가들은 물론 경제가, 군사가, 문화예술인, 종교인 누구나 통일전선을 형성해야 한다. 그렇다고 해서 원칙, 진리를 거슬리면서 화해와 협력을 하겠다는 것은 그 뒷면에 민족을 우선시 한 것이 아닌, 개별적인 정치인들과 정당들 또 그들을 추종하는 자들의 이기주의에 있다고 볼 수밖에 없다. 이 이기주의가 어떻게 표현되든지 간에 이기주의는 그 본성이 같으므로 김정일 집단과 일맥상통하다. 민족의 화해, 협력, 번영, 통일은 결코 쉬운 문제가 아니다. 무엇을 퍼 주는 것이 화해가 아니다. 힘이 들어도 화해, 협력, 번영, 통일은 국민들의 염원을 담아 원칙적으로 해야 한다. 흔히 좌파 세력들은 한반도의 특수성만을 운운하면서 원칙에서 벗어나려고 하는데 특수하면 특수할수록 원칙을 더 세워야 한다.

한쪽으로 보면 북한이 불쌍하기도 하지만 공사주의자들이 원래 그렇다는 것을 잘 알고 대처해야 한다. 나는 공산주의 치하에서 살았고, 공산주의를 위해 청춘을 다 바쳤으며, 수령만 믿고 살라고 하여 믿고 살았었다. 그렇게 순종하고 충성을 바쳤던 김정일이 그렇게 좋았다면 나는 정말 거기가 좋다고 여러분을 독려할 것이다. 그러나 그는 자신에게 충성을 모두 바친 주민들을 수백만이나 굶어 죽게 했다. 나는 그 사실을 목격하고 더 이상 그를 위해 충성을 할 수 없었다. 그렇다고 해서 돈이면 모든 것이 해결된다는 이 자본주의 사회를 선호하는 것도 아니다. 이것은 앞으로 더 연구할 문제이지만 북한만을 바라보며 좌로만 가겠다는 사람들을 정말 말리고 싶다.

필자는 대한민국에 와서 좌파 계열의 대학생들도 만나 보았다. 그들은 주체사상의 핵심을 모두 암기하고 있었다. 역설적으로 그들에게 공산주의 투쟁 형식과 방법에 대하여 설교했고 진정 이 땅 위에 공산주의 붉은 기가 펄펄 날리는 그것이 삶과 투쟁의 목적이라면 공산주의 혁명 투쟁의 최고 형태인 무장 투쟁에로 확대 발전시켜 이 나라 자유민주주의 체제를 완전히 뒤집어엎으라고까지 이야기하였다. 그러나 그들은 공산주의 투쟁 정신과 그 방식에 많이 뒤떨어져 있으며 진정한 공산주의의 종국적 승리를 위해서 몸 바쳐 나설 사람들이 못 된다는 것을 깨달았다. 그들은 김일성 공산주의자들은 맞아 죽을 각오, 얼어 죽을 각오, 굶어 죽을 각오를 가진 사람들이라는 그 교시는 학습하지 않았다. 그들은 공산주의 창시의 종주국을 비롯한 공산주의를 강령으로 내세웠던 나라들이 시장 경제 원리에 근거한 자본주의 경제발전의 노선으로 키를 돌렸다는 것을 알고 있으면서도 공산주의 그것도 김정일 북한식 공산주의를 신봉한다면 정말 불쌍한 사람들이다.

한편 좀 더 깊이 들여다보면 공산주의가 좋아서가 아니라 다른 목적이 있어서 공산주의 놀음을 하고 있는 것으로 내 눈에 비쳤다. 특색을 내어 먹고 살기 위한 정치 놀음에 관심을 가지는 것이 그들의 진정한 목적이 아닐까?

공산주의 혁명을 하려면 공산대학을 졸업해야 한다. 북한이 만들어 놓은 지하 혁명 조직을 통하여 배운 것을 가지고서는 안 된다. 때문에 결국 정치적 빈곤에 떨어질 수밖에 없다. 물론 북한노동당은 포기하지 않을 것이다. 지금은 정치적 빈곤으로 보이지만 부단히 교육을 하면 양적 성장이 질적 변화를 가져오고 질적 변화가 또 양적 변화를 가져온다는 것을 조선노동당은 잘 알고 있다.

올바른 공산대학을 졸업하면 이 세상을 바로 볼 수 있다. 현재 북한의 조선노동당 안의 공산주의자들도 이 세상을 바로 보고 있다. 그러나 조선노동당 강령을 끝까지 실현하겠다고 고집하는 것은 북한의 주민들을 떠난 김정일과 그 측근 또 그 주위의 극소수 개인 이기주의자들의 종합체이기 때문이다. 진정한 공산주의자들은 개인 이기주의자들이 아니다. 그러므로 김정일을 비롯한 그 측근들로 뭉쳐진 북한의 이기주의 집단은 본래의 공산주의자들이 아니며 가장 파렴치한 정치 집단이다. 김정일은 수백만 북한의 인민들을 굶겨 죽일 아무러한 근거가 없다. 자급할 수 있는 농업 토지가 있고, 지하자원이 있으며, 근로할 줄 아는 노동력이 풍부히 있는데도 굶겨 죽인 것은 지독한 개인이기주의 때문이다.

이런 원리로부터 출발하여 필자는 대한민국의 모든 좌파 세력들이 정말로 공산주의를 하려면 북한의 공산주의가 아니라 진리의 공산주의를 하라고 권하고 싶다. 북한의 공산주의도 아니고, 자본주의도 아니어도 좋다. 외로워도 진리를 찾아 진리의 혁명을 하라. 그러면 대한민국 국민들도 좋아할 수 있다. 그러면 늘 표를 얻을 수 있고 정권도 잡을 수 있다.

북한노동당 강령이 바뀌지 않는 한 북한은 망하지 않는다

인간은 진리를 위해서 태어났으며 이것은 창조의 본성적 요구이다. 우리는 진리를 위해서 살아야 하고, 진리를 위해서 투쟁하다가 진리를 위해서 죽어야 한다. 이것이 인간이 가져야 할 인생관이다. 진리로부터 한 나무가 나와서 하나는 집권당의 가지가 되고, 하나는 야당의 가지고 되어야, 풍성한 잎과 아름다운 꽃이 필 수 있다. 그러나 우리 대한민국은 그 뿌리 자체가 서로 다른 것 같다. 야당이 여당에 제대로 협력하는 것을 보지 못했으며 무조건 반대를 위한 반대를 하니 뿌리가 다를 수밖에 없다. 그렇다면 여당 아니면 야당, 이 두 당 중의 하나는 대한민국을 반역하는 반역당이다. 그렇지 않고서야 왜 협력할 것이 없겠는가? 분명한 것은 진리는 진리이기 때문에 결국은 승리하게 되어 있다. 공산주의는 진리가 아니다. 그렇다면 자본주의 그것도 진리가 아니다. 진리는 외롭지만 객관적으로 존재하고 있다.

북한 조선노동당이 성격과 강령을 바꾸지 않고 조선 혁명을 계속 영도하는 한 북한은 절대로 망하지 않는다.

2. 북한노동당의 조직 구조 때문이다

북한노동당의 조직 구조로 볼 때 북한은 절대로 붕괴될 수 없다는 것을 알아야 한다. 필자가 북한을 떠나온 지 벌써 10년이 넘었다. 그동안 많은 북한노동당원들이 굶주림을 비롯한 여러 가지 원인으로 죽었을 것이고, 또 당원이 아닌 사람들은 더 많이 죽었을 것이다. 대한민국 사람들은 북한의 노동당원이라면 잘 먹고 잘 사는 사람들로 생각하는 것 같다. 사실은 그렇지 않다. 당원 중에는 간부 당원들과 일반 당원들이 있다. 간부 당원들은 당중앙위원회 비서국 대상과 도당, 군당 대상이 있고 초급당 대상도 있다. 그리고 일반 당원들은 그저 당원일 뿐이며 다만 현장에서 선봉투사로서의 지위와 역할을 수행한다.

간부 당원들은 아무리 초급 간부라도 굶어 죽어야 할 처지는 넘길 수 있었겠지만 일반 당원들은 사실상 많이 굶어 죽었다. 차라리 당원이 아니었더라면 장마당에서 장사라도 했을 것인데 당원의 입장을 지키려니 장사도 못했던 사람들이 일반 당원들이다. 수령과 당만 믿으면 죽지 않을 줄 알았는데 그들에게 쌀을 주지 못한 수령과 당을 오늘에 와서 어떻게 평가해야 할 것인가? 북한노동당이 창건된 첫날부터 오늘까지 떠들었던 것처럼 혁명이 간고하고 장기하며 미국이 우리를 못 살게 하기 때문에 우리는 고난의 행군도 해야 하고 그 과정에 희생이 있는 것은 너무나도 당연하다. 또 이렇게 북한 주민들을 기만했다. 그들로서는 달리 이야기할 수가 없었다.

북한노동당이 하는 혁명이 인류가 가야 할 정로이자 진리라면, 고난의 행군을 몇 천 번이라도 할 수 있고 그 과정에 많은 사람들이 죽어도 그 시체를 밟고 또 밟아도 절대로 굴하지 않았을 것이다. 그러나 그런 혁명이 아닌데도 북한의 수령은 세습을 해 가며 아직도 살아 있고 시간이 가면 갈수록 더욱더 강력하게 결속하고 있는 것 같다. 북한을 떠나온 지 오래 되어 현재는 당원들도 일반 주민들도 얼마나 굶어 죽었는지 모르겠지만 내가 북한에 있을 때에는 많은 사람들이 굶어 죽었다. 그리하여 북한의 노동당원 수가 많이 감소했을 것이다. 그러나 당조직은 그대로 살아 있으며 오히려 보이지 않는 당조직까지 합치면 그 수는 더 장성했을 것이다.

조선노동당의 조직원칙은 민주주의와 중앙집권제 원칙에서 조직되며 생산적 지역적 단위에 당을 조직하게 되어 있다. 민주주의와 중앙집권제 원칙이라는 것은 당조직과 당조직 관리의 책임을 지는 간부들을 선거와 거수가결의 원칙에서 조직한다는 것이다. 중앙집권제 원칙이라는 것은 당원은 당조직에 하급당조직은 상급당조직에, 모든 당직은 당 중앙에, 당 중앙은 김정일 총비서에게 무조건 복종한다는 원칙으로 당을 조직한다. 그 본질을 보면 민주주의 원칙은 말뿐이지 사실상 그 숨결조차 없다. 당조직을 책임지고 관리할 간부들을 선거와 거수가결의 원칙에서 선출하게 되어 있으나 사실은 내적으로 당에서 임명된 사람들을 그저 형식적인 선거 절차를 거친다. 중앙집권제 원칙만이 살아 있는 것이 조선노동당의 조직원칙이다. 때문에 북한에서는 그 존재를 원하든, 원하지 않든 노동당이 필요하다면 그 어디에든 당을 조직하게 되어 있다.

생산적 단위에 당을 조직한다는 것은 생산하는 경제 활동을 하는 단위이면 그 어디에든 당조직을 조직하게 되어 있다. 그런 데로부터 모든 공장, 기업소, 협동농장은 물론 그를 지휘하는 사무기관까지도 당조직을 조직하게 되어 있다.

지역적 단위에 당을 조직한다는 것은 생산적 단위가 아닌 사람이 사는 곳이라면 어디에든 당조직을 조직해야 한다는 것이다. 때문에 생산과 관계가 없는 교육, 문화, 예술, 무력 기관, 자연 및 사회과학 부분, 비 생산단위 등 모든 곳에 당조직을 조직해야 한다는 원칙에서 조직한다.

당중앙위원회는 정치, 경제, 군사적으로 중요한 지역과 부분 및 특수한 환경에 적합한 당조직의 구성, 당조직의 활동 방법과 기타 당건설의 제반 문제에 관해 다르게 결정할 수 있다. 예를 들면 1960년대 후반 북한군 정찰국 소속 청와대 타격조가 서울로 침투하였을 때 그 침투 조직의 당조직은 특수한 환경에 적합한 당조직을 구성할 수 있다는 것이다.

이러한 원칙에 따라 북한노동당은 중앙조직으로부터 지방의 기층 당조직까지 전국에 균형 잡힌 조직망으로 조직되어 있다. 균형 잡힌 조직망으로 조직되었다는 것은 주민 분포에 따라 당원들을 골고루 배치하고 그 당원들로 당이 조직된다는 것이다.

각급 당조직의 최고 지도 기관은 다음과 같다. 조선노동당의 최고 지도 기관은 당대회이며 당대회가 없을 때에는 당대회가 선거한 당중앙위원회가 최고 지도 기관이 된다. 도직할시, 구역 군당의 최고 지도 기관은 해당 당 대표회이며 당 대표회가 진행되지 않을 때에는 당 대표회가 선거한 해당 당위원회가 최고 지도 기관이 된다. 기타 초급 당 및 부분 당, 세포 당조직들의 최고 지도 기관은 해당 당 총회이다. 해당 당 총회가 진행되지 않을 때에는 해당 당 총회가 선거한 위원회가 해당 당 총회의 결정을 집행하나 그 위원회는 상설적일 수도 있고 상설적이지 않을 수도 있다.

각급 당위원회 내에는 필요한 부서들을 설치한다. 부서의 설치 및 폐기의 권한은 당중앙위원회가 가지는데 이것은 본질에 있어서 김정일이 모든 권한을 가진다. 부서들로서는 해당 당위원회 기본 부서라고 할 수 있는 조직부(당중앙위원회만은 조직지도부)와 선전부(당중앙위원회만은 선전선동부) 통보, 간부, 근로단체, 경제, 군사, 외교, 행정, 재정, 국제, 대남 검열, 총무, 신소처리, 문화교육, 기타 비밀 부서들, 정치, 경제, 문화, 군사 할 것 없이 빠짐없이 해당 부서들을 가지고 있으며 해당 부서들에서는 또 필요한 기구들을 가지고 있다.

좀 더 구체적으로 당의 중앙 조직으로부터 기층 당조직까지 그 기능과 권한을 설명한다면 앞에서도 이야기했지만 조선노동당의 최고지도기관은 조선노동당대회이며 당대회는 당중앙위원회가 5년마다 조직하게 되어 있다.

당대회에서는 정치, 경제, 문화, 군사 및 조선혁명의 여러 가지 문제들을 총화하고 새로운 당의 강령과 규약을 채택,수정,보완하며 당의 노선과 정책,전략,전술에 관한 기본 문제들을 결정하고 당중앙위원회와 당중앙검사위원회를 선거하게 되어 있다. 당대회는 항시적으로 진행할 수 없는 조건하에서 당대회 사이에 모든 사업은 당대회에서 선거한 당중앙위원회가 모든 사업을 지도한다.

다시 열리지 않은 당대회

오늘날 북한노동당은 당 규약상 당대회를 5년에 1차 소집하게 되어 있으나, 김정일은 1980년 10월에 조선노동당 제 6차 당대회를 소집한 후 28년이 되도록 제 7차 당대회를 소집하지 않고 있다. 이것은 당 규약상 조직 규율 위반행위이다. 물론 당 규약에는 당대회는 원칙적으로 5년에 1차 조직하게 되어 있으나 정세와 환경에 따라 그 기간을 늦을 수도 있다고 되어 있다.

그와 함께 당중앙위원회 전원 회의를 6개월에 1차 하게 되어 있으나 그것도 하지 않고 있다. 당대회와 당중앙위원회 전원 회의를 하지 않는 데는 다음과 같은 속사정이 있다. 하나는 당대회를 비롯한 당 전원 회의를 하면 당 대표들 아니면 당원 전체가 모이는 공동체의 모임이다. 그것은 집단이 모이는 조건하에서 당내 민주주의를 발양할 수 있는 현장이라고 볼 수 있다. 그러나 1980년 이후 즉 6차 당대회 이후 북한 혁명의 모든 문제를 옛날 왕조 시대 때와 같이 각 지방 당조직에서 올라오는 제의서에 김정일이 사인을 하면 곧 그것이 당의 방침으로 된다. 그러니 당대회는 무엇을 하며 당 전원회의는 무엇을 하는가. 하등의 필요가 없게 되어 있다. 이것은 본질에 있어서 1일 독재체제를 완전히 수립 완성한 것이다.

둘째로 당대회를 못하는 속사정은 당 규약에 밝혀져 있는 바와 같이 당 앞에 총결기간 당 사업을 총화 해야 하는데 1980년도부터 지금까지 사업을 총화 할 것이 없었다. 핵보유국이 되었다고 총화 할 수도 없었고, 또 경제를 살리지 못하여 많은 아사자와 수십만의 탈북자를 속출시켰다고 총화 할 수도 없었다. 만일 있다면 조국 통일을 위한 남조선혁명에서 제반의 성과들을 총화 할 수 있을 것이다. 남조선

안에 많은 친북 세력을 키워냈으며 그들은 지금 그 어떤 제한도 없이 마음 놓고 혁명 활동을 벌이고 있다고 또 남조선에 좌파정부를 탄생시켰던 것도 성과로 총화 할 수 있을 것이다. 그러나 여기서 알 것은 북한노동당은 즉 김정일은 아무리 총화 할 것이 없어도 거짓 지표를 내놓으면서까지도 총화 하려면 할 수 있는 무리들이라는 것을 염두에 두어야 한다.

하지만 김정일은 민주주의보다 1인 독재 체제가 좋기 때문에 당대회를 소집하지 않고 있다. 당대회를 하면 김정일도 당대회장에 나와 회의에 참가해야 하는데 김정일은 파티나 기쁨조의 공연, 군사 퍼레이드 같은 데는 참가하기 좋아하지만 이런 회의에는 전혀 참가하기를 좋아하지 않는다. 이것이 김일성과 다르다. 김일성은 당 규약에 충실했다. 우리 당 일꾼들에게 그는 늘 당 일꾼들은 하늘이 무너져도 당 내부 사업을 해야 한다고 가르쳐 주곤 하였다. 당 내부 사업에서 당 회의를 하지 않는다는 것은 당의 심장을 오려 내는 것과 같다.

여기서 또 우리가 주의하여 보아야 할 것은 당대회나 당 전원 회의를 하지 않는다고 해서 도, 시, 군 기층 당조직까지도 회의를 하지 않을까? 그것은 아니다. 오히려 당중앙위원회 조직 관리를 제외한 기타 당조직들은 그 어느 때보다 당조직 관리가 강화되었다. 그것은 당중앙이나 김정일에게서 직접 내려오는 말씀과 정책을 관철하기 위해서도 중요하지만 기본은 당조직들과 당원들을 장악하고 통제하고 지도하기 위해서 더욱 강화된 것이다. 이것이 김정일 1인 독재의 통치술의 주된 방법이다.

사실 북한노동당은 김정일이 당 사업에 개입하면서부터 새로운 당 건설 역사를 기록하고 있다. 당중앙위원회 정치국과 정치국 상무위원회는 전원회의와 전원회의 사이에 당 중앙의 명의로 당의 모든 사업을 조직한다. 당중앙위원회 비서국은 필요시 당 간부 사업 및 당면 문제들을 토의 결정하며 그 결정·집행·정형을 조직 지도한다. 당중앙위원회 군사위원회는 당의 군사 정책 수행 방법을 토의 결정하며 인민군을 포함한 전 무력 강화와 군수 산업 발전에 관한 사업을 조직 지도하며 북한의 무력을 지도한다.

당중앙위원회 검열위원회는 반당, 반혁명적 종파 행위 및 기타 당의 유일 사상체계와 어긋나는 행위를 하거나 당의 노선과 정책 및 규약을 준수하지 않아 당 규율을 위반한 당원에게 책임을 추궁하며 당 규율 문제와 관련된 도당위원회 제의 및 당원의 신소를 심의 해결한다. 당중앙위원회 검사 위원회는 당의 재정 경리 사업을 검사한다. 이 외에 도(직할시), 시, 군당위원회 조직은 더 기억을 산출하여 기록할 필요를 느끼지 않는다. 그것은 당중앙위원회 조직과 그 원리가 같으며 다만 그 기능에서 즉 권한에서 도 및 시, 군에 한함이다. 그리고 당중앙위원회에 절대 복종해야 한다. 혁명 무력 안의 당조직도 같다. 인민무력부, 호위총국, 방어사령부, 국가보위부, 인민보안성의 특성상 혁명 무력 안의 당조직은 상설적인 당위원회를 조직하지 않고 정치기관을 둔다. 이 정치기관은 당위원회 위원들이 상설적으로 사업하지는 않지만 해당 부대의 당위원회나 같으며 최고 지도 기관이다.

기층 당조직의 실체

실제 당원들의 당 생활은 기층 당조직에 소속되어 생활하기 때문에 조직 원칙과 그 기능에 대해서 좀 더 설명을 하고자 한다. 조선노동당의 최하 기층 당조직은 당 세포이다. 당 세포는 당원들의 당 생활 거점이며 당 주위에 대중을 집결시키고 대중 속에서 당의 노선과 정책을 직접 수행하는 당의 전투단위이다.

당의 기층 조직의 조직 방법은 당 세포는 당원 5명에서 30명까지의 단위에 조직한다. 당원 5명 미만의 단위에는 원칙적으로 당 세포를 조직하지 않고 인접 단위의 당 세포에 소속시킨다. 특수한 경우에는 당원이 3명이 있어도 당 세포를 조직할 수 있다. 여기서 특수한 경우라는 것은 많은 경우 군을 말하는 것인데 군에서도 특수 병종을 말한다. 특수 부대가 전투임무를 수행하기 위하여 적후에 들어갈 때 당원이 딱 5명이 되어야 한다는 법은 없다. 이럴 때는 당원 3명이 되어도 당 세포를 조직할 수 있다.

기층 당조직은 그 당조직의 기능이라기보다 집행만 해야 할 임무가 주어진다. 그 임무를 대략 다음과 같다.

첫째, 당원들과 근로자들 속에서 당의 유일사상 체계를 철저히 확립하며 그들을 유일사상으로 철저히 무장시키고, 당의 노선과 정책을 무조건 접수하여 끝까지 옹호 관철하도록 하며, 유일사상과 어긋나는 자본주의 사상, 봉건 유교 사상, 수정주의, 교조주의, 사대주의, 종파주의, 지방주의, 가족주의에 대해 견결히 투쟁하고, 주체사상에 기초한 당의 통일과 단결을 끊임없이 강화해야 한다.

둘째, 초급 간부 대열을 튼튼히 꾸리고, 그들을 조직적으로 훈련시키며, 당의 핵심 분자들을 육성 교양하고, 부단히 그 대열을 확대 강화한다.

셋째, 당원들의 당 생활을 강화하고 그들의 당성을 단련한다. 당원들 속에 당 규약 학습을 정기적으로 조직하고, 그들에게 항상 혁명을 위한 사고와 행동을 하도록 하며, 모든 활동에서 선봉적 역할을 하도록 당의 의무를 부여하고, 높은 정치 사상적 수준에서 당 회의와 당 생활 총화를 진행하며, 당원들의 당 생활을 철저히 파악하고, 교양하며 당원들을 혁명가로 개조하며, 비판을 통한 사상투쟁을 강화한다.

넷째, 일반 군중들 속에 당원이 될 수 있는 사람들을 선발 육성하고, 조직적으로 교양하며, 자격이 갖추어졌다고 볼 때에는 해당 입당 절차를 통하여 입당시키고, 후보당원들과 새로 입당한 당원들을 교양 훈련한다.

다섯째, 당원들과 근로자들에 대한 사상 및 교양 사업을 강화한다. 당원들과 근로자들에 대한 주체사상, 당 정책, 혁명 전통 교양 및 계급 교양, 사회주의적 애국주의 교양, 공산주의 교양을 강화하며, 혁명과 노동 계급화를 통해 그들을 당의 주변에 결속시킨다.

여섯째, 근로대중의 요구와 의견을 겸손이 접수하고, 그것을 제 때에 정확히 해결해 주며, 그들의 물질문화와 생활수준을 향상시키기 위하여 부단히 노력하고, 모든 단위와 직장에서 혁명적 제도와 질서를 확립하며, 반 혁명분자들에 대한 투쟁을 강화한다.

일곱째, 근로단체 조직을 강화하고, 그들에게 사업 방향과 방법을 제시하며, 그들이 자기 임무를 정확히 수행하도록 장악하고 통제하며 지도한다.

여덟째, 모든 당원들 속에 항일 유격대식 사업 방법 및 청산리 정신과 청산리 방법을 구현하고, 모든 사업에 정치 사업을 선행시켜 행정 및 경제 사업에 대한 효과적인 지도를 통해 혁명 과업을 성과적으로 수행하도록 한다. 모든 당원들과 근로자들이 혁명 과업을 철저히 수행하고, 혁명과 건설에서 끊임없이 혁신을 일으키며, 3대 혁명 붉은 기 쟁취 운동과 사회주의 건설에 적극 참가하여 노동생산능률을 높이고, 노동규율을 강화하며, 국가의 법을 철저히 준수하여 국가와 사회재산을 애호 절약하도록 장악 지도한다.

아홉째, 노동적위대 사업을 강화하고 그들의 정치사상 교양과 및 군사 훈련을 강화하여 당이 부를 때 항시 동원될 수 있도록 장악 통제한다.

열째, 당원 등록 사업을 책임적으로 하고, 당비를 수납하며, 자기 사업에 대하여 상급 당에 정기적으로 보고해야 한다.

이상과 같이 북한노동당 중앙 조직으로부터 기층 당조직까지의 조직 원칙과 그 기능과 임무들에 대하여 상세하게는 서술하지 못했다. 그러나 단 한 가지 우리가 알아야 할 것은 당원은 당원대로 당원이 아닌 사람들은 근로단체 정치 조직에 한 사람도 예외 되는 사람이 없이 다 소속되어 있다. 태어나서 자란 후에 당에 소속되는 것이 아니라 이미 당 안에 소속되어 태어난다. 거기서 성장하고 교육을 받으며 당과 수령만을 위해서 순종하다가 죽는 것이 그들의 인생이다.

그들에게 있어서 반항이란 그 개념조차 알 수 없다. 민주주의와 인권, 자유, 신앙 등 모든 것에 대해서 북한 철학으로 교육을 받았기 때문에 보편적 진리의 개념도 모르고 있다. 북한에서 태어났다면 누구도 당에서 벗어날 수 없다. 바로 북한의 당조직 원리와 시스템이 그렇게 되어 있다. 오늘날 수십만의 탈북자들은 지위가 보장되지 못한 난민으로 천대와 멸시 속에서 고생하는 것만을 사실이나 북한노동당 안에서 벗어났다는 것은 하늘의 은혜가 아닐 수 없으며 그 은혜 속에서 또다시 북한에 대한 비전을 가져야 한다고 본다.

한 사람도 빠짐없이 당조직 원칙을 가지고 2,000만 북한 동포들의 갈피갈피 속에 뿌리를 박고 꽉 잡고 있는 한 마지막 한 사람이 남을 때까지 북한은 망하지 않는다. 아마 그렇게 마지막 한 사람이 남을 때가 되면 김정일은 북한에 없을 것이다.

3. 교묘한 **북한노동당의 통제** 때문이다

북한노동당이 어떤 일을 하는가를 정확히 알면 북한은 망할 수 없다는 답이 나온다. 북한노동당은 조선혁명의 참모부라고 그 지위상 성격을 밝히고 있다. 또 그런 지위에 맞게 당조직 안에 모든 부서들을 갖고 있다. 한마디로 북한의 김정일이 상상을 초월할 정도로 못하는 짓이 없는 것 같이 북한노동당도 김정일의 정치적 무기이며 도구인 것만큼 못하는 짓이 없다. 때문에 북한노동당은 수령 다음 가는 막강한 조직이다. 노동당보다 위에 올라갈 사람도 없고 그 어떤 정책도 단체도 북한에는 있을 수 없다.

이러한 원리를 모르면 많이 착각할 수 있고 또 실제로 대한민국 국민들과 일부 인사들 심지어 전문가들까지도 착각하고 있다. 북한에 강성대국론이 나오면 강성대국이라는 것이 당보다 위에 있으며 또 선군정치론이 나오면 선군정치가 나왔으니 군이 당보다 위에 있는 것으로 생각하는 사람들이 많다. 선군정치론이 나왔다고 하여 조선인민군이 당보다 위에 있을 수 있다면 그 군대는 조선노동당의 혁명적 무장력이 될 수 없다.

혁명과 건설에서 수령은 최고 뇌수이다. 때문에 수령의 말 한 마디가 곧 당의 정책이며 또 아래 일꾼들이 수령에게 올려 바치는 즉 보좌하는 건설적이고 창의적이라는 문건들도 수령을 통해서 결론지어지기 때문에 북한의 모든 노선과 정책은 다 수령의 그 뇌와 입에서 나온다. 북한의 혁명과 건설을 돌이켜 볼 때 '당보다 저것이 먼저가 아닌가?'라고 바라볼 수 있는 정책들이 많이 있는 것만은 사실이다. 1950년대 후반 천리마 운동이 그랬고, 이후 3대 혁명 붉은 기 쟁취 운동과 아울러 3대 혁명 소조 운동이 그랬고, 청산리 정신 청산리 방법이 그랬고, 대안의 사업 체계가 그랬고, 김정일이 직접 지휘하였다는 70일 전투가 그랬고, 또 4대 군사노선이 그랬으며, 강성대국론과 오늘의 선군정치론이 그랬다.

이 모든 정책과 노선이 수령의 영도 밑에 당이 조직하고 지휘하며 장악하고 통제하는 것이다. 선군정치라고 하여 당은 멀리 뒤에 있고 군이 당보다 앞서서 조선혁명을 인도하며 당보고 앞으로 나아가라고 할 수는 없다. 조선혁명의 시스템이 원래 그렇게 되어 있지 않다. 좀 더 구체적으로 설명하면 수령의 입에서 군대를 앞세워 조선혁명을 하여야겠다고 했다면 당은 벌써 그것을 가지고 당의 노선과 정책화를 하며 각급 당조직들에서 선군정치론을 접수하고 토의하도록 한다. 당은 모든 당원들과 근로자들을 선군정치사상으로 무장시키며 그 노선을 관철하도록 지휘 통제한다. 때문에 그들은 어떤 노선이라 할지라도 당의 4대 군사노선, 당의 3대 혁명 붉은 기 쟁취 운동, 당의 강성대국론을 말하는 것이지 선군정치를 당의 노선이라고 절대로 말할 수 없다.

인민무력부장을 비롯한 북한군 안의 모든 군사 및 정치 간부(장교)들에 대한 인사권은 조선노동당과 북한군 안의 각급 부대 당위원회가 행사한다. 김정일을 지칭할 때에도 "조선노동당 총비서이시며 국방위원회위원장이시며 조선인민군 최고사령관이신…" 이렇게 지칭한다. 노동당과 선군정치는 병렬관계도 아니며 어느 한 때 김정일이 노동당이 노쇠하고 자기 역할을 잘못하고 있는데 대해서 비판한 적이 있다고 해서 선군정치가 당보다 앞서는 것은 있을 수도 없고 만약에 그렇다면 북한은 북한이 아니다.

간부들을 관리하는 간부 사업

당이 하는 사업에서 가장 중요한 사업은 첫째로 '간부 사업'이다. 이것을 대한민국에서는 인사 사업이라고 하는데 북한에서는 '간부 사업' 그리고 '노동 행정 사업'이라고 한다. 간부들을 관리하는 것을 '간부 사업'이라고 하고, 간부가 아닌 일반 근로자들을 배치하고 관리하는 것을 '노동 행정 사업'이라고 한다. 노동 행정 사업은 당이 정책적으로 지도하지만, 직접 실무적으로 집행하는 것은 인민위원회 노동행정과에서 한다. 그러나 간부 사업만은 당이 직접 틀어쥐고 한다. 왜냐하면 간부들이 혁명과 건설에서 차지하는 지위와 역할이 중요하기 때문이다. 북한노동당에서는 간부는 혁명의 지휘성원들이며 해당 단위에서 당의 노선과 정책을 옳게 집행 하는가, 못 하는가 하는 문제는 간부에게 달려 있다고 본다. 따라서 간부가 모든 것을 결정한다.

노동당의 간부 사업은 제한이 없다. 김정일을 제외한 모든 간부는 당의 간부 사업 방침에 따라 간부가 된 사람들이다. 우선 당 간부, 행정경제 부문, 교육부문, 문화예술 부문, 과학 부문, 외교 부문, 종교 부문, 군사 부문, 보위 부문, 인민보안성 부문, 보건 부문, 대외무역 부문, 대남 부문 등 필요한 모든 간부는 당의 간부 선발 배치 원칙에 따라 선발 배치된다. 물론 모든 간부들의 급수에 따라 중앙당, 도당, 군당, 초급당 조직으로 내려가면서 비준 권한이 가려 있지만, 어쨌든 당에서만 간부들을 선발육성하고 배치한다.

북한에서는 간부가 되려면 다음과 같은 표징을 갖추어야 한다. 절대적 표징과 구체적 표징으로 보는데 우선 절대적 표징은 수령에 대한 절대적 충실성이다. 절대적 충실성에서 가장 중요한 것은 수령의 사상으로 철저히 무장해야 하며 신념화 된 투철한 옹위정신이다. 수령을 신격화 하고 숭배해야 하며 그 권위를 훼손시키는 현상과는 비타협적으로 투쟁할 줄 알아야 한다. 수령을 위해서는 목숨까지도 초개와 같이 바칠 줄 알아야 하는 사람이어야 한다. 여기서 기본 핵심적인 문제는 만일 수령이 하는 일이 옳지 않다 하더라도 또 수령이 하는 일 옆에 옳은 것이 있다하더라도 그 옳은 것을 따르는 것이 아니라 무조건 수령이라는 존재에 대해서만 사상 의지적으로, 인격적으로, 그리고 의리적으로 모든 것을 다해 충성하라는 것이다.

구체적 표징으로 보면 계급적 토대와 주위 환경이 좋아야 한다. 계급적 토대는 혁명의 영도 계급인 노동계급의 토대라면 더욱더 좋다. 농민 계급의 경우에도 조그마한 소유권도 없는 빈농이나 소작농이면 된다. 계급적 토대는 간부가 되어야 할 사람이 출생할 때 부모들이 무엇을 했는가 하는 문제이며 또 그 직계 가족 조상 대대로 무엇을 했는가 하는 문제이다. 즉 다시 말해서 착취 계급이었는가, 아니면 피착취 계급이었는가 하는 문제이다. 또 한편 피착취계급이었다 하더라도 6.25 때 반동단체에 가담했는가 하는 문제가 아주 중요하다. 조금이라도 친척들 중에서 반동단체에 가담했다든가 소유권을 가지고 남을 착취하였다면 아무리 절대적으로 충실해도 간부가 될 수 없다.

계급적 토대와 주의 환경이 제일 좋은 사람은 할아버지나 아버지나 어머니가 김일성과 같이 항일 무장 투쟁에 참가하였다면 더 말할 필요가 없다. 그리고 6.25 때 군대에서(혹은 빨치산에서) 전사한 전사자들의 후대들은 그 다음으로 좋다. 그 다음은 6.25 때 군대에는 나가지 않았지만은 지방 당 및 정권 기관들에서 간부로 사업하다가 반동단체에 의해 피살된 그 후대들도 완전히 검증된 사람들이다. 그 외에 대남혁명을 하다가 이름 없이 죽어간 사람들의 자녀 영예군인(상이군인)들의 자녀 등 기본 계급 출신으로서 부모들이나 조상들이 당과 수령에게 끝없이 충실한 자녀들은 간부가 될 수 있는 조건을 갖추었다고 볼 수 있다.

김일성이나 김정일이 특별히 관심을 가지고 접견했거나 교시나 말씀을 직접 받은 사람들은 이것저것 다른 표징들을 더 알아볼 필요를 느끼지 않는다. 그런데 여기서 중요한 문제는 세대가 바뀌면서 간부들의 후대들이 또 간부가 되는 현상이 많다. 그러므로 간부는 제한되어 있고 그러다보니 정말로 사심 없이 충실한 사람은 집안에 간부가 없으면 간부가 되기 힘들다. 반대로 집안에 현직 간부가 있으면 덜 충실하고도 간부가 되는 경우가 많다.

또한 간부가 될 수 있는 구체적 표징에서 중요한 문제는 자질과 능력 실무 수준이 있어야 한다. 아무리 계급적 토대가 좋아도 자질과 능력이 없으면 간부를 시킨다고 해서 잘 하는 것이 아니다. 하루가 다르게 변화 발전하는 현실은 간부들의 높은 자질과 능력을 요구하고 있다. 혁명과 건설은 그야말로 간단치 않다. 능력이 없고 실무가 어려서 당에서 맡겨진 일을 잘못한다면 그것은 혁명의 한 초소가 잘 못되는 것이다. 자질과 능력에서 기본은 조직력과 장악력과 추진력이며 통제력이다. 그리고 지칠 줄 모르는 정열이다. 한번 시작한 일은 어떤 애로와 난관이 있어도 끝장을 보는 혁명가적 기질을 가져야 한다. 없는 데서 만들어 내는 자력갱생의 혁명 정신도 강해야 한다.

조선노동당의 간부 사업 방침에 따라 대한민국의 역대 대통령들을 분석하여 보면 박정희 대통령과 이명박 대통령에게 점수를 줄 수 있다고 생각된다. 간부들은 무엇보다도 일자리를 내야 한다. 그들이 내는 일자리에서 국민들은 행복을 향유한다. 그러기에 노동당에서 보기에 이들이 가장 적절했다고 인정한다. 오죽했으면 김정일이 박정희 전 대통령의 새마을 운동을 감탄해 하였을까? 현 이명박 대통령도 그렇다. 불도저라는 말이 얼마나 마음에 드는가? 그런데 지금 김정일 비서실에서 북아태위원회를 통해 내린(남한 좌파들 학생 해외 조직 총 동원령)에 따라 노무현 전 대통령과 북한의 김정일과 10월 4일 회담에서 대한민국 재산의 3분의 1을 주겠다고 약속한 1주년 즉 2008년 10월 5일까지 이명박 정부를 무너뜨린다는 작전 하에 매일과 같이 떠들고 있는 좌파 세력들에 의해 많이 위축되어 있는 것만은 사실이다. 우리 대한민국 국민들은 물결 따라 이슈에 따라 맹목적으로 이 나라가 어떻게 되는가 보자고 방관할 것이 아니라 이 나라의 운명적 문제임을 깊이 인식하고 대한민국을 공산화 하려는 세력은 이 땅에 발을 붙이지 못하게 하여야 한다.

다음으로 구체적 표징에서 중요한 것은 사업 작풍과 방법이 좋아야 한다. 사업 작풍과 방법이 좋아야 한다는 것은 간부가 대중들 속에 신망과 신뢰가 있어야 하고 철저한 군중 관점에서 교만하지 않고 이신작칙하며 오직 공의와 공법으로 일하는 간부를 말한다. 요구성은 높되 관료주의는 허용하지 않는다. 특히 군대라 하면 부하들에게 반말로 된 욕설과 추궁을 불허하며 구타를 비롯한 기압은 상상도 하지 말아야 한다. 진정 남의 아픔을 자기 아픔으로 여길 줄 알고 사랑을 하면서도 원칙이 있어야 한다.

다음으로 간부 표징에서 중요한 것은 경제 도덕 생활에서 청백해야 한다. 간부는 물욕에 눈이 어두워도 안 되며 개인의 이익보다 국가와 집단의 이익을 먼저 생각하는 국가관과 인간의 도덕과 윤리를 누구보다 잘 지켜야 한다. 특히 여성들과의 관계에서 조그마한 비윤리적인 행위도 허용되지 않는다. 가정 혁명화도 예외가 될 수 없다. 만일 그런 행위가 제기되었다면 이것은 정치적 문제로 특히 당의 권위를 훼손시키고 당과 대중을 이탈시킨 반당적 행위로 간부가 될 수 없거니와 간부가 되었다 하더라도 용서가 될 수 없다.

또한 간부 표징에서 중요한 것은 건강해야 한다. 일꾼들에게 있어서 건강은 매우 중요하다. 건강하지 못하면 아무리 충실하겠다고 해도 쓸데없는 일이다. 충실성은 주관적 욕망에 불과한 것이지 실제로 일자리를 내는 것으로서 당에 충실할 수 없다. 때문에 조선노동당은 간부를 선발할 때 건강을 소홀히 하지 않는다.

끝으로 간부가 되려면 키도 크고 용모도 준수해야 한다. 사실 외적으로 초라하고 키도 작고하면 혁명의 지휘성원으로서의 권위가 잘 서지 않을 수 있다. 옛날에는 분명히 키가 작아서 간부가 되지 못한 사람들도 있었는데 김정일이 당 사업을 손에 넣기 시작해서부터는 김정일 자신이 키가 작아서인지 그때부터 키가 작은 사람들도 간부로 선발 배치되는 것을 많이 보았다.

북한노동당의 간부 사업에서 철저히 경계해야 할 문제는 친우, 친척, 동향, 사제 관계는 절대로 간부가 될 수 없다. 만일 간부로 등용되었다 하더라도 같은 분야에서는 절대로 근무할 수 없다. 삼촌이 중앙당에서 당 간부로 근무한다면 그와 친척 되는 사람은 간부가 된다고 하여도 중앙당에는 배치 받지 못한다. 대한민국에 대통령의 친형이 국회의원으로 선거를 받아 그 자리에서 근무하는 것은 많은 사람들로부터 말을 듣게 되어 있다. 동생이 대통령이 되었으면 북한처럼 규정은 안 되어 있어도 형이 자발적으로 국회의원에 출마하지 말아야 한다. 그렇지 않아도 야당들에서 뜯어 먹지 못해 안달이 났는데 아무리 형과 동생이 국민을 위해서 일을 잘 한다고 해도 그것은 늘 야당의 밥이 될 수 있다.

북한노동당은 이러한 당의 간부 사업 방침에 따라 간부가 될 사람들을 발기하고 발기한 다음에는 선발하여 교육 육성하며 간부가 된 다음에는 적재적소에 배치한다. 그 중 제일 좋다고 하는 간부들은 행정 간부가 되는 것이 아니라 당 간부가 된다. 제일 좋다는 간부, 핵심에 핵심간부를 당 간부로 선발 배치하는 것은 당연하다. 조선노동당이 조선혁명의 참모부이기 때문이다.

조선노동당은 간부를 육성하기 위한 교육 기관들을 많이 갖고 있다. 일반적으로 고등교육 기관과 보통교육 기관이 운영하는 일체 대학들이 다 간부 양성을 위한 교육 기관이다. 때문에 북한은 대학을 민족간부 양성기지라고 말한다. 이러한 대학은 조선혁명의 각 분야의 필요한 간부 수요와 수급에 따라 대학생 수를 국가가 결정한다. 그러므로 대학생 하면 그것은 무조건 간부가 되는 것이고 또 대학을 졸업하면 일자리를 찾지 못한 실업자가 될 수 없다. 예를 들어 각도에 사범대학이 있고 교원대학도 있다. 이런 대학은 보통교육성 산하로 대학치고는 제일 하급이다. 그런데도 불구하고 대학을 졸업하면 해당 당위원회 간부부에서 간부 사업 선발 배치 원칙에 따라 배치한다.

물론 국가의 여러 분야에 필요한 간부를 육성하기 위한 여러 대학들이 있지만 그래도 김일성의 이름을 붙인 학교가 제일 중요하다. 우리 대한민국 국민들은 북한에 김일성의 이름으로 명명된 학교하면 김일성 종합대학만을 생각하는데 그렇지 않다. 김일성의 이름으로 명명된 학교만 해도 총 5개나 된다. 김일성 고급당학교, 김일성 군사종합대학, 김일성 정치대학, 김일성 종합대학, 김일성 고등물리학교, 이렇게 5개가 있는데 김일성 고급당학교는 사회당 일꾼들을 키우는 학교이고, 김일성 정치대학교는 군대안의 당 일꾼들을 키우는 학교이다. 바로 이들이 정치 장교이다. 물론 당 일꾼하면 이 두 학교를 졸업해야만 당 일꾼이 되는 것은 아니다. 김일성 종합대학을 비롯한 다른 대학의 사회학부를 졸업하고도 필요하다면 당 일꾼으로 선발되고 배치되는 사람도 있다.

그러나 김일성 고급당학교와 김일성 정치대학은 당 일꾼 양성의 최고 전당으로써 그 가치가 절대적이고 김일성 종합대학을 나오고 당 일꾼이 되어도 김일성 고급당학교는 또 나와야 당 일꾼으로서의 학력이 완전히 갖추어진다. 최근 정보에 의하면 김일성 방송대학이라는 것도 있다고 한다. 인민보안성 정치대학, 즉 대한민국으로 말하면 경찰대학이 김정일의 이름으로 명명하려고 많이 애를 쓴다는 말은 있었는데 아직 김정일의 이름으로 그 학교를 명명한 것 같지는 않다.

또한 북한의 조선노동당은 일단 간부가 되면 가만 내버려 두는 것이 아니라 간부들이 변질 되지 말고 계속 충실할 수 있도록 교양하고 단련시킨다. 그 시스템이 각 도, 시, 군당들에서와 군대에는 군종, 병종, 군단들에 있는 한 달 강습소이다. 간부들은 매년 이 한 달 강습소에서 재교육을 받아야 한다. 이렇게 조직 사상생활을 통하여 자신을 부단히 직업적인 혁명가로 단련 육성하여 나아가야 한다.

각급 당위원회 조직부들에서는 간부들의 당 생활을 장악통제하며 매년 간부들의 당 생활을 긍정, 부정적으로 종합하여 자료적으로 간부들의 당 생활 자료를 작성하게 되어 있으며 그 자료를 이력 문건에 첨부하게 되어 있다. 뿐만 아니라 당조직부들에서는 2년에 한 번씩 간부들에 대한 충실성 평가를 하게 되어 있다. 그 충실성 평가는 당 생활 자료 작성과 본질적으로 비슷하나 결론에 가서 등용 대상, 고착 대상, 처리 대상으로 규정한다. 이렇게 놓고 볼 때 간부 사업은 그것을 하는 간부부가 따로 있지만 본질에 있어서 조직부가 하는 것이나 다름이 없다. 그러므로 조직부와 간부부는 갈등이 항상 존재하지만 어쩔 수 없다.

당조직부의 권한은 조선혁명 그 자체가 당조직부에 부여된 권한이나 다름이 없다. 그 중 제일은 간부권이다. 그 조직권 가운데서 간부 사업 원칙에 대한 것만 일부 서술한다. 기타 당조직 관리 운영, 당 대열의 장성, 일반 군중과의 사업, 경제 과업 수행에 대한 장악통제, 보위 사업에 대한 장악통제, 인민보안성 사업에 대한 장악통제 등 모든 문제는 생략할 것이며 일부만을 내려가면서 서술하겠지만 어쨌든 필자는 당조직부에서 근무한 만큼 그 권한은 막강했고 조선혁명의 운명과 같은 존재가 당조직부라고 볼 수 있다.

북한의 모든 간부들은 나서 자라서부터 당의 통제 속에 있게 되어 있다. 북한은 인간이 성장하는 것이 부모들로부터 육신이 태어나

탁아소 시절부터 유년시절, 소년시절, 특히 소년시절부터 공부를 잘하는 학생부터 소년 간부가 되지만 당의 간부 사업 방침에 따라 간부가 되는 것이 원칙이다. 이것은 곧 공부는 잘 해도 계급적 토대가 나쁘면 간부가 될 수 없다는 것이다. 소년 시절부터 당은 장악하며 어디에 가도 특히 군대에 가도 그 사람의 평정서에는 그 이력이 분명이 따라 가게 되어 있다. 대한민국과 같이 사병 생활을 거치지 않고 장교가 될 수 없다. 체계적으로 당이 관리하고 골라낸 사람만이 사관학교에도 갈 수 있다. 그러므로 사병 생활의 경력이 없는 군인이 장교가 될 수 없다.

이렇게 북한의 간부들은 노동당 안에서 씨를 뿌리고 노동당 안에서 자라나며 노동당 안에서 육성되고 노동당 안에서 생을 바치게 되어 있다. 그 누구도 당의 정간화 방침에서 벗어날 수 없다. 예를 들어 군단장도 별이 3-4개인데도 불구하고 당 앞에서는 그저 당원일 뿐이다. 당 앞에서도 군단장의 행세를 하려고 한다면 그것은 벌써 군단장이 될 수 없는 상식이 안 된 사람이며 이런 사람을 당에서는 군단장으로 간부 사업을 하지도 않는다. 당원으로서의 군단장이지 군단장으로서의 당원이 아니라는 것이다. 때문에 군단장에게서 당의 신임이 떠나가면 군단장의 존재가 있을 수 없다. 마치 신앙인에게 있어서 자기가 절대 숭배하는 신의 영이 떠난다면 그 신이 그 신앙인을 책임져 주지 않는 것같이 당도 그 군단장을 책임져 주지 않는다.

그래서 북한의 간부들은 당과 수령을 위해서는 무조건 충실하게 되어 있다. 또 간부들에게 있어서 충실성 아니면 그 반대되는 길밖에 없다. 그런데 그 반대되는 길을 걷기가 그렇게 쉬운 것이 아니다. 노동당도 간부들을 위한 당 사업을 우선시 하는 한 다른 길로는 절대로 갈 수가 없다. 만일 다른 길로 간다면 그것은 죽는 길 아니면 수용소, 잘 되면 탄광 광산 노동자 등이다. 북한에는 이런 말이 있다.

"간부가 되기보다 간부가 되었다가 떨어지기가 더 힘이 든다."

간부에서 떨어지려고 불충실하면 그 불충실 죄는 곧 반당 반혁명 분자로 되기 때문이다. 간부를 하다가 대한민국과 같이 사표를 제출하면 그것이 수리되는 방법은 북한은 상상도 못한다. 만일 못하겠다고만 한다면 그것은 곧 반역으로 된다.

김정일은 수령의 후계자로 1980년대 이전부터 북한의 정치, 경제, 문화, 군사, 보위, 안전 기타 모든 부분을 빠짐없이 장악 지도하면서 1980년부터 공식적으로 자신의 정치적 지반을 닦기 시작하였다. 노동당은 이것을 당의 기초를 쌓는 사업이라고 하였고, 모든 간부들이 김정일에게 무조건 충실하도록 하였다. 그것은 간부들에게 선물을 주는 놀음이 큰 역할을 했다고 본다. 김정일은 명절이 되면 비서국 대상 간부들을 비롯하여 특히 무력기관 간부들에게는 더 관심을 돌려 '집을 지어준다', '고급 승용차를 준다', '명절 때마다 선물을 준다', '군사칭호(계급)를 높여준다' 하면서 물질적으로 간부들을 끌어 당겨 자기의 정치적 지반을 공고히 하였다.

이때부터 북한은 간부들 속에 뇌물 바람이 일기 시작하였다. 사실상 선물을 받을 대상이 못되는 간부들은 죽도록 충성은 하였지만 돌아오는 것은 아무것도 없었다. 그러면서 명절 때마다 자기보다 좀 높은 간부들이 선물을 받아 오는 것을 보면 마음이 편치 않았다. 이때부터 선물 대상이 못 되는 간부들은 그러면 나는 아래 사람들로부터 뇌물을 받아서라도 살아야 한다는 심리가 번지기 시작하였다.

그때부터 북한에서는 공짜가 없어졌다. 경제는 어려워지고 살아가기가 힘들어지니 누구나 할 것 없이 뇌물이라면 정신을 차릴 수가 없었고 또 뇌물 맛을 본 이상 절대로 거기에서 손을 뗄 수가 없었다. 뇌물을 챙기지 못하는 사람이 바보가 되고 자기의 현 위치, 즉 국가와 당이 준 직무의 권한 한계 내에서 뇌물이 오고가는 것이 하나의 상식적인 일이 되었다. 그때부터 북한 사회는 간부가 되려고 하여도, 당원이 되려고 하여도, 대학을 추천받기 위해서도, 승급을 하려고 하여도, 기업소에서 휴가를 받으려고 하여도, 여행증명서를 발급받기 위해서도, 군대에 나가는 아들딸들을 편안한 부대에 보내기 위해서도, 꼭 무엇인가 갖다 바쳐야 되는 것이 당연시 되었다.

사실 김일성 때는 이런 일이 절대로 없었다. 모든 것이 당의 원칙대로 충실성을 절대적 표징으로 하여 모든 사람을 평가하고 거기에 따라 당의 신임이 결정되곤 하였다. 그러나 김정일 시대에 와서 김정일 자신이 전당, 전군, 전민 안에 뇌물 바람을 일으켜 놨으니 깔끔하던 북한은 이때부터 아첨쟁이나 돈이 있는 사람들이 활개치면서 어지러워지기 시작하였다. 양심적으로 아첨을 못하는 사람이나 돈이 없이 그저 충실성 하나만 가지고 사는 사람들은 아무리 애를 써도 빛을 낼 수 없는 사회가 되었다.

원칙적으로 북한은 양극화가 있을 수 없는 사회이다. 사상적으로는 더 말할 것도 없고 물질생활 측면에서도 국가적으로 규정하여 준 대우조건에 따라 조금 차이는 있을 수 있으나 그 격차는 미비하였다. 그러나 지금에 와서는 간부가 간부를 낳고 돈이 있는 사람들이 돈을 낳고 아첨쟁이가 아첨쟁이를 낳고 하면서 양극화는 뚜렷해지고 빈부의 차이도 생기고 평등사회의 자존심을 허물고 있다.

공산주의 창시자들은 바로 이것을 보지 못했다. 프롤레타리아 혁명으로 착취 계급만 청산하고 노동자 농민들이 나라의 주인이 되고 그들이 국가를 운영해 나간다면 누구나 다 골고루 잘 사는 사회가 될 줄 알았다. '종이 지주가 되면 더 악랄해진다'는 옛말이 있듯이 무산계급이라고 하는 노동자 농민들이 국가의 주인으로 된 공산주의, 그들은 또 다른 새로운 부패를 낳기 시작했다. 그러니 공산주의 사회는 자연히 국가의 부패 국가에 의한 착취가 생겨나고 착취 국가로 전락되는 것이다. 이것이 바로 오늘의 북한이다. 인간문제를 해결하지 않고서는 어떠한 이념주의 사회도 이 땅에는 건설할 수가 없다.

이와 같은 어지러운 사회는 김정일이 만들어 놓은 것이나 다름이 없다. 독재체제 안에 아첨분자든, 돈이 있는 사람이든, 소위 핵심이라고 하는 계층만 틀어잡으면 얼마든지 자기 체제를 유지할 수 있다고 생각한 김정일의 반 인민성과 반 인권적 악정 정치의 산물이 오늘의 북한이다.

당원들을 꼼짝 못하게 하는 당 생활총화

당조직부 사업에서 간부 사업 다음에는 당원들에 대한 당 생활 지도이다. 당원들에 대한 당 생활지도에서 기본은 구체적으로 다 적을 수 없다. 당원들을 꼼짝 못하게 하는 것은 당 생활총화제도이다. 당 생활총화는 2일 및 주당 생활총화, 그리고 10일 당 생활총화, 월, 분기, 연간 당 생활총화로 할 수 있다. 이와 함께 당의 유일사상 체계 확립의 10대 원칙은 당 생활 준칙이며 계명이다.

생활총화는 당원들만 하는 것이 아니라 북한 주민 누구나가 다 하는 체제이다. 당원들은 당에서, 당원이 아닌 사람들은 근로단체 정치 조직에서, 하여튼 자기가 소속된 당 및 정치 조직에서 생활총화를 하게 되어 있다. 생활총화는 기본이 주 생활총화이며 문화예술 단체를 비롯한 특별하다고 보는 대상들에 대해서는 2일 생활총화, 아주 특별한 데는 1일 생활총화, 농민들은 10일 생활총화를 한다. 생활총화 회의에는 누구도 빠질 수 없다. 만일 사정상 빠졌다면 개별적으로 조직 책임자를 찾아가 개별 생활 총화를 해야 한다. 김일성은 언제인가 조직 생활은 사람들의 사상을 단련하는 용광로라고 가르쳐 주었다. 낡은 쇠가 용광로에 들어가 강철이 되어 나오는 것처럼 북한의 모든 당원들과 근로자들은 조직 사상 생활총화를 통하여 좋은 사상은 더 좋은 사상으로, 낡은 사상은 좋은 사상으로 단련된다. 사람들의 경제 활동에서는 은퇴도 있고 또 북한에서는 사회 보장 제도도 있지만 조직 생활에서는 사회 보장이나 은퇴가 없다.

생활총화는 주간에 생활한 것을 총화 하는 것인데 그 기준은 김일성, 김정일의 교시와 말씀이다. 교시나 말씀을 기준으로 해서 무엇이 잘못됐고, 잘못되었으면 왜 잘못되었는지 그 원인을 정확히 찾아야 한다. 또 자기가 잘못한 것으로 하여 조직과 혁명 준 후과와 엄중성, 김일성, 김정일에 대한 신념화 된 충실성 척도에서 높은 정치 사상적 수준에서 총화 해야 한다. 이렇게 자기 생활총화로 끝이 나던 좋은데 이웃에 있는 다른 사람들의 생활에 대해서도 비판해야 한다. 비판은 해도 되고 안 해도 되는 것이 아니라 무조건 해야 하며 직급이 낮은 사람에 대한 비판보다 직급이 높은 사람에 대하여 비판하는 것을 더 강요한다. 남을 비판하면 어느 때든 자기에게도 비판이 돌아오게 되어 있다. 특히 직급이 높은 사람에 대하여 비판을 강화하라고 하는데 그것 역시 보복으로 돌아오게 되어 있다. 하도 비판을 하라고 하니 주간에 잘못한 것이 없는데도 잘못을 이론적으로 만들어내서 잘못했다고 비판한다. 이것을 가지고 '자살식 비판'이라고 한다. 이러한 모순 속에서 살아남기 위한 그들의 삶은 스트레스로 가득 차 있게 되어 있다.

인민을 완벽한 세뇌로 몰아놓는 사상 사업

노동당이 하는 사업에서 가장 중요한 것은 사상 사업이다. 당의 사상 사업을 주관하는 부서는 각급 당위원회 선전부서이다. 북한 노동당은 사상론을 주장하며 사상이 모든 것을 결정한다고 본다. 사상은 물론 중요하다. 나 자신도 사상론을 주장하는데 사람이 어떤 사상을 신봉하며 어떤 사상으로 무장했는가 하는 문제가 중요하다. 대한민국 국민들은 사상이라는 용어에 그리 관심이 없는 것 같지만 누구든 사상에 다 관여하고 있으며 자기가 어떤 사상에 젖어 있는지 성찰적 차원에서 딱 찍어 말은 못하지만 모든 사람들의 행동과 발언으로보아 그 사람이 현재 어떤 사상으로 무장되어 있는가를 알 수 있다.

김정일이 좋다고 글을 써 놓고, 김정일을 찬양하고도 당신 공산주의자인가라고 물어보면 나는 그저 학자로서 소신을 밝힌 것이라고 이야기한다면 그것은 안 된다는 것이다. 그런 글과 그런 말을 했으면 '나는 공산주의자가 맞고 빨갱이가 분명하다.' 공산주의자 빨갱이의 말과 글을 써 놓고도 공산주의자 빨갱이가 아니라면 그것은 용감한 사람이 못되는 것이며 공산주의와 빨갱이는 나쁜 것인데 나는 그저 이용당하는 것이라고 이야기해야 한다.

북한노동당이 당원들과 근로자들을 대상으로 하여 진행하는 사상 교양 사업의 내용은 기본은 우상화 교양과 주체사상 교양이며 충실성 교양, 혁명 전통 교양, 사회주의적 애국주의 교양, 계급 교양, 자본주의 사상과 봉건 유교사상, 교조주의, 사대주의 등 이외에도 여러 가지 내용들을 가지고 각급 당조직들과 근로단체 정치조직들을 통하여 학습과 강연, 직관, 교육, 투쟁, 토론, 문화, 예술 등 여러 가지 형식과 방법으로 교양한다. 사상 사업은 철저하게 유일 관리제이다. 유일 관리제라는 것은 당에서 하라고 하는 내용과 방법으로 해야 한다는 것이다.

사상 사업의 기본 목적은 온 사회를 위대한 수령 김일성 동지의 주체사상으로 일색화 하자는 데 있으며 경제 건설과 국방 건설에 당원들과 근로자들, 군인들, 온 사회 성원들을 한결 같이 동원시키자는 데 있다. 최근에는 점점 더 어려워져 가는 내부 체제를 결속하는데도 목적이 있다. 사상의 일색화를 이루는 것은 본질에 있어서 수령을 중심으로 전당과 전체 인민이 철통같이 단결된다는 것이며 김일성의 유일사상과 어긋나는 사소한 그 어떤 사상도 침습하지 못하게 하자는 것이다. 때문에 북한의 모든 당원들과 근로자들 그리고 군중은 타인들의 말과 행동을 보면 곧 당의 유일사상과 어긋나는 것인지를 알 수 있고 그에 대한 대책을 세울 수 있도록 되어 있다.

우리가 알아야 것은 현재 북한 주민들이 어려운 생활환경 속에서 살아간다고 하여 그들의 사상도 어려워질 것이라고 생각하면 잘못이다. 물론 최대한의 반항으로 많은 사람들이 북한을 탈출하기는 하지만 그렇다고 해서 북한의 사상도 탈출하는 것은 아니다. 오히려 어려운 북한의 경제 사정은 북한의 모든 당원들과 근로자들에 대한 더 강화된 사상 교양 사업과 통제로 이어졌다. 그것은 붕괴될 것 같지만 더욱 결속되는데 유리한 환경이 될 수 있다. '배가고파 죽겠는데 사상은 해서 뭘 하나?' 이렇게 생각할 수 있겠지만 왜 우리가 배가 고파야 하는가 하는 그 교양의 내용이 어떻게 이루어지는가에 따라 배고파 죽으면서도 미국과 대한민국을 욕하고 증오하고 죽는 것이다.

당원들은 각급 당위원회 사상 교양 사업의 기본 부서인 선전부를 통하여 당중앙위원회에서 내려보내는 사상 교양 자료에 준하여 사상 교양을 받지만 당원이 아닌 사람들에 대해서는 근로단체, 정치 조직들을 통하여 당조직과 같은 형식과 방법으로 사상 교양을 강화한다. 때문에 북한의 청소년들 속에서는 우리 대한민국과 같이 고등학생들 속에서 일진회 같은 조직도 없으며 왕따도 없다. 이 모든 것이 사상 교양을 위주로 하는 정치 조직을 통하여 해결한다. 물론 조폭과 같은 조직은 더욱더 없다. 일부 개별적인 청소년들 속에서 서로 싸움질도 하고 구타하는 현상들도 있다. 그러나 그것은 개별적인 현상들이고 대한민국처럼 조직적인 성격을 띠고 있는 것은 절대로 아니다. 만일 서로 싸움을 할 때에도 그 싸움을 하여야 할 장소에 1호 작품 즉 김일성, 김정일 초상화나 유화작품 및 당의 기본구호, 현지교시판, 영생탑, 김일성의 혁명 역사 연구실이 있는 곳이라면 서로 싸움을 해야 할 대상들이 합의하여 싸움장소를 옮겨서 싸운다. 김일성, 김정일 앞에서는 절대로 싸움을 할 수 없다는 도덕적 관념이 확고하다. 이러한 모든 것이 사상 교양 사업을 통하여 이루어진다.

대한민국의 어떤 개별적인 인사들과 국민들은 북한을 변화로 이끌어 통일이 되려면 북한에 자본주의 바람을 불어 넣어야 한다고 한다. 이것은 대세의 흐름이기 때문에 어쩔 수 없는 것이라고 한다. 그들이 이야기하는 자본주의 바람이 무엇을 이야기하는지 잘 모르기는 하겠지만 시장 경제 원리에 기초한 경제적 시스템이 아니라 다른 그어떤 것을 말하는 것 같다. 그러나 그것은 착각이라는 것을 알아야 한다. 북한의 노동당은 중국의 공산당도 아니고, 베트남의 노동당도 아니다. 북한은 북한이다. 그들은 돈 맛도 알며 자본주의 맛도 안다. 먹어 봐서가 아니라 사상 교양을 통하여 안다. 거기서 그들은 벌써 환멸을 느끼게 된다. 나도 자본주의 물결이 북한에 들어가는 것은 무조건 반대한다. 자본주의 물결은 북한의 사상을 이길 수 없다. 북한의 청년들을 비롯한 일부 주민들 속에 한국의 비디오 등 최근에 나오는 노래들을 몰래 보기도 하고 부르기도 한다. 그러나 그것은 극히 개별적 현상이며 만일 노출되면 용서 받기 힘들다. 자본주의 사상 문화적 침투는 처음에는 북한 청년들을 비롯하여 일부 사람들로부터 관심을 많이 끌 수 있겠지만 애수와 허무, 타락, 무질서한 삼각 사각연애, 조폭적 액션만의 여운을 남기는 것이 도대체 인간에게 무엇이 필요한가를 그들은 알게 될 것이며 알면 먼저 거부하게 될 것이다.

비록 지금 북한은 북한식 사회주의, 공산주의 사상, 문화적 형식 안에 생존을 위한 자본주의적 생활 문화가 동시에 자본주의 사상문화까지 북한이 원하든 원하지 않든 통제를 심하게 하고 있지만, 침습이 되고 있는 것은 사실이다. 이미 사회주의 공산주의 사상 문화로 교육을 받은 그들은 자본주의 사상 문화에 대하여 비판적으로 대할 것이다. 자본주의 사회에서 이미 출생 성장하여 교육을 받고 세계관이 형성된 사람들과는 다르다.

시장 경제 원리, 즉 죽고 살고 하는 경쟁으로 경제를 고도로 발전시켜 세금을 국가가 많이 받아들여 인간 복지를 건설한다는 것이 자본주의 이상이 아닌가? 내가 자본주의에 대해 잘못 이해하고 있는지는 모르겠지만 경제를 발전시켜 물질적 부의 충족을 이룬다는 것은 부인할 수 없지 않는가? 그렇다면 자본주의 사회도 종국적인 이상은 물질적 부를 떠나서는 생각할 수 없다.

공산주의도 결국은 경제가 고도로 발전하여 물질이 폭포처럼 쏟아져 누구나 마음대로 수요에 따라 공급을 받는 사회라고 한다. 즉 공산주의 사회도 물질적 부를 떠나서는 생각할 수 없다. 때문에 그들은 유물론 철학을 철학으로 인정하고 있다. 다만 다른 것이 있다면 인간을 인간답게 교양하는 것을 함께 추진시킨다는 것이며 북한만은 인간에 대한 사상교육을 경제보다 더 선행시킨다고 하고 있다. 그래서 북한은 공산주의 건설의 두 요새를 하나는 물질적 요새, 또 하나는 사상적 요새라고 한다.

사실상 솔직히 말해서 사상 교양을 통하여 인간문제만 해결된다면 공산주의 사회 건설은 가능하며 공산주의 건설이 현실화 된다면 그야말로 그것은 이상사회이다. 그 어떤 자유민주주의 체제도 부럽지 않을 것이다. 인간문제가 해결된다는 것은 인간이 인간으로서의 완벽해지는 것을 말한다. 즉 창조적 본성의 요구에 맞게 하나님과 같은 신적인 존재가 되어야 한다. 만일 인간이 그렇게만 된다면 이 세상에 김정일과 같은 독재 인간도 존재하지 않을 것이며 개인이기주의만을 주장하는 자본주의 인간도 이 세상에는 없을 것이다. 그렇게만 된다면 경제문제나 물질문제도 저절로 해결될 것이다. 이렇게 될 때에는 북한의 공산주의자들이 이야기하는 것처럼 물질적 요새나 사상적 요새도 점령될 것이며 결국 공산주의사회가 될 것이다.

그런데 문제는 인간문제를 어떻게 해결하는가 하는 것이다. 자유민주주의 체제인 우리 대한민국은 인간문제를 어떻게 해결하고 있는지를 뚜렷하게 모르겠지만 공산주의 사회를 건설한다는 북한은 사상 교양과 사상 투쟁을 통하여 해결한다고 하고 있다. 그러나 그들은 인간 창조의 초창기에 인간이 창조주 앞에 지은 죄를 모르고 있다. 그 죄가 인류의 원죄로서 북한노동당이 진행하는 사상 교양과 사상투쟁을 통하여서는 절대로 인류의 사상문제, 즉 인간문제를 해결할 수가 없다는 것을 북한노동당은 똑똑히 알아야 한다.

물질적 부를 생산하는 목적이 어디에 있는가? 결국 인간을 위한 것이 아니겠는가? 그런데 죽고 사는 극단적 이기주의를 이용하여 경제를 발전시키고 인간은 인간대로 교육하지 않고 내버려 둔다면 그것은 잘못된 것이다. 법치 하나와 발전된 경제의 영향과 그 조명으로만은 인간문제를 해결할 수 없다. 선진국 대열에 진입하였다고 해도 그것은 형식적 선진국이지 내용은 선진국은 못 된다. 선진국 대열에 들어섰다는 표징이 경제적 문제는 물론 인간이 인간됨의 성숙도가 기본이 아니겠나 하는 것이 나의 생각이다.

자본주의가 발전하여 물질적으로 풍요하게 산다는 나라들에서 자살률이 많은 원인이 어디에 있겠는가? 스위스는 참 잘사는 나라인데 자살률은 세계 제 1위라고 한다. 우리나라도 예외 될 수 없다. 반면 세계에서 제일 못산다고 하는 북한은 굶어 죽는 사람은 있어도 자살하는 사람은 없다. 원인은 인간들에 대한 사상교육을 잘못한 탓이다.

북한의 주체 유일사상을 잡으려면 그보다 더 강력하고 부인할 스

없는 진리의 사상이라야 잡을 수 있다. 북한의 유일사상보다 약하거나 같은 힘을 가진 사상을 가지고서는 잡을 수가 없다. 이것은 극히 성경적이다. 예수님이 귀신들린 사람을 고쳐줄 때 귀신과 꼭 같은 영적인 힘을 가졌다면 귀신을 내쫓을 수 없었을 것이다. 때문에 북한의 주체 유일사상을 잡을 사상은 이 세상에는 하나님사상밖에 없다.

북한노동당도 그것을 잘 알고 있다. 때문에 그들은 기독교 정통복음주의라 하면 간담이 서늘해 한다. 그리고 가차 없이 기독교 정통복음주의를 믿는 사람이라면 절대로 용서하지 않는다. 그들은 정통복음주의와 이단도 잘 알고 있다. 이단 종파가 자기네(북한)의 주체 유일사상을 잡을 수 없다는 것을 그들은 알고 있기 때문에 이단 종파의 국내 침투는 그렇게 신경을 쓰지 않고 있으며 돈만 가지고 오면 그뿐이다.

대한민국도 국가 차원에서 필요한 사상교육은 해야 한다고 주장하고 싶다. 사람은 그 어떤 진리로부터 통제를 받아야 한다. 아무런 통제도 받지 않고 산다면 부족하고 연약한 부분을 채울 수 없다. 다행이도 이 나라에는 교회가 많다. 그 교회들에서 많은 사람들이 교육을 받고 있다. 사실 목사님들의 설교도 교육이다. 기독교에서 말하는 성령을 나는 개인적으로 하나님의 사상을 잘 알고 거기에 감동하여 실천으로 옮겨지게 하는 그 어떤 영적인 추동력이라고 말하고 싶다. '만일 이 나라에 교회가 없었더라면 어떻게 되었을까?'라고 생각해 보면 소름이 끼칠 노릇이다.

자유민주주의 체제이기 때문에 서로서로 다른 사상을 가진 사람들이 각각 살아가겠지만 대한민국의 정체성 자체가 자유민주주의 체제인 것만큼 국가의 정체성에 맞는 사상교육은 국가적, 교육적, 법률적, 군사적, 철학적, 종교적 차원에서 교육이 있어야 한다고 본다. 물론 알게 모르게 교육은 진행되고 있으나 부족하며 정녕 자유민주주의 체제가 좋다면 자유민주주의 체제의 우월성을 기초로 한 중심적 사상교육은 있어야 한다고 본다. 이것은 색깔론이 아니라 이 나라의 미래와 관련되는 국사 중의 국사이다. 여기서도 중요한 것은 절대로 좌로나 우로나 치우쳐서는 안 된다.

법치국가에서는 법 앞에 국민들이 책임성 있게 살며 모든 책임은 본인이 진다. 이러한 식으로 국민들을 내버려 둔다면 국가는 사실 있으나 마나 하다. 법은 사람을 잡는데 목적이 있고, 사상 교양은 사람이 법 앞에 가기 전에 구원하는데 그 목적이 있다. 사람이 법에 잡혀가기 전에 구원받는 것이 더 중요하지 않을까? 병 주고 약 주고 하는 법이라면 그것은 진정 사람을 위한 법이라고 말할 수 없다. 얼마 전에 어느 한 국군 부대에서 총기 사고가 났다고 한다. 그 총기 사고의 주범자는 분명 사형을 받을 것이다. 그런데 그 전에 군 안의 정훈 장교나 군종 장교들이 애국주의와 동지 사랑에 대한 사상교육만 잘 했어도 아까운 장병들을 다 구했을 것이다. 물론 열심을 다해 대원들에게 가르쳐 주었을 것이다. 그러나 결과는 이렇게 된 이상 더 열심히 해야 한다는 결론밖에는 없다.

사상교육이라고 하여 지난날과 같이 공산주의자들은 빨갛게 생겼고 머리에는 뿔이 났다는 식의 반공산주의 이념교육을 말하는 것이 아니다. 대한민국의 정통성 교육을 비롯하여 좌로도 우로도 치우치지 않는 가장 옳은 진리의 가치관 교육을 말한다. 최근에 우리 대한민국의 젊은이들이 대학입시 면접 시간에 면접관으로부터 이승만을 아느냐고 물었더니 "모릅니다."고 답했고, 김일성을 아느냐고 물었더니 "압니다. 그는 항일 혁명을 했으며 일제를 무찌르고 조국을 해방한 애국자입니다." 이렇게 대답한 학생이 90퍼센트나 되었다고 한다. 사실이 그렇다면 무슨 병이 걸려도 단단히 걸린 것이 아닌가? 이것은 분명 정상이 아니다. 그들이 김일성을 안다는 것은 누가 교육을 했기 때문에 안다는 것이 아니겠는가? 이제라도 정부 차원에서 사상교육을 잘 하기 위한 특단의 정책을 내놓아야 한다. 그러지 않으면 대한민국의 미래는 어디로 갈 것인지 참으로 암담하기만 하다.

왜 그들은 문학예술을 중요시 하는가?

사상 교양에서 문학예술의 역할은 매우 중요하다. 김일성은 "한편의 시와 노래가 총칼이 미치지 못하는 곳에 천만 대군을 대신한다"고 하였다. 북한노동당은 문학예술을 발전시킴에 있어서 사대주의를 배격하고 자본주의와 봉건주의는 말할 것도 없고 민족적 전통을 중요시 한다고 해서 옛날의 것을 그대로 갖다 옮기는 복고주의도 반대한다. 철저하게 민족적 형식을 취하되 내용은 사회주의적 사실주의를 담으라는 것이다. 김정일 시대에 와서 김일성의 문학예술론에서 좀 더 심화시켜 종자론을 독창적으로 내놓았다. 따지고 보면 그 종자론도 새로운 것은 아니다. 어떤 작품이든 김일성과 김정일에 대한 충실성을 기본 사상으로 하고 그 사상을 실천하는 전형적인 인간을 모델로 하라는 것이 종자론이다.

그들이 창작한 소설, 노래, 시, 영화, 무용, 그림, 자수 등 모든 작품에 사상이 있고, 살아 숨 쉬는 이 시대 정형적인 인간이 있다. 때문에 어떤 작품이든지 간에 절정에 이르면 눈물을 흘리게 되고 각오가 생기게 된다. 김일성은 소련 소설 막심 고리끼 작『어머니』를 보고 혁명을 하게 되었다고 하였다. 이런 문학예술을 통해서 전당, 전군, 전민이 인식하고 증오하고 각오하는 단계를 거쳐 결국 혁명적 세계관이 수립된 직업적인 혁명가로 만든다. 필자도 어느 한 화가가 그린 그림 앞에서 눈물을 흘린 적이 있다. 어느 한 가수가 노래를 부를 따 저런 가수와 저런 가수를 배출한 조국을 위해 자동보총(AK)을 더욱 억세게 틀어잡으면서 '조국이여 가수여 안심하라. 내가 조국의 초소에 서 있다'라고 각오하였던 나의 병사생활이었으며, 그것은 청춘을 바치고 눈바람도 비바람도 무서워하지 않던 인생의 황금기 청춘을 바쳐온 군 생활이었다.

나의 과거를 추억해 볼 때 내가 제일 좋아하였던 노래는 문희경의 노래 "진달래 꽃 수놓아 가네", 그리고 애절하게 노래를 부르던 김정순의 "백두산의 만병초"였고, 무용은 만수대 예술단의 여성근무 "조국의 진달래"였다. 그렇다고 하여 내가 진달래꽃을 특별히 좋아하는 것은 아니다. 지금도 좋아하는 꽃은 도라지꽃이다. 제일 좋아하던 영화는 4.25영화 촬영소에서 제작한 "잊지 못할 전우"였고, 소설에서 제일 좋아하던 것은 소련소설 〈고난의 길〉 1부 '자매', 2부 '1918년 3부 음산한 아침' 그리고 북한 중편소설 〈영원한 봄〉이었다. 그림에서 제일 좋아하였던 작품은 "최고 사령관 동지, 여기는 최전선입니다", 조각 작품에서 제일 좋아하였던 것은 지금도 평양미술전람관에 있는 "옥동자"였고, 자수 작품에서 제일 좋아하였던 것은 "남강마을의 연인"이었다. 이 외에도 〈부활〉, 〈테스〉 등 외국 소설들도 좋아하였다.

한 가지만 더 기록하고 싶은 것은 1970년대 중반을 넘긴 시기라고 기억된다. 그때 평양에서 정치 장교로 근무하면서 작가이름은 모르겠지만 장편소설 "투쟁의 노래"를 본 생각이 난다. 소설의 시대적 배경은 1960년대 대한민국에서의 4.19 혁명시대를 배경으로 하고 있으며 주인공은 이화여대 지혜라는 학생이었다. 지혜는 중산층 가정의 출신으로 온실의 화초처럼 무남동녀 외딸로 자라났다. 그는 오직 공부밖에 몰랐고 부모들 역시 데모다, 자유다, 민주다 하면서 대한민국의 전국의 대학생들이 거리로 뛰어나갈 때에도 전혀 무관한 착하고 예쁜 여학생으로 성장하기만을 바랐다. 그러나 조직의 영향을 받아 점점 각성하면서 끝내는 여성 민주 투사로 자라나는 전 과정을 형상한 소설이었다. 그때 소설을 보면서 하루 빨리 남조선으로 달려가 지혜를 돕고 싶었다. 그로부터 많을 세월이 흘러 이화여대를 찾았는데 4.19혁명의 지혜의 모습을 전혀 찾을 수가 없었다. 그 지혜는 지금 어디에 있을까? 아무튼 소설의 힘은 대단한 것이다. 그러나 솔직히 말해서 지난날 민주화를 위해 투쟁도 하고 고문도 받았다고 하면서 과거나 현재 정치권 안에 있으면서 정치를 한다는 개별적인 그 어떤 분들 같은 지혜라면 조금도 그리워지지 않는다.

한국의 문학예술도 바라건대 인간을 위한 문학예술이면 좋겠다. 돈을 위한 것이 아니라 그러나 시대의 흐름이 어쩔 수 없다고 하면서 북한의 예술이 촌스럽다고 한다면 대한민국의 예술은 지금은 한류로 퍼져 나가는 것 같지만 어느 한때에 가서는 그 한계에 닿을 것이며 인간을 위한 참 문학예술 앞에 무릎을 꿇게 될 것이다. 인간은 돈이 아니고 인간이니까. 북한식이 아니라 창조적 인간의 본성은 진리이기 때문이다.

그때 비로소 예술인들 속에 자살하는 사람도 없을 것이며 자살을 하려고 했던 사람도 우리 예술인들의 아름다운 연기와 삶을 보고 자살을 하지 않고 하나밖에 없는 생명을 둘도 없는 대한민국과 자신을 위해서 바치게 될 것이다. 대한민국은 연말 혹은 기회가 있을 때마다 3대 방송사들에서 문화예술인들에 대한 대상을 수여한다. 그럴 때마다 여성예술인들의 의상을 보면 환장을 할 노릇이다. 왜 그 좋은 자리에서 자신들의 신체를 노출시키지 못해서 안달이 나서 그러는가? 물론 이 필자가 이렇게 말하면 보수요, 촌스러운 자라면서 매우 멀리 역사의 과거 뒤에 있는 사람이라고 말하겠지만 인간도, 문학예술도, 그 어떤 작품도 아름답고 고상해야 하며 맑고 깨끗하고 전형적이어야 한다.

솔직히 말해서 영화나 드라마를 잘 보지는 않지만 때로는 어느 한 주인공의 연기와 감정과 사상에서 감동을 받고 그 주인공을 그 작품의 실지 인물처럼 존경했다가도 대상 때 아래고 위고 노출이 심한 패

선을 하고 나올 때에는 존경했던 감정이 단숨에 사라지다 못해 나 자신이 추하게 보인 적이 한 두 번이 아니다. 그래서 필자는 저것은 분명이 우리의 전통적 문화가 아닌데 어디에서 도대체 들어온 것인가를 알아보니 다름 아닌 미국에서 들어 온 것임을 알게 되었다. 반미는 외치면서도 저런 것은 왜 받아들이는가? 우리에게 좋은 것은 미국뿐 아니라 그 어디의 것도 받아 들여야 하지만 나쁜 것은 절대로 받아 들여서는 안 된다. 북한도 문학예술 분야에서는 옛 소련에서 많은 것이 들여 온 것만은 사실이나 점차 주체적 입장에서 완전히 모든 것이 이제는 정리되었다고 본다. 한국의 이러한 문화예술은 조국 통일에 크게 이바지 할 것 같지 않다고 생각한다.

대한민국의 젊은 남녀 청춘들과 이런 문제를 가지고 이야기를 해 보았다. 그랬더니 남자 형제는 인간의 노출은 본능이라고 하며 여성 자매는 에덴동산으로 가는 길인데 무엇이 잘못인가라고 이야기한다. 이런 가치관이 어떻게 조국 통일에 도움이 되겠는가? 좀 심한지는 모르겠지만 대한민국의 드라마와 영화들은 악을 창조해 내는 악의 근원이다. 대한민국의 전문 창작가들과 예술인들과도 이야기를 해 보았다. 그들은 마지막으로 하는 말이 '그저 예술로 봐주세요.'라고 한다. 예술은 인간학이다. 인간학이란 인간의 삶을 그리는 것이며 그것으로서 인간들을 계몽시키고 고상하고 아름다우며 깔끔한 진보의 문화로 인간을 지향시키며 이끌어 나간다. 그런데 어떻게 순수 예술로만 볼 수 있는가? 인간생활과 예술은 떨어질래야 떨어질 수 없고 서로 직결되어 있다는 것을 그들은 잘 이해하지 못하고 있는 것 같다.

사상교육은 선결문제이다. 작전보다 먼저 해야 한다. 그런데 왜 교육을 하지 않는지, 한다면 부족하게 하는지 모르겠다. 물론 해당 부대 장교들은 평상시 할 것을 다했다고 할 수 있다. 그러나 국가적 풍토로 볼 때 군복무의 자랑스러운 감도 느끼지 못하며 조국을 지키다가 전사한 자랑찬 영혼들에 대한 전 국가적 전 국민적 예우를 볼 때 참 안타까운 것이 많다. 이명박 정부가 들어서 이러한 문제가 좀 달라지는 것 같은데 다행이라고 생각한다. 좌파라고 하는 세력들은 왜 그러지 않았을까? 아무리 좌파라도 대한민국의 좌파가 아닌가? 이것이 다 사상교육을 제대로 하지 않았기 때문이다. 오늘 북한이 그 어려운 난관 속에서도 붕괴되지 않고 떳떳이 서 있는 것은 북한노동당이 전체 당원들과 근로자들에 대한 사상 교양을 책임적으로 하고 있기 때문이다. 그들의 사상 교양 사업은 날로 더 강화될 것이다.

대한민국의 많은 국민들과 청년들 속에서 북한군 군인들은 잘 먹지 못해 허약하고 무기도 재래식이며 기름도 없으며 훈련도 많이 못했기 때문에 아주 열악한 것으로 평가하는 것을 많이 보았다. 그렇다. 그것을 부인하지 않는다. 그러나 그것은 북한 군인들에 대한 과소평가라고 생각한다. 적에 대해서는 과소평가도 과대평가도 금물이다. 오직 과학적 평가만이 적과 싸워 이길 수 있는 가장 정확한 전술을 도출해 낼 수 있다. 많은 경우 대한민국 국민들은 북한군의 사상을 평가하지 못하고 있다.

북한노동당은 북한군이 무기가 재래식이라는 것도 알고 있다. 군인들이 잘 먹지 못하고 있는 것도 알고 있다. 국군은 잘 먹고 군사 복무도 짧게 한다는 것도 알고 있다. 그러나 그들은 이 모든 것을 사상적 우월성으로 싸워 이긴다고 하고 있다. 거기에 전술적 우월성까지 합친다고 한다. 그들은 군인들이 찬 칼은 무기이며 칼집에 꽂은 칼날은 사상이라고 말한다. 싸우려면 칼을 뽑아야 하는데 그때 뽑힌 칼날 즉 사상이 싸운다는 것이다. 이것을 우리는 소홀이 해서는 안 된다.

그렇지 않아도 북한군은 미국만 없다면 얼마든지 자신 있다고 한다. 거기에 최근에는 120만으로부터 150만 아니 180만이 된다고도 한다. 나는 한국에 와서 "이제 전쟁이 일어나면 북한군을 가지고 싸우겠습니까. 국군을 가지고 싸우겠습니까?" 이렇게 물어보는 사람들도 많았다. 나는 솔직히 말했다. 이제라도 북한군이 김정일을 위해서가 아니라 인민을 위해서 진리를 위해서 그 존재의 사명을 가질 수만 있다면 북한군을 가지고 전투를 지휘하겠다고 말이다. 전투와 전쟁의 승리는 현대적 무장의 장비도 중요하지만 그 무장을 다루는 것은 군인인 사람이다. 그 군인은 평시에 준비되고 세계관화 된 정신 사상에 의하여 움직이게 되어 있다. 승리의 깃발은 사람인 군인이 꽂는 것이지 미사일이 날아가 꽂는 것도 아니며 탱크 차륜의 발자취에 저절로 꽂히는 것도 아니다.

오늘 북한이 세상에 대고 사상의 왕국 정치의 대국이란 말을 자랑스럽게 하는 것은 다 일리가 있다. 북한이 붕괴되지 않고 망하지 않는 것은 사상 교양과 수령을 중심으로 한 사상의 결집에 있다. 이것이 붕괴되지 않는 한 북한은 절대로 망할 수 없다. 또 그들이 좌파 10년 동안 남북 관계에 있어서 그렇게 자신만만해 하고 한국 정부를 가지고 놀다시피한 것도 그들의 사상에 있다. 반면에 우리 정부는 체제 경쟁은 끝났으며 마치 나도 그 체제 경쟁에서 이긴 것이 우리인 마냥 생각하면서 북한에 무엇을 조금 준 것을 가지고 우리가 이긴 것으로 표현하는 것은 대단한 착각이다. 이미 우리 한국은 북한에 많이 먹혔다. 서울은 북한의 김일성 유일사상 교양의 제 2전당이 되고 있다는 것을 알아야 한다. 이것을 잊었다면 대한민국은 큰일이다.

김일성 혁명의 노천박물관 백두산

만일 앞으로 북한이 의도한 대로 백두산 관광까지 이루어지게 되면 북한의 김일성이 일제를 반대하여 항일을 했다는 것을 주 핵심으로 한 북한노동당의 사상 교양의 주요 내용인 혁명전통으로써의 교양까지 대한민국 국민들에게 야금야금 스며들 것이다. 사실상 백두산 주변은 자연의 신비와 웅장함도 있지만 북한의 혁명 전통 교양의 대 노천박물관이나 다름이 없는 지역이다. 백두산에 가면 북한노동당의 혁명전통교양에 저도 모르게 빠져들게 되어 있다. 가는 곳마다 김일성의 동상인데 거기에 참배하지 않고서는 도저히 백두산을 관광할 수 없는 시스템이다. 그러다 조금 있으면 김정일의 고향이 러시아가 아니라 백두산 밀영이라고 하는 북한의 왜곡된 역사도 진실인 것처럼 오염되게 될 것이다. 체제의 승리는 물질적 부에 있는 것이 아니라 사상에 있다. 좌파 10년의 정부들은 북한과 상호주의를 하지 않는다고 하였다. 그러나 상호주의를 대단히 많이 했다는 것을 알아야 한다. 대한민국은 북한에 많은 물질을 주었고 그 대신에 사상을 수입해 왔다. 그러지 않고서야 어떻게 6.25 침략 전쟁을 통일 전쟁이라고 할 수 있겠는가?

대한민국 국민들은 지금에 와서 좌파 10년의 정치가 끝난 것 같지만 정신을 단단히 차려야 한다. 정신을 예리하게 유의하지 않는다면 공산화될 것이다. 지금 필자의 생각은 공산주의가 좋다면 그것을 선택하고, 대한민국의 자유민주주의체제가 좋다면 그것을 선택하고, 전 국민적 투표라도 하였으면 좋겠다는 것이다. 대한민국은 자유민주의 체제이기 때문에 공산주의 사상도 같이 공존할 수 있는 사회라고 생각한다면 그것은 돌이킬 수 없는 결과를 초래 할 수 있다. 아직 우리 사회는 공산주의 사상도 함께 공존하기에는 시기상조이다. 좀 먹고 산다고 해서 쓸데없이 허영에 들떠 낙관하지 말아야 한다. 물론 함께 공존하는 때가 있겠지만 말이다.

오늘날 북한은 민주노동당을 비롯한 좌파 세력들이 생각하는 노동자 농민의 국가가 아니며 노동자 농민이 주인 된 프롤레타리아 국가도 아니다. 대한민국에서 지난날 군사독재를 반대하여 민주화를 위해 투쟁도 하고 고문도 많이 받았다고 하는 사람들은 왜 북한의 민주화에 대해서 외면하면서 몸을 사리는지 그것을 이해할 수 없다. 그들은 대한민국의 참된 민주화를 위해 투쟁하였는지, 그렇지 않으면 이념을 위해 투쟁하였는지 도저히 알 수가 없다. 아직은 그들의 정체성을 노골적으로 들어 내놓을 때가 아님을 그들은 알고 있을 것이다. 역사는 참다운 민주주의 투사와 민주화를 방편으로 하여 이념을 추구한 가짜 민주투사들을 좌파 10년의 정부들이 만들어 놓은 과거사 법이 먼 훗날에 심판할 것이고, 진리가 진리의 원리로 기록될 것이다.

철통같은 북한노동당 장악 지도 사업

북한노동당이 하는 일 가운데서 중요한 사업은 혁명과 건설에 대한 일체의 장악 지도 사업이다. 북한의 최고 지도자 김정일은 그 통치 수법자체가 다른 채널도 있지만 당을 통해 전국을 통치하는 것이 기본 수법이다. 때문에 조선노동당은 정치, 경제, 문화, 군사, 보위, 치안 할 것 없이 일체 모든 것을 장악하고 지도한다. 모든 것을 장악하는 것이 당권이고 모든 것을 당에서 결제해야 그 효력이 발생되는 것이 당조직권이다. 김정일의 유일 지도 체제가 바로 그것이다. 혁명과 건설의 모든 분야, 모든 초소에서 제기되는 모든 문제를 하나도 빠짐없이 당을 통해 김정일에게 보고하고 그 결론에 따라 전당, 전국, 전군이 하나와 같이 움직이는 것이 당의 유일적 지도체제이고 전당의 엄격한 혁명적 규율이다.

김정일은 늘 하루가 지나 저녁이 되면 혁명과 건설의 모든 문제를 자기 손바닥의 손금을 보는 것처럼 볼 수 있고 결론을 내리도록 하라는 것이 당에 대한 김정일의 요구이다. 평양에 있는 사람이든, 자강도 어느 시골에 있는 사람이든, 정치 분야든, 경제 분야든, 군사 분야든, 외교 분야든, 대남 사업 분야든, 모든 분야의 사업과 그 분야에서 근무하는 간부들과 당원들 근로자들에 대한 사상 동향까지도 하나도 빠지지 말고 보고하라는 것이다.

그렇게 되려면 당에 부여된 권한은 제한이 없어야 한다. 물론 조선노동당은 창건된 첫날부터 제한이 없는 권한을 가지고 태어났고 원래 공산주의를 이념으로 한 일국 일당제의 공산당, 노동당은 다 그러하다. 그러나 북한의 노동당은 김정일이 김일성의 후계자로 완전히 지목되고 당의 기초를 쌓기 시작하면서부터 노동당의 권한만은 더욱 강화되었다. 김정일은 1974년 전당조직일꾼 강습회와 전당 통보일꾼 강습회를 조직하고 당조직 일꾼들과 통보 일꾼들을 무장시켰으며 그들에게 제한 없는 당 권한을 부여하여 주었다. 사실 북한노동당 안에 조직권이라는 말이 그때부터 당 안에서 쓰이게 되었고, 당조직권 앞에 누구도 불복할 수 없도록 체제를 더욱 굳게 하였다.

필자는 당조직 일꾼으로서 그러한 권한을 가지고 근무하였다. 사실상 그러한 권한을 누릴 때 좋기는 하였다. 비록 계급은 높지 않았지만 당 권을 가지고 당 관료주의를 하면 안 되지만 권한이 부여된 이상 관료주의를 안 할 수 없다. 원래는 당 안에서 당 관료주의를 허용하지 않는다. 원론적으로는 그렇게 되어 있지만 김일성부터 김정일 할 것 없이 다 관료화가 되어 있으니 별 수 없는 일이다. 그래서 간부가 되면 당 간부가 되려고 하고, 당 간부가 되면 당조직부분 간부가 되려고 한다. 그 다음은 당 간부의 간부가 되려고 한다. 사실상 같은 당 간부라도 사상 교양 사업이 주 직능으로 되어 있는 당 선전부 간부는 하려고 하지 않는다.

원래 당은 행정, 경제, 군사 기관이 아니지만 조선혁명의 참모부이고 조선혁명을 영도하는 수령의 영도기관으로서 모든 것 일체를 장악하지 않고서는 조선혁명을 영도할 수 없다. 그러므로 조선노동당의 영도방법이 장악지도 방법이다. 장악이라고 하는 것은 아래의 모든 단위를 빠짐없이 알라는 것이고 안 다음에는 김정일의 결론에 따라 해당한 지도 방법을 가지고 아래를 지도하라는 것이다. 즉 알지 못하면 아래를 지도할 수 없는 조건하에서 알기부터 하라는 것이다. 안다는 것이 장악인데 거기에는 당적 방법으로 하라고는 하지만 사실상 수단과 방법을 가리지 않는다.

당에서의 기본 장악 선은 당조직선과 당 통보선 그리고 아래를 담당한 책임 지도원 및 담당 지도원들을 통한 장악 선이다. 책임 지도원은 중앙당에서 도를, 도당에서 군을 담당한 지도원을 책임 지도원 및 담당 지도원이라고 하고 군당에서 아래를 담당한 지도원을 그냥 아래 담당 지도원이라고 한다. 책임지도원과 담당지도원은 한 달에 20일은 아래에 내려가야 하고, 10일은 올라와 재무장 재작전을 해야 한다.

당조직선에서의 장악은 당 정책적 선에서의 장악을 기본으로 하는데 기본이 간부들을 장악하는 것이다. 간부 중에서도 단위책임자와 부책임자들에 대한 장악이 기본이다. 당 통보 선에서는 사건 사고를 비롯한 각종 비행들과 비정상적인 문제들을 즉시 당 중앙까지 그 누구의 제한도 없이 직접 보고하게 되어 있다. 때문에 당 통보 선을 소홀히 볼 수 없는 것이다.

물론 각급 당위원회 안에 혁명과 건설의 모든 분야를 담당하는 부서들이 있기는 하지만 그 분야를 통하여 장악된 자료가 결국은 해당 당위원회 조직부에 종합되기 때문에 당조직 선을 벗어나 김정일에게 보고되는 문제는 결코 있을 수 없다.

사실상 간부들의 사업과 활동 정형을 빠짐없이 장악만 하면 그 간부가 근무하는 단위의 사업은 다 파악할 수 있다. 가령 조선인민군 어느 한 사단을 장악할 때 그 사단의 사단장, 참모장, 정치위원, 보위부장, 후방 부사단장, 군사부 사단장, 정치부장 등 주요간부들의 사업정형만 구체적으로 장악하면 사단의 전투력은 그 자리에서 평가할 수 있다. 그래서 해당 당위원회 조직부는 간부들의 일거수일투족을 빠짐없이 장악한다. 그러므로 북한의 모든 간부들은 어느 단위에서 근무하든 당을 벗어날 수 없으며 순간이나마 당의 장악 선에서 벗어나면 그 이상 비상사고가 없다.

김일성은 평상시 늘 간부들에게 이렇게 이야기하곤 하였다.

"군단장이 당에 보고하지 않고 움직이면 미 중앙정보부 (CIA)에 갔다 온지도 모릅니다."

이것은 무엇을 말하는가? 아무리 높은 사람이라도 당을 벗어날 수 없으니 자각적으로 당의 통제를 받으라는 것이며, 또한 해당 단위 당조직부 부서들은 직위와 공로에 관계없이 간부들을 장악하라는 것이다. 사실 북한의 군단장 하면 별이 3-4개이며 당중앙위원회 위원 및 후보위원이며 최고인민회의 대의원을 겸하고 있다. 그런데도 불구하고 그를 장악하는 당조직부 일꾼들은 계급적으로 볼 때 비할 바 없이 낮은 소좌(소령), 중좌(중령), 상좌(중령과 대령사이)들이다. 이외에도 책임 및 담당지도원들을 통해서 장악하고, 당 통보 선을 통해서 장악하고, 당원들의 높은 당조직 관념의 보고 선에서 장악되고, 아래 당조직들의 장악 선에서 장악된다. 그러므로 당의 장악 선에서 벗어날 간부는 북한에서는 한 사람도 없다.

바로 당원이 아닌 사람이라면 바로 당의 외곽단체인 근로단체나 정치조직들을 통하여 빠짐없이 장악된다. 그러므로 북한노동당의 장악 선은 모든 간부들과 당원들 근로자들이 집에 있을 때도 장악되고, 사무실에 있을 때도 장악되며, 길을 걸어갈 때에도 장악되고, 출장 갔을 때에도 장악되며, 친구들과 술을 먹을 때에도 장악되고, 심지어 아내와 함께 잠자리에 누워서 무엇이라 하였는가까지도 장악하라는 것이고 또 장악된다.

이렇게 전국, 전당, 전군, 전민을 장악한 기초 위에서 당은 해당한 지도 대책을 세우는 것이다. 그러므로 누구든 마음 놓고 하고 싶은 이야기를 할 수 없고 또 한다고 하여도 장악되고 결과에 따라 처분을 받게 되어 있다. 그러므로 북한의 노동당중앙위원회는 어느 외진 산골에서 다 늙은 할아버지가 어떤 이야기를 했다는 것까지도 알 수 있다. 때문에 당은 북한 주민들이 무엇을 생각하고, 어떤 고통을 받고 있으며, 경제생활에서 어떤 문제가 해결되어야 하는가 하는 문제를 빠짐없이 알고 있다. 몰라서 못하는 북한노동당이 아니다.

또 간부들을 기본으로 장악한다고 해서 기본이 조직 생활과 사상 생활만 장악하는 것이 아니라 입체적으로 장악하게 되어 있다. 즉 그 간부가 집행해야 할 직책상 임무 수행과 사업 작풍과 방법문제, 경제, 도덕, 생활 문제, 가정 혁명화 문제 등 모든 문제를 다 장악한다.

이렇게 장악된 조건 하에서 당에서 일단 김정일의 결론을 받아 대책을 세우면 세워진 결정은 당중앙위원회로부터 기층 당조직까지 오직 집행해야 하는 법적 성격을 띤다. 이것이 바로 당의 영도이다. 그러므로 김일성은 이미 예전에 항해하는 배에 비유하여 당 일꾼은 그 배의 방향을 결정하는 키를 잡은 사람이며 당 일꾼이 아닌 행정경제기관 일꾼들은 그 배를 앞으로 나아가게 하는 바로 노 젓는 사람들이라고 하였다. 그러니 당이 가라는 길로만 무조건 앞으로 나가기만 하라는 것이다. 한편 김정일은 당에서 '아' 하고 소리치면 그 즉시 당의 기층 조직인 당 세포에서도 동시에 '아'라고 소리치고, 결국 모든 당원들과 근로자들이 함께 '아'라고 해야 한다고 하였다. 뿐만 아니라 김정일은 당에서 한 가지만 하라면 한 가지만을 하는 엄격한 규율을 세워야 하고, 그것이 바로 당의 장악지도 원칙이라고 하였다.

북한은 김정일이 말 한마디만 하면 북한노동당은 그것을 정책화하여 도, 시, 군 당조직들을 통하여 북한의 2,000만 모든 인민들에게 한 사람도 빠짐없이 침투된다. 물론 대상에 따라서 침투만 되면 그것은 입맛에 맞든 맞지 않든 무조건 지지해야 하고, 집행할 의무가 따라 간다. 이것이 북한노동당의 유일사상 체계이며 유일적 지도체제이다. 이런 강한 조직 규율을 세워 놓은 것을 김정일은 대단한 정치 업적으로 생각하고 있다. 그것을 온 세상에 정치 대국으로 선포하고 있다. 오죽하면 김정일은 대한민국의 정치가들은 정치 문맹자들이라고 했겠는가?

바로 이와 같이 북한은 김정일의 사상과 그 구현인 당의 결정과 지시에 따라 전당, 전국, 전군, 전민이 하나와 같이 움직이는 획일적인 영도력이 당을 통해서 이루어진다. 그러므로 북한은 하나와 같이 움직이는 군대와 같은 병영집단이고, 김정일의 강압적 통제로 인하여 의지적으로 뭉친 공동체이며, 하나와 같이 움직이는 실천적 부대이다.

결론적으로 북한노동당이 혁명을 조직하고 장악하며 영도하는 한 북한은 붕괴될 수 없다. 그래서 북한노동당은 백전백승의 강철의 당이라고 한다.

북한노동당을 연구하면 북한의 미래가 보인다

북한이 얼마 안 가서 붕괴될 것이라고 낙관하고 있는 사람들은 북한노동당을 몰라도 한참 모르는 사람들이다. 북한을 바로 보려면 북한의 경제, 아사 탈북자 등 겉에 나타나는 것만 보아서는 안 된다. 북한노동당을 해박하게 연구하면 북한이 보이고, 어떤 방법으로 어느 때에 북한이 붕괴될 것인가 하는 그날이 보인다.

역사는 어떤 독재자도 멸망하지 않은 독재자는 없다는 것을 기록하고 있다. 물론 김정일도 신이 아니기 때문에 죽는 날이 있을 것이다. 그렇지 않아도 각종 병이 많고 지금 이 글을 쓰는 이 시각 에도 김정일은 뇌수술을 했다고 한다. 큰 행사인 북한 정권 수립 60

돌 경축행사에도 참가하지 못한 것을 보니 대단히 건강이 좋지 않은 것 같다.

김정일의 죽음과 북한노동당의 운명을 같이 보아야 하는가? 이렇게 문제를 설정할 수도 있다. 그러나 그것은 잘못이다. 물론 북한노동당은 김일성·김정일 당이라고 부르고 있다. 그러나 개인의 운명과 당의 운명을 같이 보는 것은 잘못이라고 생각한다. 그러므로 그 당 자체를 깊이 연구해야 한다. 그 당이 북한을 붕괴시키는 일을 할 수도 있기 때문이다. 다만 북한노동당을 다른 나라들의 공산당이나 노동당처럼 생각해서는 안 된다.

북한은 조선노동당의 조직 사업과 사상 사업 혁명과 건설에 대한 일체의 장악과 통제 지도 사업을 통하여 이미 기독교 교리를 시스템화 한 짝퉁의 주체교의 교리가 완성된 사이비 주체 종교 집단이다. 이 세상 종교 역사는 정통이든 이단이든 신이 아닌 인간이 만든 종교 집단은 집요하기는 하지만 다 망한다는 것을 기록하고 있고 보아 왔다. 그러나 그 집요함이 언제까지인가 하는 것은 북한을 보고 우리는 새롭게 체험하게 될 것이다.

북한을 연구하는 분들과 북한에 관심이 있는 분들을 보면 왜 노동당을 깊이 연구하려고 하지 않는지 모르겠다. 물론 그렇지는 않겠지만 북한의 어떤 분야를 연구하든지 간에 그 분야에 대한 조선노동당의 정책부터 연구하면 노동당이 보이게 되고, 노동당이 보이면 북한이 붕괴 되지 않겠다거나 북한은 붕괴될 것이라는 결론을 찾을 수 있다.

4. 악랄한 **국가안전보위부** 때문이다

북한노동당의 프롤레타리아 독재 도구로서의 악랄한 국가보위부 (국가안전보위부)가 노동당의 정치를 보위하고 있는 한 북한은 붕괴되지 않는다. 공산주의는 원래 그 태동 자체가 프롤레타리아 혁명을 통하여 태어났고 그 제도를 공고 발전시킴에 있어서도 프롤레타리아 독재로 공고 발전시켜 나간다. 이러한 공산주의 이론에서도 좌우경적 편향이 지난날 있었는데 옛 소련은 사회주의 제도가 수립되면 프롤레타리아 독재는 필요 없다고 보아왔고 이것이 우경이요, 또 중국은 공산주의 사회를 건설할 때까지 프롤레타리아 독재는 계속되어야 한다고 보아왔다. 이것이 좌경이라고 북한은 평가하였다. 이 과정에 북한은 고민도 많았다. 중국과 소련 사이에서 정말 고민이 많았던 북한이었다.

이런 정세로부터 김일성은 누구도 믿을 것이 없고 자기 운명의 주인은 자기 자신이라는 자주성으로부터 주체를 세울 것을 많이 강조해 왔고 드디어 그것을 이론화 하여 주체사상이라고 하였다. 그리고 그것을 계속 심화시키면서 나중에는 수령의 유일 독재 사상으로 주체교의 경전으로 완전히 체계화 하였다.

그 와중에 북한은 공산주의 건설에서 프롤레타리아 독재는 주체적 입장에서 소련 편도 아니고 중국 편도 아닌 사회주의 완전 승리를 이룩할 때까지는 계속되어야 한다는 이론을 새롭게 내 놓았다. 아마 그 노작이 사회주의 건설과 프롤레타리아 독재에 대한 것으로 기억하고 있다. 그러므로 북한은 프롤레타리아 독재가 아직도 계속 진행되고 있다. 그 후 더 심화된 공산주의 이론을 보면 공산주의 사회가 건설되었어도 당원들과 근로자들에 대한 조직 사상생활은 더욱 강화해야 한다고 하고 있다. 이것은 곧 독재를 말하는 것이다. 그러니 사실상 북한의 프롤레타리아 독재는 영원하다는 것이다.

프롤레타리아 독재라는 것은 원래 정권을 잡은 노동계급의 국가가 적대 분자들에 대하여 실시하는 국가적 폭력이다. 그런데 북한의 프롤레타리아 독재는 노동계급의 국가에 의한 폭력이 아니라 수령 개인에 의한 폭력으로 변질되어 있다. 물론 그들이 부르짖는 수령이 노동계급의 수령이기 때문에 수령의 사상과 영도는 그 어떤 것도 노동 계급의 사상과 의사를 대변한다고 본다. 왜냐하면 혁명과 건설에서 수령은 뇌수와 같은 지위에 있고 또 그 역할을 하기 때문이라고 한다.

그러니 북한의 프롤레타리아 독재는 수령 개인의 독재이며 광범한 근로 대중의 영도 계급인 진정한 노동계급의 독재는 아니다. 북한에서 수령의 신격화와 세습통치를 없애고 민주주의 원칙에 근거하여 노동 계급이 자신들의 입맛에 맞는 수령을 그들이 직접 선출할 수 있다면 진정한 공산주의식 프롤레타리아 독재가 실시될 수 있다.

북한은 노동당을 중심으로 한 프롤레타리아 독재 체제를 구성하고 있는 바 조선노동당을 핵심으로 하고 그 주위에 당과 대중을 연결하는 안전대로서의 정치 조직인 직총중앙위원회, 농근맹위원회, 여성중앙위원회, 김일성사회주의청년동맹, 소년단 등 모든 정치 조직들로 하여금 프롤레타리아 독재 체제를 형성한다. 김일성은 프롤레타리아 독재 체제 안에서 김일성사회주의청년동맹은 당 다음 가는 단체라고 지적했다. 그렇다고 해서 청년 조직을 혁명을 영도할 수 있는 영도 계급으로 보는 것은 아니다. 다만 혁명과 건설에서 당 장성의 후비가 청년 조직에 있기 때문이다. 그렇다면 권력기관인 국가와 인민무력, 보위기관, 치안을 중심으로 한 인민보안성은 무엇인가? 이런 것들은 철저하게 프롤레타리아 독재를 위한 무기이며 도구이다. 그런 만큼 철저하게 당의 영도와 지시를 받게 되어 있다.

간첩과 불순분자를 색출하는 국가보위부

북한의 국가보위부는 해당 당위원회의 지도와 통제를 받았으나 그들이 수행하는 임무의 특수성으로 보아 해당 당위원회의 통제를 받던 데서 벗어나 자체 안에 당위원회를 새롭게 조직하고 그를 통하여

당의 영도를 실현한다. 내가 북한에 있을 때만 해도 보위부 안에 해당 당위원회를 가지고 있지 않았다. 어쨌든 해당 단위의 당위원회 통제를 받으나 자체 보위부 안에 당위원회를 가지고 있으나 그 방법은 다르지만 본질상 당의 지도와 통제를 벗어나지 못한다. 당의 지도와 통제를 벗어난다는 것은 김정일의 지도와 통제를 벗어나는 것을 의미하는데 김정일은 절대로 그렇게 하지 않는다. 보위부 안에 있는 당위원회는 상설적인 당위원회가 아니라 정치 기관으로 조직되어 당 생활 지도를 하며 해당 문제가 토의 결정될 때마다 당위원회가 구성된다.

보위부의 기본 임무는 한마디로 간첩을 잡으라는 것이다. 나 자신이 보위부에 대한 당 생활 지도를 해 본 경험도 없고 또 보위 일꾼으로서 직접 근무를 하지 않았기 때문에 실제로 체험한 구체적인 내용들을 여기에 기록은 할 수 없으나 보위부도 당 안에 있는 것만큼 근본적인 문제에 대하여서는 얼마든지 사실 그대로 적을 수 있다. 우리 대한민국 모든 국민들은 북한이 저렇게 버티고 있는 이유 중의 하나로 국가 보위부의 역할도 한몫하고 있다는 것을 알아야 한다.

국가보위부는 간첩을 잡는 것과 함께 북한 내 불순분자들과 불평분자들, 수령과 당을 반대하고 정부를 반대하는 자들을 제때에 적발하여 김정일에게 보고하고 결론에 따라 처리하는 임무를 수행한다. 아무리 죄가 커도 경제적 범죄자들에 대하여서는 절대로 상관하지 않는다. 북한은 국가보위부 밑에 도 보위부를 두고, 도 보위부 밑에 군 보위부를 두며, 군 밑에 리와 동에는 담당 보위지도원을 둔다. 뿐만 아니라 보위부 조직 체계도 당조직과 같이 생산적 지역적 단위에 빠짐없이 조직한다. 북한군 안에는 연대급까지는 상설적인 보위부서를 두고, 대대에는 보위지도원을 두어 사업하도록 한다. 특수 병종과 1제대 전연 부대들에는 보위 일꾼들을 조밀하게 배치한다. 그리고 그들이 가지고 관리하는 정보원들은 얼마나 되는지 그 수를 헤아릴 수 없다.

사회에서는 잘 모르겠으나 특히 군대에서는 아직도 잘 수양되지 못한 젊은 보위 일꾼이 많은 경우 대대보위 일꾼들 중에서 자신을 특수한 존재로 내세우면서 우쭐대는 경우도 가끔 나타나고 있다. 이러한 것들을 통제하는 것은 당밖에 없기 때문에 당과 보위일꾼들과의 관계가 그리 좋지 않다. 그러나 결국 누가 이기는가 하면 물론 당이 힘이 세다. 누차 이야기하지만 당을 이길 존재는 북한 땅에는 아무 곳도 없다.

보위 일꾼들은 군중 속에 뿌리를 박지 않고서는 간첩도 불순분자도 잡을 수 없다. 간첩도 불순분자도 다 군중 속에 함께 살면서 자기의 임무를 수행하기 때문이다. 간첩을 잡든 불순분자를 잡든 결국은 김정일을 보위하는 것으로 그 임무가 집중되어 있다. 군중 속에 뿌리를 박는 방법이 당은 기층 당조직을 가지고 있지만 보위부는 그렇게 하지 못하므로 정보원들을 통해 뿌리를 박고 있다.

당은 모든 당원들이 정보원이 될 수 있고, 모든 사람들에게 보이는 정보원이 될 수 있으나 보위부 정보원들은 절대로 보이거나 노출되어서는 안 된다. 그러나 지혜가 없는 정보원들은 군중 속에서 정보원으로서의 임무를 수행하다가 노출되는 경우가 있다. 이럴 때에는 부득불 그 사람은 대중 속에서 왕따가 되기 마련이다. 누구든 정보원을 좋아하는 사람은 없기 때문이다. 이럴 때 보위 일꾼들은 제때에 인사 조치를 해야 하는데 그 인사 조치는 보위부에는 권한이 없다. 권한을 실제 행사하는 당 조직 부서를 통하지 않고서는 인사 조치를 할 수 없다. 이렇게 보나 저렇게 보나 보위 일꾼들이 당에 대해서 감정을 가진다면 그것은 철없는 짓이다. 자신을 지키려면 당의 지도를 잘 받고 당에 모든 것을 의지하는 것이 좋다. 또 그 방법밖에 형통한 방법이 없다.

국가보위부의 무차별적 인권 유린

북한의 국가 보위 사업 대상은 원칙적으로 당 일꾼들은 사업대상이 아니므로 나머지 북한의 주민들은 누구나 빠짐없이 보위 사업 대상에 해당된다. 보위 사업 대상에 해당된다는 것은 직무 여하 공로에 관계없이 '너는 간첩이다.' 이렇게 문제를 설정해 놓고 감시 추적한다. 물론 당 일꾼도 사업대상이 아니라고 해서 감시 대상에서 제외되는 것은 아니지만 직접적인 대상은 아니다. 즉 정보원들에게 당 일꾼들을 감시하라고 정식 임무를 주지 않는다.

그러나 김정일을 제외한 나머지 어떤 사람도 현실에서 걸리면 그가 당 일꾼이든 행정이나 경제 일꾼이든 관계없이 해당한 처벌을 받는다. 북한에 농업부분을 담당하였던 서관희는 농업경제 일꾼이기도

하였지만 한편 당중앙위원회 위원이기도 하였으니 확실한 당 일꾼이기도 하였다. 그러나 그는 간첩으로 총살을 당했다. 그리고 내가 너무나도 잘 알고 지냈던 조선인민군 총정치국 조직부국장이었던 리봉원은 철저한 당 일꾼이었으나 총살형을 당해 지금은 세상에 없다. 그의 동생은 나와 같이 정치사관학교 동창이었는데 그는 형보다 먼저 중대 지도 사업을 나갔다가 무연탄 가스에 중독되어 깨어 보지도 못하고 죽었다. 막강하였던 형이 총살을 당하는 판에 그때 무연탄 가스를 먹고 죽은 것도 어찌 보면 잘된 일이기도 하다.

이렇게 북한의 모든 사람들은 당 및 근로단체 조직 선에서 벗어날 사람도 없거니와 또 국가 보위부 감시의 추적 선에서 벗어날 사람도 없다. 이렇게 당과 국가보위부로부터 보이지 않게 감시 통제를 받는 것만 해도 버거운데 이것만이 아니다. 국가의 치안을 담당한 인민보안성 통제 역시 만만치 않다. 인민보안성에 대해서는 아래 내려가면서 좀 더 구체적으로 언급하기로 한다. 이 과정에 북한의 당원들과 근로자들은 무차별적으로 인권을 유린당하고 있다.

그렇다면 세계를 바라보는 그들의 가치관은 어떤 것일까? 그들의 가치관은 그들의 철학에서 규정되어진다. 철학은 세계를 연구하는 학문이라고 한다. 아마 대한민국 철학도 같을 것이다. 북한의 철학은 마르크스-레닌주의 철학에서 지금은 김일성주의 철학으로 이름을 바꾸었지만 사실상 그 내용은 달라진 것이 없다. 김일성주의 철학은 세계는 물질로 이루어졌으며 모든 만물은 계급적 성격을 띠고 있다고 한다. 이들은 철학도 혁명을 한 것이나 다름이 없다. 이 세상 만물을 떼어 놓고 철학이라는 학문을 생각할 수 없는 것 같이 이 세상 만물은 창조적 본성에 따라 그 자체의 고유한 성격을 가지고 있다. 그렇다면 철학도 그 물질의 고유한 자기만이 가지고 있는 창조적 성격을 부여해야지 거기에 계급적 성격을 부여하고 있으니 그것이 바로 폭력이며 테러라고 볼 수 있다.

어쨌든 모든 사물에 계급적 성격을 띠고 있다고 하니 인권도 계급적 성격을 띠고 있다고 한다. 계급적 성격을 띠고 있다는 것은 어떤 사물이든 그 존재 이유가 어느 한 계급의 이익을 위해 복무해야 한다는 것이다. 좀 더 구체적으로 이야기하면 농업경제의 기본 생산수단이 땅인데, 그 땅이 누구의 이익을 위해서 복무하는가 하는 것이다. 노동자나 농민을 위해서 복무한다면 그것은 노동계급의 성격을 띠었다고 하고, 지주가 가지고 있으면 그것은 착취 계급적 성격을 띠었다고 본다는 것이다. 그러기에 그들의 철학으로 이 세상을 바라볼 때 반드시 노동계급의 편이 있고 그 반대편이 있다는 것이다. 그러므로 그들은 혁명의 대상과 동력 포섭 대상과 타도 대상, 사랑할 대상과 증오할 대상, 이렇게 사물을 보는 것이 당연하고 또 그렇게 보지 않을 수 없다. 왜냐하면 그들의 철학이 사람들의 세계관을 그렇게 만들고 있기 때문이다. 물론 그들도 무계급사회, 즉 이 세상 모든 사물을 다 자기 편으로 만들기 위해서 애쓰고 있다. 그 애쓰는 것이 그들의 정치이며 그 정치 안에 수단과 도구로써 독재가 필연적이고 그 독재 안에서 인권이 유린된다.

노동 계급적 성격을 띤다는 것은 노동 계급이 혁명의 영도 계급으로서 주권에 관한 문제이지만 북한은 사실상 모든 사물에 노동 계급의 성격을 띠는 것이 아니라 수령 개인의 독재적 성격을 띠고 있다고 보아야 정확하다. 왜냐하면 수령은 노동 계급의 수령이기 때문에 수령의 가치관이 오직 노동 계급의 가치관이 된다. 그래서 조국도 김일성과 김정일의 조국이라고 하며 민족도 김일성과 김정일 민족이라고 말하는 것이 다 그들의 철학으로부터 정의된 말이다. 김정일 한 사람이 수백 수천의 노동 계급을 대표할 수는 있어도 그 뇌수는 될 수 없다. 완전히 신이 된다면 그 수령은 수백 수천의 뇌수가 될 수 있다. 이런 원리로부터 북한은 수령이라는 존재를 신격화 하고 북한의 하나님이라고 규정하고 있다.

신이 무섭고 신이 전지전능하다는 것을 그들도 잘 알고 있다. 그러나 그들은 신이라는 존재가 영적 존재로서 보이지 않는다고 하여 그 신의 지위에 사람을 올려놓고 신성화 하고 신이라고 한다. 그들은 무신론을 주장하지만 사실은 무신론자들이 아니다. 반드시 진리의 신, 정의의 신, 공의의 신, 그 분은 지금도 징계하고 있지만 끝까지 심판하실 것이리라. 신은 자기 외에 다른 우상을 절대로 용서하지 않을 것이다. 물론 그날은 하나님만이 아신다.

그렇기 때문에 북한의 모든 당원들과 근로자들은 인권에 대한 근본적인 개념이 전혀 없으며 오직 수령의 사상과 그 권위를 투철하게 옹호하는 것이 인권이요, 그와 조금이라도 어긋나는 사상과 행동은 즉시 타도되어야 한다는 것이 그들의 인권가치관이다. 그러므로 그들의 눈에는 정치범 수용소가 있고 공개 처형을 당하는 것은 인권유린이 아니라 북한의 인권 가치관에 의한 너무나도 당연한 처사라고 생각하고 있다. 보편적 진리, 보편적 자유, 보편적 민주가 북한의 당원들과 근로자들의 가치관과 세계관에는 존재하지 않는다.

"조국을 사랑한다면 원수를 미워하라"

북한에는 이런 말이 있다.

"조국을 진정으로 사랑한다면 원수를 그만치 미워하라. 혁명을 사랑한다면 반 혁명분자들을 증오하고 때려 부셔라. 수령을 사랑한다면 수령의 사상과 권위를 훼손하는 현상과는 비타협적으로 투쟁하라."

사랑하면 사랑하는 만큼 증오하라. 정녕 원수를 증오하면 증오하는 만큼 아군을 사랑하라. 이것이 북한의 세계관이며 가치관이다. 북한의 군가 마지막 가사가 생각난다. "제국주의 침략자 모조리 때려 부수자." 그것도 모자라 지금은 "총대로 통일의 문을 열자."는 한 계단 더 업그레이드 된 가사와 선율로 군가를 바꾸었다고 한다.

원수까지도 사랑하라는 최고의 사랑의 계명과 보편적 진리를 모르는 그들이 어떻게 이해할까? 철학이 바뀌고 그 제도의 상부구조가 바뀌기 전에는 절대로 이해할 수 없을 것이다. 그러므로 북한의 인권 문제는 온 세계가 달라붙어 인권을 개선하라고 외친다고 해서 해결되는 것이 아니다. 자극은 좀 받을 수 있겠지만 김정일이 죽고 정치적, 법률적, 종교적, 철학적 차원에서 국가의 상부구조가 바뀌기 전에는 절대로 인권문제가 해결될 수 없다.

북한의 인권 문제가 해결되려면 유엔의 역할도 좋고 미국을 비롯한 인권 운동가들이 북한 인권 개선을 위해 진실로 애쓰는 것도 중요하다. 또 북한의 정치범 수용소 출신들로 조직된 북한민주화운동본부를 비롯한 많은 단체들에서 북한의 인권 현황을 고발하는 집회 등 여러 가지 활동도 중요하지만 북한 인민들에게 인간이 보편적으로 향유해야 할 인권이 무엇인가를 알려 주는 것이 중요하다.

그러할 때 그들이 계몽되고 응당히 인간으로서 향유해야 할 인권이 억압되어 있는 원인을 알고 인권을 되찾기 위한 투쟁에 일어서게 해야 한다. 말하자면 북한 인민들을 사상적으로 각성시켜야 한다. 미국 정부 차원에서 북한 인권 개선을 위해 여러 가지 정책들이 진행되고 있는데 그럴 때마다 북한에서는 미국 정부에 이렇게 대답한다.

"당신들이 이야기하는 인권과 우리가 생각하고 있는 인권은 그 가치관 자체가 다르다. 그러니 더 이야기하지 말라."

이런 그들에게 무엇을 이야기하겠는가? 인민들을 각성시키는 것이 제일 빠른 길이다. 결론적으로 북한의 인권은 김정일이 죽고 북한의 계급적 성격을 부여한 김일성주의 철학이 바뀌어야 한다. 북한의 인권개선은 북한 복음화와 동시에 이루어져야 한다. 인간은 하나님의 형상과 모양대로 피조되었는 바 그 하나님의 형상과 모양이 곧 인권이기 때문이다.

대한민국은 인권을 상당히 중요시한다. 인권 그 자체는 보편적인 것이다. 왜냐하면 인권 그 자체가 진리이고 그 자체가 인간의 권리이기 때문이다. 그렇다면 인권을 위해 일하는 상설적인 기구라든가 지난날 인권 개선을 위한 투쟁에서 고문도 많이 받은 분들은 정말로 사심 없는 진리의 원칙에서 일을 해야 한다.

보편적 인권이라 함은 인류를 위한 것이다. 한국은 그 대상이 되고 북한은 그 대상이 안 되는 입장이라면 진리가 아니다. 인권은 청와대의 소유가 되어도 안 되고, 집권당의 것이 되어서도 안 된다. 그런데 지난 좌파정부 시절, 대한민국의 인권위원회는 그런 것 같지 않다. 대한민국 안에서도 그렇고 특히 북한을 특수한 존재로 본다는 자체가 인권 자체의 본성적 요구와 모순된다. 인권에는 특수한 존재가 있을 수 없다. 아무리 정정 당당한 일이라 해도 그 일을 하는 사람들이 정정 당당하게 원칙적으로 일하지 않으면 어느 때든 모순과 갈등으로 그 갈등 때문에 충돌하게 되어 있다.

북한 인권문제를 논하지 않는 것은 북한 인민들 앞에 죄를 짓는 것이다. 대북 정책에서 지혜로운 전술적 문제인 것 같지만 그것이 지금은 모순을 격화시키고 있다. 갈등의 상처에 고름이 곪고 있다는 것을 알아야 한다. 새로 출범한 이명박 정부가 벌써부터 북한의 인권 문제로 인해 북한과의 관계가 껄끄러워지고 있는 것 같다. 이것은 전 노무현 정부가 북한의 인권 문제를 놓고 원칙적으로 일하지 않고 북한의 비위만을 맞추어 주면서 치유하지 못한 탓에 고름이 곪았던 것이 이제 와서 터지는 것이다. 이제 수술할 때까지 가야 북한의 인권이라는 상처는 완전히 치유될 수 있다. 특수한 존재를 대할 때면 더 원칙적으로 일해야 한다. 그렇지 않으면 자체 모순에 빠져 이것도 안 되고 저것도 안 된다.

아직도 성숙되지 못한 대한민국의 인권 문제가 그러한 것처럼 다른 문제에 있어서도 찾아 볼 것이 많다. 성숙되지 못했기 때문에 인권이 인권을, 민주가 민주를, 자유가 자유를, 자기가 자기 주인을 잡아먹는 모순에 빠지고 있다고 보아도 과언이 아니다. 그래서 필자는 한국에 와서 지난날 대한민국의 민주화와 인권을 위해서 투쟁했다는 아주 위대하다고 하는 분을 만나 참 인권이란, 참 민주주의란, 참 자유란 어떤 것인가에 대하여 구체적으로 물어본 적이 있다. 그러나 그분은 나에게 "참이란 있을 수 없지요."라고 답했다. 그러면 '도대체 참이란 것이 없다면 어디에다 대고 무엇을 위해 외쳤단 말인가?'라고 생각하니 아리송하기도 하고 서글프기도 하고 복잡하기도 하였다.

조선노동당의 통제와 지도 아래 국가보위부가 존재하고 그 밑에서 한 사람도 빠짐없이 인권이 유린되고 자유와 민주주의는 그 숨결조차 들을 수 없는 한 북한은 절대로 붕괴될 수 없다. 역설적으로 북한을 개혁 개방하고 붕괴를 앞당기는 길은 북한의 모든 당원들과 근로자들이 인권을 찾는 길이요, 자유를 찾는 길이요, 민주주의를 찾는 길이요, 참된 신을 찾는 길이다.

5. 악명 높은 **인민보안성** 때문이다

북한노동당의 지도와 통제 밑에 프롤레타리아 독재 도구인 악명 높은 인민보안성이 있는 한 북한은 절대로 붕괴될 수 없다. 북한의 인민보안성은 대한민국으로 말하면 경찰청이다. 말하자면 국가 공권력이다. 인민보안성도 철저하게 당의 지도와 통제를 받는다. 각급 당위원회 행정과라는 부서가 바로 인민보안성을 비롯한 검찰 재판소 같은 기관들과 부서들에 대하여 통제하고 지도한다. 인민보안성 안에는 상설적인 당위원회를 구성하지 않고 정치기관인 정치부를 둔다. 필요로 할 때 당위원회를 구성한다. 역시 인민보안성도 정치기관을 두기는 하지만 그것이 본질상 해당 당위원회와 같다. 철저하게 간부 사업은 인민보안성 산하 정치 기관에서 할 수 없고 해당 지역 및 구역 당위원회에서 할 수 있다. 그래서 인민보안성 사람들도 당위원회 및 당일꾼 앞에서는 큰 소리를 치지 못한다.

인민보안성은 각도, 시, 군에 조직되어 있고, 리, 동, 구들에는 분주소가 조직되어 있으며, 마을들과 인민 반들에는 담당 보안원들이 있다. 북한은 전 사회적으로 대한민국과 같이 마음대로 데모나 집회를 할 수 없으므로 그를 진압하기 위한 대한민국의 전경과 같은 역량은 인민보안성 산하에 배치를 해 두지 않는다. 그러나 대한민국의 전경 역량과 대등한 상설적인 군인 집단을 가지고 있다. 이것을 북한에서는 인민 경비대라고 하는데 평상시에는 국가의 중요 대상 건설에 동원되어 공개 및 비공개 창조물들을 세운다. 만일 한국과 같이 인민들 속에서 또는 노동자들 속에서 데모가 일어나면 어떻게 하는가? 데모가 일어날 수도 없지만 만일 일어난다면 현역 군인이 동원된다. 어떤 무장을 가지고 동원되는가 하는 것은 말할 수 없지만 데모를 하는 그 집단에 대하여서는 대를 이어 영원히 다시는 일어날 수 없도록 일망타진한다. 실제 그러한 일이 있었는가? 있었다.

북한의 인민보안성 산하 모든 일꾼들은 일부 계요원들과 통신병들 말고는 다 장교들이다. 이 장교들을 키우는 학교가 인민보안성 산하에 인민보안성 정치대학을 가지고 있다. 그 정치대학은 평양시 순안구역 대양리에 위치하고 있다. 순안구역 대양 협동농장에는 큰 딸기밭이 있다. 협동농장은 그 딸기밭에서 적지 않은 수입을 거둔다고 한다. 그런데 문제가 되는 것은 인민보안성 정치대학 학생들이다. 그들이 그 딸기밭을 습격하여 딸기를 다 훔쳐 먹었다. 학생이 아닐 때에는 농장원들을 단속했는데 학생이 된 다음에는 거꾸로 농장원이 인민보안성 장교들을 단속한다.

인민보안성의 기본 임무는 국가의 치안을 담당한다. 그러므로 거기에 필요한 부서들이 조직되어 배치된다. 예심과, 감찰과, 감찰과에도 일반감찰과 산업 감찰로 분리되어 있고 호안과, 주민등록과, 통신과, 병기과 등 필요한 부서들을 가지고 있으며 성 산하에는 전국 열차의 치안을 주관하는 부서가 따로 있다. 그리고 시, 군에는 주민들의 여행증명서를 취급하는 제 2부가 있다.

모든 부서의 직능에 대해서는 여기서 구체적으로 밝힐 필요를 느끼지 않지만 모든 보안성 청사는 시멘트로 울타리를 높이 쳤으며 필요하고 시계가 좋은 곳에는 울타리와 함께 화점을 꼭 만들어 놓았다. 인민보안성은 치안을 유지하는 가운데 많은 범죄자들을 취급하는바 정치적 성격을 띠는 범죄에 대해서는 꼭 국가보위부로 넘긴다. 그것은 인민보안성이 할 일이 아니기 때문이다. 인민보안성은 시, 군, 도 중앙에 감옥들과 노동 교화소들을 갖고 있다. 정치범 수용소는 국가보위부가 가지고 있고, 인민보안성은 일반 범죄의 수용소인 감옥들을 갖고 있다.

북한의 인민보안성 장교들은 주민들을 상대할 때 대한민국 경찰들과 같이 예의적으로 주민들을 상대하지 않는다. 처음부터 반말을 하며 조금이라도 죄가 있다면 그런 사람에 대해서는 사람 취급을 하지 않는다. 주민등록 부서를 제외하고는 다 권총을 차고 다니며 필요에 따라 사복과 정복을 입을 수 있다. 대한민국 경찰은 허리에 권총을 차는 것 같은데 북한의 인민보안성 장교들은 물론 허리에 차지만 보이지 않게 찬다. 북한의 젊은이들 속에서 '권아이들'이라면 인민보안성 장교들을 말한다. 권총을 차고 다닌다고 해서 대한민국에서 '짭새'라고 이야기하는 것과 같다.

산업 감찰은 산업 현장에서, 호안과는 교통 치안이 주 임무인 것만큼 운전수들로부터, 모든 부서가 자기 능력껏 일반 주민들로부터 뇌물을 받는다. 제일 살기 좋은 부서는 열차 승무 안전원들과 호안과, 감찰과 등 부서들이다. 다음으로 살기 좋은 부서는 여행증명서를 발급해 주는 제 2부에 상주하는 안전원들이다. 모든 민간무력의 그 대열의 관리와 확장 훈련 작전 모든 것은 당위원회에서 하지만 도, 시, 군, 민간 무력이 필요한 무장과 탄약에 대해서는 인민보안성 병기과에서 보관하게 되어 있다. 그러므로 어느 보안성에 가나 민간 무력의 무장은 인민보안성이 보관 관리한다.

역시 북한의 모든 당원들과 근로자들은 인민보안성의 그 집요한 통제와 감시마당에서 벗어날 사람이 김정일 외에는 단 한 사람도 없다. 그렇다면 북한은 어떻게 붕괴된단 말인가? 이성적으로 생각할 때 당 및 근로단체, 국가보위부, 인민보안성이 딱 버티고 있는 한 어떻게 붕괴된단 말인가? 물론 모든 국가마다 집권당도 있고 정보기관도 있으며 치안유지도 한다. 법치국가일수록 법을 가지고 더 조인다. 그러나 북한은 특수하다. 북한은 북한대로 알고 연구해야 한다.

북한은 거짓이 진실처럼 보여지고 북한 인민들은 그것을 진실처럼 이야기하고 자랑하는 것을 충성심으로 알고 있다. 북한은 거짓을 은혜처럼 생각한다. 물론 북한은 이론적으로 지상낙원이다. 수령은 위대하고 전지전능하다. 그러나 그것이 현실화될 것인지 현실화될 수 있다면 과학적인 것인가? 김정일은 공산주의는 과학이라고 하였다. 이론적으로 과학이라는 것을 인정한다. 이론이 실천을 통하여 검증되지 못한 것은 진리가 아니라는 것을 북한 철학이 규정한 정립된 이론이다. 누구도 끝까지 가 보지 못했고, 또 가다가 중도 반도한 공산주의에로의 가는 길, 북한의 수령과 사회과학자들은 무엇인가 부족한 공산주의로 가는 길을 좀 더 살피고 찾아내야 한다.

그러므로 북한은 완벽한 인류의 이상 사회처럼 보이는 거짓된 제일 좋은 것도 있으며 또 인간이 조그마한 권리도 향유하지 못하는 것이 사실이므로 진실로 제일 나쁜 것도 북한에 있다. 북한은 수령의 위대성과 고매한 덕성과 인민들에 대한 사랑과 믿음, 은혜 거기에 대한 충성으로서의 보답의 형태인 단결이 아니라 두려움과 강압에 의한 의지와 거짓을 계속 강요하여 진실로 만들어 놓은 당의 정치 노선에 의해 하나와 같이 뭉친 공동체가 있다. 행복도 강요당하는 것이 북한이다. 이 뭉친 힘을 그들은 핵타보다 더 위력이 있다고 한다. 그러니 이성적으로 볼 때에는 북한은 붕괴될 수가 없다.

6. 대한민국의 대북 정책 때문이다

    대한민국의 대북 정책은 북한을 절대로 붕괴시킬 수 없다. 대한민국의 대북 정책은 그 목적이 조국 통일에 있는 것이 아니겠는가? 그러나 필자가 한국에 와서 몇 년을 살면서 가만히 살펴 본 결과 대한민국의 대북 정책은 조국 통일이라는 대 위업을 앞에 세워놓고 당리 당약과 대선에서의 승리를 위한 이용물이 아닌가 하는 문제를 전혀 배제할 수 없다. 어쨌든 대북 정책은 그 목적이 통일에 있는 것만은 부인할 수 없다.

    통일은 민족 지상의 과업으로 남북한 모두의 문제이다. 통일하면 북한이 더 야단을 친다. 북한은 통일을 위한 노동당의 정책을 남조선 혁명이라고 이야기하며 그 주관 부서를 대남 연락부라고 한다. 대한민국에서는 대북 정책이라고 이야기하며 그 주관부서가 통일부라고 생각한다. 통일이라는 민족 지상의 과업은 같으나 말이 다른 것처럼 생각도 서로 다르다. 북한은 북한대로 자기식으로 통일을 하려고 하고 한국은 한국식으로 통일을 하려고 하고 있는 것만은 사실이다. 그 것은 남북한 서로 상반되는 사상과 제도 때문이다.

좀 더 냉철하고 솔직하게 이야기하면 다 아는 바와 같이 북한은 수령 유일 독재 국가이고 대한민국은 자유민주주의 체제이다. 물과 기름이 합쳐질 수 없는 것과 같이 독재와 민주주의는 절대로 양립될 수 없다. 만일 양립될 수 있는 요소가 조금이라도 있었더라면 서로 통일을 애타게 부르짖었지만 60여 년간 이렇게 흘러오지는 않았을 것 이다. 마치 지난 좌파 정부에 의한 대북 정책의 결과 남과 북이 화해 가 되고 협력이 되는 것처럼 보여 왔지만 이것은 사실이 아니며 정확 하게 분석하면 상처가 곪고 있던 시기로 보아야 한다.

과연 체제 경쟁이 끝나고 평화가 고착되었을까?

어느 한때 당시 집권당이었던 열린 우리당의 한 여성 의원은 TV 에 나와 지금은 체제 경쟁이 끝나고 이 땅에 평화가 고착되었다고 결 론짓는 것을 보았다. 사실이 그런가? 체제 경쟁이 끝났다면 승자가 있고 패자가 있기 마련이다. 그렇다면 어느 쪽이 이겼는가? 그 여성 의원은 대한민국이 이겼다는 뿌듯한 자부심을 가지고 이야기했다고 본다. 그러나 필자가 생각하기에는 경제적으로는 대한민국이 이겼는 지는 모르겠으나 정치 사상적으로는 이겼다고 보기에는 한계가 있다.

물론 사상은 보지 않고 경제만 생각하고 이야기했는지 모르겠지만 어떤 국가나 그 사회를 지배하고 이끌어 나가는 사상이 있다. 체제 경쟁이 끝나고 평화가 고착되었다고 대한민국 국민들 앞에서 공언한지 오래 지나지 않아 북한은 핵 시험을 하고 이 한반도 평화에 노골적으로 도전하였다. 필자는 지금도 그 여성 의원에게 묻고 싶다. 북한을 얼마나 알고 있느냐고. 만일 알고도 이런 말을 했다면 이것은 의원자격이 없을뿐더러 국민을 기만한 것이나 다름이 없다. 민주주의 사회라고 해서 또 경제적으로 좀 먹고 산다고 해서 공산주의 사상도 같이 공존해도 된다고 이야기한 것도 당시 집권당인 열린 우리당의 다른 한 여성 의원인데 사상이 사분오열된 공동체의 1,000명과 똘똘 뭉친 10명의 공동체의 힘이 더 강하다는 것을 좀 더 깊이 생각했으면 좋겠다. 물론 민주주의 사회이니 공산주의 사상도 같이 공존할 수 있다. 그러나 분단된 이 한반도에서는 시기상조이다.

독재와 민주주의가 서로 맞대결하고 있으면서 한반도를 통일하겠다는 것은 사실상 통일의 본질은 흡수 통일이라는 것이다. 북한이 한국에 흡수되든, 아니면 한국이 북한에 흡수되든 이 문제이지 연방제 이것은 되지도 않을 것이다. 만일 북한이 개혁개방을 하고 경제도 발전하고 대한민국과 같이 모든 것이 자유스러워졌을 때, 그리고 바라건대 남과 북이 서로 자유로이 오고가고 할 때 남과 북 모든 국민들의 합의에 따라 민주주의 원칙에서 한 정부를 수립한다면 이상적인 통일이 되겠지만 그렇더라도 북한은 한국에 흡수된 것이나 같다는 것이다.

"조국 통일은 내가 마음먹을 탓이다."

우리는 북한 공산주의자들의 내심을 잘 들여다보아야 한다. 김정일이 언제인가 한 말을 잘 생각해 볼 필요가 있다.

"조국 통일은 내가 마음먹을 탓이다."

김정일의 이 말은 북한이 모든 것을 포기하고 남조선에 흡수될 것을 이야기한 것이 아니다. 우리 한반도의 통일은 생사를 건 치열한 총 폭탄이 없는 전쟁이 총 폭탄이 있는 전쟁으로 이어질 수 있는 문제이다. 어느 한쪽은 이기고 어느 한쪽은 져야 하기 때문이다.

대한민국은 북한을 잘 모르고 있다. 자기 이기주의와 가치관에 따라 북한을 보고 판단 분석한다. 오늘 우리 사회는 북한을 보고 판단 분석하는데 따라 진보파요, 보수파요 하면서 양극화 되어 있다. 세대 갈등도 여기서 출발하고, 이념 갈등도 여기서 출발하며, 정치의 갈등도, 노사의 갈등도, 언론의 갈등도, 여기서 다 출발한다. 중요한 것은 이기주의에 따라 북한을 바라본다는 것이다. 왜냐하면 솔직히 말해서 친북파라고 하는 좌파세력들도 북한을 잘 알기만 하면 친북이 될 수가 없다. 오직 이기주의 때문에 친북에 서서 좌파가 된다. 아니 북한을 잘 알아도 이기주의에 사로 잡혀 있다면 어느 편이든 마다하지 않을 것이다. 친북이 되려면 원칙적인 사랑을 가지고 북한을 대해야 한다. 그러나 이기주의자들은 사랑이라는 것과는 상관이 없는 자들이다. 이기주의자들은 조국이나 민족보다 먼저 자기를 생각하는 자들이다.

어쨌든 대한민국은 자본주의 사회이며 자본주의 사회는 개인 이기주의 사회이다. 모든 사물을 보고 판단 분석하는 것이 나 개인의 이익에 얼마나 부합되는가 하는 가치관으로 사물을 판단 분석한다. 이것은 부인할 수 없다. 이 땅에 태어나 교육을 받았다면 나도 그렇게 되었을 것이다. 그렇다면 나는 현재 이기주의가 없는가? 그렇지 않다. 사람은 누구나 다 이기주의가 있다. 그러나 국가와 민족, 인류의 이기주의 안에 내 자신의 이기도 있다고 생각해야지 나 개인의 이익 가운데 국가나 민족의 공동체 이익도 있다고 생각하면 순서가 잘못된 것이다.

그래서 우리 대한민국의 모든 정치도 이기주의 정치이고, 경제도 이기주의 경제이며, 문화도 이기주의 문화이며, 종교도 이기주의 종교이며, 도덕과 인륜도 이기주의이며, 양심도 이기주의며, 평등해야 할 법자체도 이기주의 때문에 편중될 때도 있다. 이기주의는 치열한 경쟁 사회를 가져왔고, 경쟁 사회는 물질적 풍요는 가져왔지만 정치는 정치가 요구하는 정치답게, 경제는 인간에게 물질적 행복을 주어야 할 인간을 위한 경제답게, 문화는 인간을 인간답게 만드는 문화답게, 사회는 깔끔한 사회답게, 종교는 과학적 진리만을 사모하고 적용하는 종교답게, 사랑은 사랑답게, 인간은 그 창조의 본연의 인간답게 만들어 내지 못하였다. 이것은 슬픈 노릇이다. 왜 물질적 풍요와 인간 사이, 개인 이기주의와 공동체 이기주의 사이, 진보와 보수라는 사이에 외롭게 분명히 존재하는 진리를 찾지 못할까? 그것을 찾고 그것을 실현하면 여기는 자본주의 사회가 아니라 진리의 자유주의 사

회라고 해야 할 것이고 극단적 개인주의자들이 존재하지 않는 한 최
고의 완성된 천국이라고 해야 할 것이다.

어렵기만 한 북한 바로 알기

북한을 옳게 보지 못하고 있는 데는 지난날 반공 교육을 잘못한
데도 있고, 언론과 매체 들이 잘못한 것도 있으며, 북한에 대한 막연
한 환상에 젖은 데도 있다. 그와 아울러 북한의 집요한 위선 정치에
도 그 원인이 있다. 많은 사람들이 북한을 다녀온다. 최근에는 특히
좌파 10년 동안에는 정치가들, 문화인들, 언론인들, 종교인들 등 관
심 있고 호기심 있는 사람들은 다 갔다 왔다. 그러나 그들이 북한보
위부의 통제 하에 안내양이나 따라다니면서 북한노동당의 프로그램
에 순종하다 보니 무엇을 한국에 와서 이야기할 것이 있겠는가? 분
명 자기가 본 것밖에 이야기할 것이 없을 것이다.

북한의 집요한 위선 정치는 더 할 말이 없다. 북한이 자기 입맛에
맞지 않으면 언론과 개별적 인사들을 북한에 들어 놓지 않는 것은 길
을 들이자는데 있지만 위선정치를 추구하는 데 주목적이 있다. 평양
사람들을 비롯한 북한 사람들은 외국에서 중요하게는 남조선에서 누
가 어떤 대표단이 온다면 옷은 어떻게 입고, 말은 어떤 말을 해야 하
며, 행동은 어떻게 해야 한다는 것을 어른들로부터 아이들에게 이르
기까지 너무나도 잘 알고 있고 잘 훈련되어 있다. 필자는 군인이었다.

평양에 있는 장교들은 군복만이 아니라 사복도 한 벌씩 가지고 있다. 외국이나 남조선에서 손님들이 온다면 사복을 입고 부대에 출퇴근해야 한다. 사실상 북한에는 군대가 많다. 그렇다 보니 평양에도 군대가 많다. 그렇다면 남조선 손님들에게 왜 저렇게 군대가 많은가? 군대가 많다는 것은 전쟁을 위한 군대니 평화로운 인상을 주지 못한다고 하여 그러한 쇼를 하고 있다.

북한을 아는 문제도 그렇다. 북한 사회의 형식과 본질을 알아야 한다. 즉 겉으로 볼 것은 겉으로 보고 속으로 볼 것은 속으로 보아 북한의 본질을 알아야 한다. 나는 평양만을 보고 북한을 보았다는 것도 반대한다. 그렇다고 살겠다고 초인간적인 힘까지 쓰는 북한의 시장이나 암시장 또는 역전 대합실을 비롯한 공공장소에서 죽어져 있는 시체들을 보고 그것만이 북한이라고 판단하는 것도 반대한다. 한 마디로 북한의 본질을 알라는 것이다. 주체사상과 현실, 수령과 인민, 독재와 민주주의, 치안과 자유주의, 평양과 지방, 보편적 진리와 북한의 거짓, 현존 세계의 사물과 북한 철학이 보는 세계, 이론적이나마 공산주의 이론과 북한이 주장하는 공산주의, 기독교 신앙과 북한 그리스도 연맹과의 관계, 무료 교육과 무상 치료와 노동자 농민들의 치료 현황과의 관계, 중앙집권제와 민주주의, 참된 영적 진리의 신과 인간이 만든 신격화 된 신과의 관계, 북한 당국자들의 전쟁과 평화관, 주권과 무력 존재의 관, 평화 통일에 관한 북한 당국자들의 관, 북한이 떠드는 수령복과 인민복과의 관계, 경제 개방과 체제 유지와의 관계, 인권에 대한 북한의 가치관 등 이 모든 것의 속성과 본질을 알아야 한다.

현 시점에서 북한을 바로 안다는 것은 그리 쉬운 일이 아니다. 북한 당국자들은 모든 것을 가리고 필요한 것만 보이려고 하고 또 지난 좌파정부는 북한을 우리 국민들에게 사실 그대로 알리려고 하지 않았다. 북한이라면 이제 우리 국민들도 지겹기 때문에 아예 관심을 갖고 있지 않는 사람들도 많다. 여러 가지 조건으로 볼 때 북한을 바로 알기란 쉽지 않다. 언젠가 통일전망대에 가보니 잘 훈련되고 잘 짜인 북한의 서커스단의 공연과 하나밖에 없는 평양의 금성고등중학교 학생들의 공연을 비디오로 보여 주는 것을 보았다. 그때 한국분들은 그 비디오를 보면서 탄성을 지르는 것을 보았다. 그 공연을 본 한국분들은 북한에 대하여 어떻게 생각할까? 그 서커스단과 금성고등중학교가 온통 북한인 것으로 착각할 수 있다고 생각하게 되었다.

많은 북한 사람들이 와서 사실이든 일부 거짓이든 증언하고 있으나 지난 좌파정부의 대북 정책에 눌리어 그 증언의 참됨이 사실 그대로 빛을 내지 못하고 있다. 심지어 일부 진보단체들에 의하여 탈북자들의 증언이 탄압당하고 위협까지 당하고 있다. 무엇이 떳떳하지 못하여 북한의 현실을 우리 국민들과 세상에 알리지 못하게 하는지 모르겠다. 그들은 북한을 자극하여 좋을 것이 없다. 통일에는 조금도 도움이 안 된다고 변론하지만 사실을 가리고 통일하겠다는 것은 북한의 위선 정치에 동조하는 것이며 우리 민족의 통일 운동에 막대한 지장을 주는 일이라는 것을 알아야 한다.

거짓은 지금은 통하는 것 같지만 그 값은 반드시 치르게 되어 있다. 그 값을 실리를 추구하는 이명박 정부가 치러야 하지 않을까 생각한다. 이명박 정부가 아니라 어떤 정부가 들어서더라도 그 값은 치르게 되어 있다. 여러 번 말하지만 지난 좌파정부는 분명히 남과 북의 서로의 갈등과 모순의 상처가 있는데도 불구하고 그것을 치료하지 않고 대통령 또는 집권당의 임기 내에 무난하게 지나보내면 된다는 식으로 치료를 무원칙하게 해 왔다. 그 때문에 이제 남북한이 서로 가지고 있는 본질적인 모순과 갈등들을 치료하는 데는 더 많은 돈이 들어가게 되었다. 이 문제를 놓고 우리 국민들은 착각하면 안 된다. 치료를 하는 데는 썩어 들어간 살을 베어 내고 새로운 뼈를 이식해야 한다. 북한의 썩어빠진 모든 상처를 수술하려면 가슴 아픈 일도 있다는 것을 알아야 한다.

북한을 알기 위한 좋은 방법은 지금도 많은 사람들이 북한을 다녀오지만 좀 더 많은 사람들이 서로 다른 부분에서 여러 번 오고 가고 하는 것이 중요하다. 여러 번 오고 가다 보면 북한이 아무리 가리려고 해도 거기에는 빈틈이 있기 마련이다. 그들을 많이 접촉하는 과정에는 그들의 실체를 볼 수 있을 것이다. 평양에 가면 주체사상탑, 묘향산, 금수산 기념궁전 등 그들이 안내하는 코스가 지정되어 있다. 그들이 안내하는 대로 따라 다녀 봐도 김일성과 김정일이 위대하다는 것이고, 미국이 나쁘다는 것과 미국에 대적하기 위해서 민족이 공조해야 된다는 것밖에 들을 말이 없다. 많이 들으면 처음에는 믿게 될 수도 있겠지만 북한의 현실은 그들이 안내하지 않아도 이렇게 저렇게 알게 되어 있다. 그러면 김일성과 김정일이 위대하다는데 무엇이 위대한가 하는 의심이 들고 그 의심이 풀리면 그때 비로소 북한을 보게 되는 것이다.

현재 좌파라는 세력들이 빨리 북한을 많이 다녀왔으면 좋겠다. 그리고 북한미녀응원단도 더 많이 내려왔으면 좋겠다. 진실을 몇 명의 곱게 생긴 얼굴로 가려질 수 없기 때문이다. 부산 아시아 스포츠 대회 때 처음으로 북한미녀응원단이 출현했는데 그때에는 호기심을 가질 수밖에 없었다. 그러나 이후에 진행된 인천 문학경기장에서의 북한미녀응원단은 벌써 대한민국 국민들로부터 관심이 멀어지기 시작했다는 것을 확실히 느낄 수 있었다. 이것은 우리 국민들이 그들의 곱게 생긴 얼굴과 그들의 웃음 뒤에 있는 김정일을 보았기 때문이다. 그 미녀 응원단을 김대중 전 대통령이 김정일에게 이야기하여 내려오게 하였다는데 처음 한국분들이 거기에 호기심을 가졌을 때에는 무엇인가 성공했다고 생각했을 수도 있다. 그러나 진실은 꼭 후에 나타나게 되어 있다.

대한민국의 모든 남성들에게 진실로 하고 싶은 이야기는 북한 여성들에 대한 환상도 버리라는 것이다. 어느 한 언론이 여론 조사를 한 것을 보면 북한 여성과 결혼하고 싶다는 남성들이 많다고 한다. 그 이유는 순수성, 순종성, 자연미 등 무엇인가 오염되지 않았다는 순수한 마음에서 출발한 것 같다. 그러나 그들도 대한민국과 같은 환경에 처하면 여기서 나서 자라 교육을 받은 여성들보다 더해진다는 것을 알아야 한다. 지금도 북한 여성들이 남존여비의 낡은 사상에 치우쳐 남성들보다 억눌려 사는 것도 특별히 없지만 경제적으로 어려우니 여성들이 남성들에 비해 스트레스를 많이 받는 것만은 사실이다.

남자가 우월하든지 여자가 우월하든지 남녀가 진실로 평등하지 않다면 남자에게 한계가 오든, 지금 한국과 같이 여성에게 한계가 오든 한계는 꼭 온다는 것을 알아야 한다. 그 한계가 무엇인지는 여기에 기록하지 않겠다. 나는 한국에 와서 드라마도 보았고 영화도 보았다. 그럴 때마다 왠지 남자들이 여자들에게 뺨을 맞는 장면을 많이 보았고 지금도 보고 있다. 무엇 때문에 때리는지, 때려야만 문제가 해결되는지, 왜 남자들은 맞을 짓을 했는지, 여자들은 맞을 짓을 안 했는지, 왜 남자들만 여자들한테 맞아야 하는지, 대한민국 남자들은 인구의 절반을 차지하면서 여자들에 비해 천박한 인간으로 되었는지, 이것이 한국의 문화인지, 또 사실은 안 그런데 문학예술 작품이니까 작가들이 인기를 끄느라고 그렇게 그랬는지, 잘 모르겠지만 사실이 그렇다면 이런 문화 때문에 남북한 통일도 막대한 지장을 받을 것이라는 것을 지적하지 않을 수 없다.

내가 자신 있게 이야기하는 것이 있다. 그것은 정치가, 경제가, 종교가, 문화예술가, 청년학생, 누구나 할 것 없이 북한을 바로 알기만 하면 북한에 대한 원칙적인 견해가 서게 되고 그들을 불쌍히 여기면서도 잘 권면하고 깨우쳐 줄 수 있다고 본다. 지금 우리는 북한을 깨우쳐 주어야 한다. 대한민국 모둔 국민들이 지금 북한에 거주하고 살아가는 북한 주민들처럼 북한을 알았으면 좋겠다.

좌파 정부의 대북 정책은 무엇을 남겼나?

지난 좌파 대한민국 정부의 대북 정책은 어떠하였는가? 한마디로 국민들의 여론을 종합하여 말한다면 '퍼주는 정치', '질질 끌려 다니는 정치'라고 평가한다. 대한민국의 대북 정책이 달라지기 시작한 것은 김대중이란 사람이 대통령으로 뽑힌 국민의 정부부터이다. 이때 '햇볕 정책'이라는 말이 나왔다. 또 노무현 정부는 '화해와 협력 포용정책'이라고 말하였다. 말이 다르지 햇볕 정책을 그대로 이어 받은 노무현 참여정부도 북한에 햇볕을 쪼이며 따스하게 해 주고 얼어붙은 것을 녹여 세상으로 끌어낸다는 정책을 그대로 이어 받은 것이나 다름없다. 햇볕을 쪼여 북한을 녹이고 세상으로 끌어냈는지 그렇지 않으면 햇볕이 얼어붙은 것에 끌려갔는지는 모르겠지만 어쨌든 대북 통일 정책은 대단히 큰 성과를 얻은 것으로 국민의 정부나 참여정부나 다 자부하고 있다.

그러면 전 노무현 정부나 국민의 정부에서 대북정치에서 그들이 자부하고 있는 성과는 과연 무엇인가? 대통령의 통치 행위라고 하면서 국민들의 혈세를 국민들의 여론도 수렴하지 않고 많은 돈을 북한에 비밀리에 넘겨 준 것, 남쪽의 늙은 대통령이 북한의 젊은 지도자에게 찾아간 것, 남파 간첩들인 비 전향장기수들을 북한의 요구대로 한 명도 빠지지 않고 다 올려 보내 준 것, 북한이 핵 실험을 비롯한 별의별 짓을 다해도 매년 쌀과 비료를 조공을 바치듯 올려 바친 것, 남북한 많은 사람들이 오고간 것, 북한미녀응원단이 우리 젊은이들에게 선을 보인 것, 각종 회담, 이런 것들이 아마 성과라고 할 것이다. 거기에 더 합쳐 북한의 핵 문제 해결에서도 평화적 성과를 얻은 것처럼 이야기한다. 하여튼 할 말이 없어서 못하는 것 같다. 이산가족 상봉과 금강산 관광, 개성공단 등 이런 것도 이야기할 수 있다. 솔직히 말하면 이산가족 상봉은 남북한 정치가들의 쇼와 같은 이용물이었고, 김정일 체제를 선전하는 선전선동의 중요한 프로그램이었다. 오죽하였으면 진정성이 없는 정치적인 상봉은 이산가족들 자체가 반대하였겠는가? 금강산과 개성공단, 개성관광은 실질적으로 달러가 그를 통해 들어가니 북한이 내적으로는 더 원했던 것이고 자존심과 이명박 정부에 압력을 가하기 위해 중단한다고 일방적으로 선포하였지만 지금에 와서 북한은 후회하고 있을 것이다. 정확히 말하면 필자는 금강산 관광과 개성관광 그리고 개성공단은 어느 때든 중단될 것을 알고 있었다.

그러나 이 모든 것을 대북정치의 성과라고 한다면 이것은 너무나 값이 없는 것이고 우리 대한민국 정치의 수준이 이러하다. 한마디로 대북정치를 쥐어짜면 많은 돈과 많은 물자를 북한에 준 것밖에 없다. 많은 것을 북한에 공짜로 주고 북한은 받았고 이것이 대북정치의 전부이다. 아무리 적대 관계라 할지라도 공짜로 주는데 받지 않겠다고 할 정부가 세상에 없겠는가? 이것이 대북정치의 성과라면 남북 관계는 어려운 것이 많은데 그런 문제는 어떻게 해결하려고 하는 것인가? 말 그대로 자꾸 주면 북한이 가지고 있는 본질적 문제들이 저절로 해결될 것이라 생각하는지는 모르겠다.

대한민국의 국민의 정부나 참여 정부가 이전 정부들이 이미 이룩

해 놓은 한강의 기적이 없었더라면 어떻게 대북정치를 했을까? 햇볕
정책과 화해·협력·포용의 정치가 성과가 있었다면 그것은 한국의 경
제력이었으며 한국 국민들이 성의껏 내는 세금 때문이었다. 문제를
이렇게 놓고 볼 때 만일 경제력이 없었더라면 오늘의 대북정치에서의
성과는 생각조차 할 수 없는 것들이다. 엄격히 따지면 우리는 돈과 물
질을 주었고, 북한은 우리에게 미국 철수를 비롯한 민족공조, 핵 위
협 이런 것들밖에 준 것이 없다. 한마디로 물질과 남조선혁명 사상과
바꾼 것이다. 그 결과 우리 한국에는 남들이 가다가 도저히 갈 수 없
다고 진단한 사회주의 공산주의 싹이 트고 자라게 되었으며 이념 갈
등은 자연히 더 노골화 하게 되었다.

　　돈과 물질을 준 것이 대북정치였다면 그것이 무슨 정치인가? 그것
은 적십자사도 할 수 있고 종교단체나 민간단체들에서도 할 수 있다.
만일 우리에게 경제력이 없었다면 국민의 정부나 참여정부는 어떠한
대북정치론을 내놓았을까? 만일 경제력이 없었다면 대북정치는 감히
엄두도 내지 못했을 것이 아닌가? 물론 정치에서 경제력은 중요하다.
때문에 김일성은 경제적 예속은 정치적 예속을 가져온다고까지 이야
기한 적이 있다. 그렇다면 북한을 경제적으로 도와주었으면 북한을
예속은 시키지 못할지라도 우리 국민들이 그렇게도 바라던 문제들도
얻어 냈어야 될 것이 아닌가? 김정일은 자기를 찾아온 노무현 전 대
통령 앞에서 단호하고도 노골적으로 우리를 절대로 변화시키려고 하
지 말라고 이야기했다. 이에 화답하듯 노무현 전 대통령은 만찬에서
역지사지(易地思之)라는 말을 쓰면서 김정일의 말을 정당화 했다. 그

렇다면 햇볕 정책과 화해와 협력 포용정책은 무엇이었던 말인가?

지난날 좌파정부와 그들에게 충성하였던 일부 사람들은 노무현 전 대통령의 말을 그대로 이어 받아 북한에 도와주는 것은 투자라고 하였다. 물론 투자를 해야 한다. 통일을 위하거나 민족을 위한 일이라면 얼마든지 투자할 수 있다. 그러나 투자도 현실과 미래를 잘 타산하여 투자할 때 미래에 가서 꽃이 피는 것이다. 오늘의 현실을 잘못 판단하고 투자했을 때 그 투자가 결실이 맺혀지겠는가? 가령 예를 들어 김대중 전 대통령이 대통령의 통치 행위라고 하면서 북한에 많은 돈을 주었다. 모두 알다시피 그 돈은 이미 북한에 핵을 만드는데 들어갔다. 이것도 투자라고 말할 수 있겠는가? 참여 정부 때 국무총리를 한 분은 TV에 나와 김대중 전 대통령이 북한에 준 돈이 핵을 만드는데 들어갔다는 근거는 없다고 이야기하는 것을 들었다. 많은 돈은 북한으로 올라갔는데 북한 인민들의 굶주림과 경제는 조금도 나아지는 것은 없었고, 거미줄이 쳐있던 원자로는 가동을 개시하고 결국 핵 시험까지 했는데 그 이상 무슨 증거를 요구하는가? 이 국무총리님은 김정일의 결제 문건을 보고서야 인정하겠단 말인가? 북한의 핵도 앞으로 통일이 되면 우리의 것이 되지 않느냐고 하는 철없는 사람들의 논리라면 얼마든지 투자라고 볼 수 있지만 대한민국의 적화를 위해서 쓰려고 만든 것이 북한의 핵이라는 것을 알아야 한다.

6.15 공동 성명을 북한은 통일의 강령처럼 떠들고 있다. 그들은 얼마든지 그럴 수 있다고 생각한다. 왜냐하면 그들이 얻어내고자 하는 문제들이 고스란히 들어 있고 6.15 공동 선언의 기초에는 북한은

사상적으로 한국을 점령하고 한국은 북한을 경제적으로 개혁개방에로 이끌려는 쌍방간의 의도가 있다. 그러므로 6.15 공동 선언은 나라의 평화통일을 위한 선언 같지만 엄격히 따지면 사상과 경제와의 전쟁을 선포한 전쟁선언과 다름이 없다. 그 이후 남북한은 사상 대 경제의 전쟁을 해 왔다. 어디가 이기고 어디가 패했는지는 모르겠지만 북한은 자신만만하게 그리고 더 집요하게 더 원숙하게 앞으로 계속 달라붙을 것이다.

나는 이러한 문제에 대해 전 야당과 국민들에게 무조건 퍼 주는 정치는 좋지 않은 결과를 가져올 수 있다는 것을 많이 말해 왔다. 그럴 때마다 국민의 정부와 참여정부는 '전쟁을 하자는 말인가?'라고 하면서 야당과 국민의 입을 막았다. 국가는 전쟁을 할 정황이 조성되면 할 수도 있다. 이것이 국가의 자존심이고 힘이며 당연히 그래야 한다. 노무현 전 대통령은 자주란 말을 자주 하였는데 이것이 진정한 자주이다. 그것이 무서워서 계속 퍼 주어야 한다면 언제까지 퍼 주어야 한다는 말인가? 그 끝은 어디인가? 김정일은 남조선을 인질로 잡아 놓고 뽑아 먹을 것은 다 뽑아 먹어야 한다고 이야기한 적이 있다.

참으로 세 살 난 아이들도 그렇게 정치를 하지 않겠는데 조폭에게 무조건 가져다 바치는 정치를 했으니 또 그것도 성과라고 말하고 있으니 창피할 노릇이다. 어떤 사람들은 북한에 퍼 주지 않고 비위를 거슬러 놓으면 전쟁을 일으킨다고 하고, 전쟁이 일어나면 외국 자본의 투자도 끊어지고 이미 투자하였던 것도 빼나가기 때문에 심각한 경제 문제를 야기한다고 한다. 그렇다면 우리나라의 경제력을 가지고 북한을 다 먹여 살려야 한다는 결론이 나온다. 차라리 남한 정부가 북한에 대해 '당신들은 핵과 미사일만 만들라. 우리가 당신들의 먹고 살 것을 얼마든지 올려 보낼 터이니까.' 이렇게 하는 것이 오히려 편하지 않겠는가? 문제를 이렇게 놓고 보면 핵을 가지고 대한민국까지도 보호해 준다는 북한의 논리를 참여정부가 만든 것이나 다름이 없다. 1970년대 남북한 또는 북미간 서로 전쟁을 한다고 얼마나 많은 군사적 긴장이 있었던가? 그런 속에서도 우리 경제는 한강의 기적을 일으켰고 세계를 놀라게 했다.

이것은 북한이 어렵다거나 같은 동포이기 때문에 인도적 차원에서 도와주어야 한다는 차원과도 다르다. 북한과의 사업도 대한민국의 외교이다. 외교는 평등과 호혜의 원칙에서 하는 것이다. 외교의 목적이 어디에 있는가? 자국민들의 이익을 떠나서는 생각할 수 없는 문제이다. 북한이 어렵기 때문에 우리가 좀 손해를 보아도 도와줘야 한다. 문제는 손해를 보고 안 보고 하는데 있는 것이 아니라 북한은 너무나도 많은 것을 챙겼고 대한민국은 사소한 것도 국민들에게 안겨 주지 못했다는 것이다. 때문에 우리 국민들이 평가한 것 같이 질질 끌려 다니면서 무조건 퍼 주는 정치가 대한민국의 대북정치이고, 6.15 공동 선언의 정신이라고밖에 볼 수 없다. 그 결과 북한 정부가 가지고 있는 못된 버릇을 고쳐 준 것은 하나도 없고 더 오만하게 만들어 놓았다. 언제인가 김대중 전 대통령이 광주를 방문한 자리에서 남한의 부동산 투기에서 나온 돈을 북한에 주어서 다같이 잘 살았으면 좋겠다고 이야기하였다. 정녕 무엇인가 자나 깨나 주고 싶은 대상이 북한의 인민들인가, 그렇지 않으면 김정일인가? 그러면 어떤 원칙에서 대북정치를 하는 것이 가장 바람직할까?

대북정치는 국가 안보 원칙을 바탕으로 하라

첫째로 금성철벽의 국가 안보 원칙을 바탕으로 대북정치를 해야 한다. 조국 통일은 본질에 있어서 누가 누구를 흡수 통일 정책이며 그 정책 실현의 일환이다. 두 체제와 두 사상을 그대로 인정하고 화해와 이해의 폭을 넓히면서 언젠가는 연방제 방식으로 조국 통일이 이루어질 것을 기대하면서 남북한은 지난날 많은 조국 통일 이론들을 내놓았다. 그러나 그것은 실현될 수 없는 이론들이다. 만약 기능하다면 김정일이 죽고 북한에 차기 정부가 출범하여 지금의 남조선 혁명 방침을 수정했을 때에는 가능할 것이다. 필자는 남북한 두 제도를 다 체험했기 때문에 명백하게 결론을 가질 수 있다. 사실 북한에 있을 때에는 남조선 당국자들이 미제의 식민지 예속 굴종의 반통일 정책 때문에 통일이 지연되고 있는 것으로 알고 있었다. 그러나 남조선으로와 직접 체험하면서 느낀 것은 북한의 대남 혁명 전략 때문에 통일이 지연될 뿐 아니라 아예 안 될 것이라는 생각을 굳히게 된다.

나라 안보의 본질은 두 가지로 볼 수 있다. 하나는 외부적인 침략 세력에 대한 나라 안보이고, 또 하나는 내부적인 세력에 대한 나라 안보이다. 두 가지가 다 중요하지만 우선 중요한 것은 외부적인 침략

세력으로부터의 안보이다. 외부 세력은 북한이 될 수도 있고, 또 북한이 아닌 다른 세력이 될 수도 있다. 그러나 현실은 북한의 120만 아니, 180만 대군과 한국의 60여 만의 정규무력이 서로 대치하고 있다. 이러한 조건 하에서 우리 국군과 국민들은 전쟁과 평화에 대한 견해와 관점을 옳게 갖는 것이 매우 중요하다.

그러면 어떤 자세와 입장을 가져야 하는가? 바람직하기는 우리는 전쟁을 원하지 않고 전쟁을 일으킬 수 있는 원인을 상대측에 제공하지도 않아야 한다. 그러나 끝내 우리의 영토, 자주권, 자유민주주의 체제를 조금이라도 침범한다면 몇 천 배의 복수를 안긴다는 것이 우리의 평화와 전쟁에 대한 입장이어야 한다. 북한에 대해서도 우리 대한민국 국군과 국민들의 입장은 바로 이렇다 하는 것을 명백히 알려 주어야 한다.

김대중 전 대통령은 햇볕 정책의 주 원칙에 나라의 안보를 강조하였다. 그러나 우리는 서해 교전에서 우리의 무력과 전사들을 잃었다. 그래도 금강산에는 가도록 하였다. 이것은 엄격히 따지면 조국을 지키다가 전사한 장병들에 대한 모독이고 현존 육, 해, 공군 장병들로부터 국가와 정부에 대한 믿음과 신뢰의 하락을 초래했다. 하다못해 며칠 아니 하루 이틀이라도 전사한 장병들을 위한 추모시기를 설정하여 그들을 추모한 후에 다시 금강산 관광을 재개할 수도 있었을 것이다. 외교와 통일 정책은 순간의 감정과 혈기를 가지고 하는 값싼 일이 아니다. 세계의 일부 사람들로부터 원숙하고 현숙한 외교력을 가지고 있다고 평가를 받았는지는 모르겠으나 내 무력, 내 전사들을 죽이면

서까지도 원숙과 현숙을 이야기한다면 그것은 거짓이고 비겁이다. 적들에게 항복한 것이며 패전한 것이다. 반면에 북한은 서해교전에 참가하였던 모든 군인들에게 영웅 칭호 및 국가 수훈을 아끼지 않았고 각종 배려와 혜택은 다 주었다. 그리고 그들의 영웅심을 전국의 당원들과 근로자들, 특히 새로 자라나는 청소년들이 따라 배우도록 하고 있다. 너무나도 대조적인 판이한 두 현상 속에서 김대중 전 대통령에 대해서 도대체 무엇이라고 이야기해야 적당하단 말인가?

일부 우리 국민들은 북한과의 전쟁이 일어날까봐 걱정하고 겁까지 먹는 것 같다. 전쟁을 좋아할 사람이 세상에 어디에 있겠는가? 그러나 전쟁은 국가와 국가 또는 민족과 민족 간 해당한 정세가 조성되면 인간의 욕망과 관계없이 일어날 수 있다. 특히 우리 대한민국은 반만 년 오랜 역사에서 타국 영토에 화살 한 촉도 던져 보지 못한 민족이다. 그러니 우리가 전쟁을 했다면 명백히 외래 침략자들을 반대하는 전쟁이었으며 또 전쟁일 것이다. 6.25도 민족끼리 한 전쟁이지만 사실은 침략을 반대하는 정의의 전쟁이었다.

침략을 막아내야 했던 전쟁은 다시는 이 땅에서 일어나서는 안 된다. 그렇게 하자면 감히 누구도 우리를 넘볼 수 없는 강력한 국가 안보력을 가져야 한다. 오늘 한미 동맹에 기초한 우리 국방력은 대단한 것이다. 이것을 더욱 현대화 하면서 그 어떤 현대전에도 대처할 수 있도록 내실을 더욱 강화하는 것이 중요하다. 그렇게만 된다면 이 땅에는 그 어떤 전쟁도 있을 수 없으며 우리 국민들은 안전하게 살아갈 수 있다. 한미 동맹에 기초한 안보가 이 땅의 전쟁 억제력이라는 것을 잊어서는 안 된다. 현재 북한이 제 2의 6.25를 꿈꾸고 있지만 한미 동맹은 이 땅에 전쟁을 지금도 억제하고 있다.

이 땅에 영원히 전쟁을 없애려면 무엇을 자꾸 주어서 북한을 자극하지 않는 것이 방책이 아니라 한미 동맹에 기초하여 우리 자체 국력을 강화해야 한다. 김대중 전 대통령을 비롯한 좌파가 아니라 가만히 구체적으로 드려다 보면 빨갱이나 다름이 없는 일부 정치가들은 햇볕 정책 때문에 전쟁이 일어나지 않았고 전쟁의 위험성도 없어졌다고 이야기한다. 이것은 너무나도 파렴치한 비양심적인 정치가들만이 할 수 있는 소리이다.

이승만 전 대통령 시절부터 박정희 전 대통령 시절, 그 이후 대통령들의 시절에도 김대중 전 대통령 시절보다 전쟁의 위험성은 없었다. 언제 우리 군함이 북한군에 의하여 침몰된 적이 있으며 우리의 아까운 해군 전사들이 북한군에 의하여 희생된 적이 있었는가? 또 언제 북한이 핵을 만들어 가지고 우리를 위협한 적이 있었는가? 그리고 조국을 수호하는 군인들에게 북한군과 마주서면 경고 방송을 하고 그 다음 무엇을 하고 또 그 다음 무엇을 하고 그런 식으로 다섯 단계를 거쳐서야 경고 사격을 하고 그 다음에야 명중사격을 하도록 군안에 제도를 세워 놓았다는데 누가 그런 제도를 세워 놓았는지 모르겠다. 반대로 북한은 적정이 발생하면 그 적정을 발견한 군인이 아무리 신참이라 하더라도 무력을 사용할 수 있는 권한이 있고 그 다음 상부에 보고하게 되어 있다는 체계를 김대중을 비롯한 국방부는 모르고 있었단 말인가? 몰랐다고 해도 말이 안 되고 이제 알았다고 해도 말이 안 된다. 우리 군인은 북한군 군인에게 맞아 죽어라. 그리고 우리 군함은 북한군에 침몰당하라고 협력한 것이나 다름이 없다. 결국 그 사상적 근원은 김정일 정권에게 대한민국을 먹으라고 길을 열어 놓은 것이나 다름이 없다. 오늘 이 땅에 전쟁이 일어나지 않는 것은 햇볕 정책 때문이 아니라 한미 연합의 강력한 군사적 억제력과 자유민주주의 체제를 사랑하는 우리 국민들 때문이다. 우리가 햇볕을 쪼일 때 그들은 햇볕을 받아 핵을 만들었다는 것을 알아야 한다.

북한은 이제라도 싸워서 이길 수 있다는 군사학적 결론이 떨어지면 전쟁을 할 집단이다. 대한민국이 북한에 많은 경제적 도움을 주었기 때문에 그들이 전쟁을 일으키지 않을 것이라거나 또 '현재 남북 관계가 화해와 협력 속에서 여러 분야의 교류가 진행되고 있는데 양심이 있으면 어떻게 전쟁을 할 수 있겠는가?' 혹시 이런 생각을 우리 국민들이 하고 있는 것은 아니겠지만 만일 조금이라도 그런 생각을 하고 있다면 그것은 북한을 잘 모르는 생각이다.

필자가 북한에 있을 때 이런 저런 기회가 있을 때마다 인민무력부 작전국에 근무하는 비밀 작전 장교들과 술도 많이 먹고 이야기도 많이 해 보았지만 그들이 실질적으로 이야기하는 문제가 미국과 전쟁을 한다는 것은 바윗돌에다 계란을 던지는 것이나 다름이 없다고 이야기하는 것을 많이 들었다. 이것은 무엇을 말하는가? 그 만큼 한미 연합의 힘이 전쟁을 억제하고 있다는 증거이다. 사실상 비밀 작전 장교들이 김정일에게 전쟁할 수 있다고 보고만 하면 전쟁은 하는 것이다.

필자가 근무하던 부대에서도 평양 방어를 위한 전술 연구 토론회를 할 때마다 미국의 토마호크 미사일과 스램 미사일을 막을 길이 없다는 것을 잘 알고 있다. 그러나 그들은 문제가 제기될 때마다 미국과는 결단코 결사전을 한다고 늘 외치고 있고, 그것으로 북한 인민들로 하여금 미제에 대한 증오를 불러일으키고 그 증오로 결속시키곤 한다. 전쟁 역사상 자기가 약하다고 해서 약하다는 것을 표현한 나라는 없다. 내일 당장 망하는 한이 있더라도 초강경 수를 쓰는 것이 상투적인 심리전 수법이다.

북한의 김정일은 정권을 잡은 다음 얼마 후 선군정치론을 내놓았다. 공산주의는 이 세상에 그 시대의 탄생을 사상과 무력으로 탄생했고 무장 폭력투쟁으로 그 세력을 확대 발전시켰다. 그러나 옛 공산주의 종주국이었던 소련을 비롯한 공산권이 붕괴될 때에는 무력 세력에 의해서 붕괴된 것이 아니라 비폭력투쟁에 의하여 붕괴되었다. 이것은 참으로 놀라운 역사적 사건임에 틀림없다. 공산주의 탄생과 그 세력 확대와 붕괴에서 큰 교훈을 얻은 김정일은 선군정치론을 내놓지 않을 내야 않을 수 없었다. 총대 위에 정권이 있고 총대 위에 평화가 있다는 이론은 공산주의자들이 진리라고 외치는 구호이다. 한마디로 이것은 나라의 안보가 그 만큼 중요하다는 것이고, 그 이론에 대해서는 부인하고 싶은 생각은 전혀 없다.

선군정치론은 김정일이 내놓은 것이고, 조선노동당이 그 사상이론을 체계화 하고 정책화 했으며 전당, 전군, 전민 속에 그 관철을 위한 조직 정치 사업과 장악통제 지도 사업을 강화하고 있다. 위에서도 간단히 이야기했지만 선군정치론은 인민무력부에만 국한된 문제가 아니다. 인민무력부에서 선군 사상을 관철하기 위한 사업을 전반적으로 조직 지도한다는 것이 아니라 철저하게 당의 영도 하에 진행된다.

김정일이 선군 사상을 내놓은 속셈은 첫째로 조선혁명의 핵심적 역량을 군대로 보고 군대를 어느 때보다 강화하고 그것을 모델로 온 사회의 각계각층 군중을 자신의 주의에 묶어세우고 자기의 체제 유지를 위한 무력적 지반을 확고히 마련하자는 데 있다. 둘째로 전당, 전군, 전민을 군인사상과 군인정신으로 무장시켜 온 사회를 하나와 같이 똘똘 뭉친 군사화 된 결속 집단으로 만들자는 데 있다. 셋째로 군대를 모델로 내세워 온 사회에 김정일의 명령이라면 절대 복종하고 철저히 관철하는 유일 독재체제를 한 단계 더 업그레이드 하자는 것이다. 넷째로 국방건설과 경제건설에 대한 당의 병진 노선을 현 시대의 요구에 맞게 더 심화 발전시킨 것이다.

당중앙위원회 4기 5차 전원회의에서 내놓은 병진 노선은 원래 무력기관에 해당되는 노선이 아니라 일체의 비무력기관에 해당되는 노선이라고 보아야 한다. 그래서 "한 손에는 망치와 낫을 들고 한 손에는 총을 들고 사회주의 건설을 더 힘 있게 다그치자."라는 구호를 내놓았다. 그때부터 북한은 민간무력을 더욱 확대 강화 발전시켰고 현실적으로 북한은 총을 들지 않은 사람이 없다. 그러나 사회주의 건설이 점점 침체에 빠지게 되고 국가적으로 사회주의 건설의 어려운 문제들이 난관으로 제기되자 큰 대상물건설을 군대에게 맡겨 건설하기 시작했다. 이것은 국가적으로 큰 이득이었다. 건설의 속도에서 군대를 동원시키는 것보다 더 좋은 방법은 없었다. 이것이 점점 확대되면서 군대 내에서는 "당이 결심하면 우리는 한다.", "조국의 초소도 사회주의 건설도 다 우리가 맡자."라는 구호가 군대에서 창조되었다.

그 결과 오늘날 북한에서는 군인들이 한 손에는 망치와 낫을 들고 군대복무를 하고 있다. 선군정치론은 북한과 같은 수령유일 독재국가에서는 얼마든지 관철될 수 있는 영도적 전술이라고 생각된다. 그러나 자유민주주의 체제에서는 어림도 없는 이론이다. 우리 대한민국에서 김정일을 좋아하거나 공산주의를 좋아하는 일부의 사람들은 선군정치론에 현혹될 수 있겠지만 그것이 현실로 관철되는 것을 확인해 보겠으면 북한으로 빨리 가 보면 알 수 있다. 그곳에 가면 그 이론 관철에 한 몸을 던질 수도 있고, 김정일의 신임 속에 영웅도 될 수 있다. 빨리 가면 갈수록 좋을 것이다.

선군정치론은 사회의 모든 각계각층 군중들이 군대를 사랑하고 존중하며 적극 원호하고, 이미 전통적 미풍으로 되어 있는 군민관계를 더욱 발전시켜 군대에 대한 국가의 후방 보장 사업에서 미흡한 점을 전군중적 운동으로 보충하려는 의도도 있다. 그러나 선군정치의 정치 방식을 선택한 김정일의 진짜 속심은 남조선을 해방하기 위한 무력을 무제한 강화하자는 데 있다. 이것은 김정일이 직접 말한 데서도 찾아볼 수 있다. 김정일은 선군정치에 대해서 다음과 같이 말했다.

"선군정치는 군대 강화를 국사 중에 제일 국사로 여기고, 군대를 핵심으로 하여 사회주의와 혁명과 건설을 보위하고 사회주의를 건설하며, 남조선 혁명을 완수하자는 새로운 우리식 정치 방식입니다.”

선군정치는 그 자체로 모순을 가지고 있다. 북한이 스스로 이야기하고 있는 바와 같이 원래 공산주의 혁명과 건설은 노동계급이 영도할 때 승리할 수 있다. 왜냐하면 공산주의의 완전한 승리는 무계급 사회이며 무계급 사회는 노동계급의 사회를 말한다. 그러나 선군정치는 21세기 혁명과 건설은 군대가 영도해야 한다고 지적하고 있다. 그때부터 북한에서는 ‘선군 후로’라는 말이 나왔다. 그렇다면 공산주의 사회는 군대가 영도하는 사회가 되어야 한다는 것인가? 이 질문에 대한 답변을 그들은 어떻게 해야 하는지는 모르겠지만 바로 여기에 그들의 선군정치론의 모순이 있다. 이 모순이 지금 김정일 체제를 무력으로 지켜줄 수 있을지는 모르겠지만 군대가 혁명을 영도한다면 공산주의 사회를 절대로 이루어 낼 수 없다.

21세기에는 약소국가들에 대한 무력침공을 인류가 허용하지 않을 것이다. 탈냉전 시대에는 군사 블럭도 없고, 강대국이 강대국을 견제하며, 약소국가들과 우방들을 서로 끌어 들이기 위한 강대국들의 군사 경제적 힘의 심리전이 강화될 것이다. 또한 종교의 충돌과 테러리스트들에 의한 테러로 전면전보다는 테러와 반테러 전쟁으로 무력충돌을 특징지을 수 있다. 우리 대한민국도 언제 테러와의 전쟁이 일어날지 모른다. 테러와의 전쟁은 이미 북한에 의하여 국내와 해외에서 맛을 본 일이 있지만 전면전보다 더 국민들에게 불안을 주는 것이 테러전이다. 따라서 테러에 대한 대처가 안보에서 무엇보다 중요하게 인식되어야 한다.

21세기 북한의 가장 긴급한 문제는 김정일의 후계자 문제일 것이다. 김정일 자신은 김일성 아버지의 위업을 넘겨받아 후계자로서의 작업이 어떠한가를 잘 알고 있다. 한 마디로 풍부한 후계자 작업의 노하우가 있다고 보아야 한다. 김일성은 60살 환갑을 지나면서 내적으로 김정일을 후계자로 지목하여 천천히 후계자 작업을 해 왔다. 사실 김일성보다 김정일 자신이 나라의 왕이 되기 위해 더 조급하게 달라붙었다고도 볼 수 있다.

김일성의 후계자로 김정일이 지목되었을 때는 1970년대였고, 지금은 많은 세월이 흐른 21세기이다. 아무리 김정일이 후계자 작업의 노하우가 있다고 해도 변화된 정세 속에서 추진되어야 할 것이다. 무엇보다 1970년대의 북한은 경제적으로도 좋았고 정치적으로도 1969년 1월 인민군당 4기 4차 전원회의에서 당시 보위상이였던 김창봉, 허봉학 등 인민군대 안에서의 반당 반혁명분자들을 숙청하여 안정을 유지할 수 있었다. 김정일이 후계자가 되는 데 대해서 누구도 반대할 사람이 없었다. 김일성이 인민들 속에서 너무나도 신망을 받고 있었기 때문에 그의 아들이 후계자가 된다는 것에 대하여 당연하게 생각하였다. 조선혁명의 전망적 차원에서 승리적 자부심과 긍지를 필자 자신도 갖고 있었다.

오늘의 현실은 김정일이 그토록 위대한 장군임을 심장으로부터 호소할 수 있을 정도로 북한 주민들이 신망을 갖고 있다고 보기는 힘들다. 물론 북한은 이런 변화된 정세에 대처하여 내부 결속을 위한 투쟁을 어느 때보다도 강화해 왔고 앞으로도 더 강화할 것이다. 그러나 김정일이 정권을 잡을 때부터 경제는 회복됨이 없었고 많은 사람들이 굶어 죽었으며 탈북자들이 속출하였다. 마비 상태나 다름이 없는 북한을 독재로 다스려 온 김정일을 북한 주민들은 가슴속에서 뭐라고 하겠는가?

핵을 만들어 강대국인 미국과 초강경으로 맞서겠다고 한 것을 놓고 위대하다고 해야 할지 그렇지 않으면 한국으로부터 많은 경제적 물자를 받아낸 것을 위대하다고 해야 할지 모르겠다. 물론 북한 당국은 많은 사람들을 굶어 죽인 것보다 핵문제와 한국으로부터의 많은 것을 받아 낸 것을 부각시켜 김정일의 위대성을 북한 주민들 속에 억지로 밀어 넣을 것이다. 과연 김정일이 위대한 장군인지 또 그 몸에서 떨어져 나온 종자가 또 영도자가 되어야 하는지 아무리 어쩐다 해도 굶어 죽은 영혼들과 말 못하는 북한의 영혼들은 다 알고 있을 것이다. 그러나 이러한 것들에 대해 선택할 수도 없고, 말할 수도 없는 북한의 영혼들은 정말 불쌍한 존재들이다.

북한의 김정일은 이러한 변화된 환경에 맞게 후계자 작업을 손색없이 하려고 무진 애를 쓸 것이다. 그러나 마음은 편하지 않을 것이며 그리 순탄하지도 않을 것이다. 최근에는 몹시 건강이 불편하여 제대로 거동도 못하고 있다고 한다. 여기에 대해서 대한민국을 비롯한 미국, 일본 등 많은 나라들이 큰일이나 난 것처럼 떠들고 있지만 이것은 이미 보이지 않는 세계의 그 어떤 섭리에 의해 계획되었던 것이었으며, 그 계획대로 한 치의 오차도 없이 북한은 지금 가고 있다. 하나님의 말씀인 성경에 보면 "여호와 하나님은 질투하는 하나님인즉 나를 미워하는 자의 죄를 갚되 아비로부터 아들에게로 삼사 대까지 이르게 하거니와…" 이렇게 기록되어 있다. 하나님을 미워하는 북한, 그들에게 하나님 이야기는 여기서 하지 않겠다. 다만 '하나님'이라는 성호 대신 '진리'라는 말을 쓰겠다. 과연 진리를 미워한 죄가 어떤 것인가 하는 것을 지금 북한은 직접 체험하고 있다. 그렇지만 후계자 작업에 이용당할 북한의 영혼들을 생각하면 안타깝지만, 반대로 그 기회를 좋은 기회로 삼아 보이지 않는 세력들이 등장할 수도 있다.

김정일은 아버지 김일성으로부터 정권을 넘겨받아 내적으로는 40여 년이나 북한을 다스려 왔다. 이 세월은 정말 짧은 세월이 아니었지만 김정일이 해 놓은 것은 아무것도 없다. 원래 김정일은 아버지로부터 정권을 하나하나 넘겨받을 때 나라의 경제 문제는 아예 생각하지 않았던 사람이다. 어느 땐가 김정일은 김일성 종합대학을 찾은 자리에서 아버지 김일성이 생존해 있을 때 조선노동당 총비서는 행정 경제 사업을 대행하거나 거기에 뛰어 들면 안 된다고 하면서 자신이 경제에는 아예 신경을 쓰지 않을 것이라는 것을 명시한 바 있다.

그렇다면 나라의 경제는 경제일꾼들에게라도 믿고 맡기면 되겠는데 체제 유지가 무서워 이러지도 저러지도 못하고 있다. 언젠가 개방하였다는 라진 선봉지구가 지금 어떤 꼴이 되었는가를 보라. 개방하였다는 도시에 하루에 전기를 3시간밖에 공급하지 못하고 있다. 김정일은 나라의 경제가 이렇게 될 줄을 몰랐을까? 이미 알고 있었던 사람이다. 그러나 무엇이 어떻게 되든 체제 유지를 위한 사업에 수단과 방법을 가리지 않았다.

김정일은 절대로 북한을 개혁 개방하지 못한다. 한다면 북한식으로 아이디어를 만들어서 하려고 할 것이다. 그러나 경제를 운영하는 사람들은 김정일보다 계산이 더 빠르다는 것을 알아야 한다. 김정일이 경제를 개방하지 못하는 이유는 체제 유지를 위한 문제가 제일 중요한 문제이다. 김정일도 이제는 벌써 60대 중반을 넘어 노년기에 접어들었다. 나이가 들면 들수록 소심하게 되어 있고 자기 체제가 더 귀중함을 날마다 느낄 것이다. 권력의 맛이 원래 그렇다. 그런데 이제 와서 누구에게든 세습을 해야겠는데 개혁 개방을 해 놓고 혼란에 빠진 북한 땅을 넘겨 주려고는 하지 않을 것이다.

또한 독재요, 인권이요, 자유요, 핵이요, 마약이요, 대량 살육무기요, 위조 화폐요, 집단 아사요, 세상에 대고 망신을 당할 대로 당한 조건에서 이제 더 바랄 것이 없다는 것이다. 바랄 것이 있다면 안정된 체제와 안정된 제체를 세습자에게 무사히 넘겨 주는 것이다. 뿐만 아니라 김정일의 자존심을 놓고 보더라도 절대로 개혁 개방을 하지 않는다. 아버지 때로부터 사회주의는 끝까지 지킨다고 하던 것이 그의 자존심이었다. 이제 와서 무슨 낮으로 세상 앞에 그 사회주의를 내려놓겠는가? 절대로 그럴 수 없는 인간이다. 김정일의 자존심을 제일 잘 알 사람은 노무현 전 대통령일 것이다. 김정일이 노무현 전 대통령에게는 직접 대놓고 이야기를 했고 또 노무현 씨는 역지사지라는 말로 김정일을 대변했으니 말이다.

북한이 개혁 개방을 못하는 이유는 남조선 혁명을 완수하지 못할 수 있기 때문이다. 만일 개방하여 북한도 한국과는 다르더라도 중국처럼이라도 된다면 억압받고 억눌려 있던 북한 사람들은 중국 사람들보다 더 빨리 개인주의화 될 것이다. 그렇지 않아도 현 시점에서 특히 좌파 10년 동안 김정일은 남조선 혁명 역량이 강화되어 조금만 더 참으면 적화가 실현될 수 있다는 확신을 가지고 있는 때에 김정일에게 있어서 개혁 개방은 부담이 될 수밖에 없을 뿐 아니라 아예 결심을 할 수 없는 문제이다.

현 이명박 정부는 전 참여정부가 외쳤던 자주국방도 좋고, 미국으로부터 작전권 환수도 좋지만, 자유민주주의 전통성을 내부세력과 외부세력으로부터 철옹성 같이 지키겠다는 의지를 가지고 안보정책을 실시해야 한다. 경제문제를 비롯한 다른 문제도 그렇지만 안보문제만은 북한의 눈치를 본다든가 당리당약에 집착하여 원칙에서 벗어나서는 절대로 안 된다. 참여정부의 집권당이었던 열린 우리당 안에서 진행된 지난 기간 경선 때 어느 한 경선주자는 국군을 30만 명 정도 축소한다는 말도 함부로 하는데 정신이 있는지 모르겠다. 표를 받기 위해서는 안보고 뭐고 없다는 것인가? 그래서 우리 젊은 사람들이 표를 줄 것 같은가? 어림없다. 한국의 젊은이들도 이제는 성숙했다는 것을 알아야 한다.

제발 안보문제에 있어서만은 초당적인 노선과 정책을 추구해야 할 것이다. 나라가 안전해야 그 나라 안에 여당도 있고, 야당도 있으며, 좌파도 있고, 우파도 있기 마련이다. 야당도 있고 진짜 빨갱이가 아닌 좌파와 우파가 있는 세상이 얼마나 좋은 세상인지 우리는 잘 모르고 사는 것 같다. 나는 개인적으로 좀 부담이 가더라도 현대전을 능히 치를 수 있는 국방력을 가져야 한다고 생각한다. 물론 지금도 우리는 대단한 무력을 가지고 있다. 그러나 우리나라의 지리적 환경을 놓고 보면 부족한 것이 많다. 우리의 주변에는 북한이 있고, 중국이 있고, 대만도 있고, 일본도 있고, 조금 멀리 러시아도 있다. 이런 나라들이 현재는 우리나라에 직접적인 영향을 주는 것 같지는 않지만 그것은 우리의 안보력이 그만큼 강화되어 있기 때문에 견제하고 있는 것이다. 만일 우리의 안보력이 약하다면 어느 나라가 위협을 줄지 모른다. 군사력은 정치와의 별개의 문제인 것 같지만 사실상 정치의 도구이며 희생물이다.

남한은 한미동맹을 귀중히 여겨야 한다. 맹목적인 반미 사상을 가져서는 안 된다. 그렇다고 승미 사대주의 사상을 가지라는 것도 아니다. 국익적 견지에서 얼마든지 한미동맹을 강화해 나아갈 수 있다. 필자는 노무현 전 대통령이 미국에 대고 할 말은 모두 하겠다고 이야기한 점을 깊이 생각해 본다. 그렇다. 동맹은 호상 평등의 원칙에서 동맹이지 조금이라도 예속적인 성격이 있다면 그것은 동맹이 아니다. 그런데 우리나라는 일부 위정자들로부터 시작하여 반미 사상이 날로 확산되어 가고 있다. 근거가 무엇인가? 역사적으로 미국을 비롯한 러시아 대국들이 우리나라에 저지른 죄를 여기에 특별히 기록할 필요는 없지만 오늘날 우리나라 안보 이익적 견지에서 그들과의 관계를 원칙적으로 잘 이루어 나가면 된다. 지난날 역사에 있었던 일을 오늘의 잣대로 재려면 갈등을 가져올 수밖에 없다.

이런 측면에서는 북한에서 배워 오는 것이 좋겠다고 생각한다. 북한도 러시아와 중국 사이에 끼워서 많은 고생을 해 왔다. 그러나 반소, 반중국 사상은 북한에 없다. 있다고 하더라도 정부 차원에서 비판적으로 보고 원칙적으로 해결하기 때문이다. 말하자면 할 말은 한다는 것이다. 그러나 러시아와 중국이 북한을 위해 지난날 피도 흘렸고 또 경제적 군사적 지원도 준 것만은 사실이다. 이것을 그들은 잊지 않고 있다. 그래서 평양에 해방탑이 있고, 의의 탑이 있다. 해방탑은 소련이 해방시켜 준 것을 기념하여 세운 것이고, 의의 탑은 6.25 때 중국군을 기념하여 세운 것이다. 그럼에도 불구하고 북한은 모든 당원들과 근로자들에게 조국해방과 6.25전쟁의 승리는 철저하게 김일성에 의하여 백전백승한 것이라고 교육하고 있다. 그러면 북한 사람들이 해방탑과 의의 탑을 보면서 무슨 생각을 할까? 바로 그것이 국익을 위한 외교이다.

북한은 기회가 있을 때마다 그 나라들에게 고마움을 진심으로 전달하는 행사들을 많이 한다. 러시아나 중국도 북한 사람들에게 미울 때도 많았다. 오죽하면 그 가운데서 주체사상을 선포하였겠는가? 필자는 개인적으로 북한의 주체사상이 러시아와 중국 때문에 북한에서 어쩔 수 없이 만든 것이라고 생각한다. 그때만 해도 주체를 세우기 위한 순수한 사상이었는데 김정일에 의하여 어느덧 독재 사상, 주체교의 경전이 되었다. 북한이 주체사상을 고수하면서 수정주의나 지배주의 등 이러한 기회주의 사상들을 비판한 것이 바로 러시아와 중국을 비판한 것이다.

아직도 청진에 가면 할머니가 된 늙은이들은 소련군이 청진에 상륙했을 때 저지른 범죄 행위에 대하여 잊지 않고 있다. 그러나 그들은 당과 국가의 이익적 차원에서 이제 와서 그것을 계산하지 않고 있다. 만일 인천에 있는 맥아더 동상을 까부수겠다고 하던 좌파 세력들이 그들이 생각하고 있는 방식대로 조국이 통일되었다면 그때 가서 저 평양에 있는 해방탑과 의의 탑을 까부수겠다고 하겠는지 묻고 싶다. 그리고 제발 좌파들은 좀 솔직하라. 왜냐하면 소련과 중국도 일본을 쳐부수고 조국을 해방하던 시절, 특히 소련은 많은 상처를 북한 사람들에게 주었기 때문이다. 명확한 것은 미운 것은 미운 것이고, 고마운 것은 고마운 것을 알고 거기에 맞는 예의로 처신해야 한다는 것이다.

나는 참여정부 외교통상부 장관이 미국에서 어느 한 언론과 인터뷰를 할 때 "미국과 북한이 전쟁이 일어나면 한국의 젊은이들이 북한 편에 서서 싸울 것이다."라는 한국의 여론조사 결과에 대하여 질문하였을 때 "그것은 아니다."라고 답변하는 것을 보고 외교를 저렇게 하면 안 된다고 생각했다. 사실은 사실대로 이야기하고 '만일 북한과 미국이 전쟁을 한다면 그 전쟁의 성격에 따라 정의의 편에 서서 우리 대한민국의 청년들은 싸울 것이고, 그 정의의 편을 잘 모르면 정부가 국민들 특히 한국의 젊은이들을 가르쳐서 전쟁을 승리로 이끌 것이다.'라고 답해야 한다고 본다.

솔직히 말해서 노무현 정부는 반미적 한미동맹을 추구하여 왔다. 한미동맹이 주요하다고 하면서도 뒤에서는 반미를 주동해 왔다. 국민의 정부나 참여정부에 들어 반미문제는 어느 때보다 노골화 되었고 심각해졌던 문제이다. 미국이 예뻐서 한국과 동맹을 맺은 것은 아니지 않는가? 여기에는 철저하게 국익이 있다. 특히 노무현 정부는 용감한 정부가 못되었다. 노무현 씨는 직설적이고 용감한 것 같기도 하였지만 역시 김정일처럼 종이에 그린 호랑이나 다름이 없었다고 생각한다. 반미를 외쳤으면 이 땅에서 미군을 내보내고 미국과의 외교 및 모든 것을 절단했어야 했다. 대통령의 임기가 짧아서 못 했는가? 역시 여기에도 보이지 않는 다른 세계에서의 절대적인 섭리가 있었기 때문이라고 생각한다.

인천에 있는 좌파 친북 세력들이 맥아더 동상을 없애려고 달려들 때 필자는 너무나도 속상하여 참여 정부의 집권당이었던 열린 우리당 사에 전화를 걸어 집권당의 입장은 도대체 무엇인가고 전화를 걸었다. 그때 전화를 받은 전 열린 우리당 사람이 "그것은 자유다."라고 이야기하는 것을 보고 깜짝 놀랐다. 그때 인천에는 동상을 지키려고 하는 사람들이 동상을 없애겠다고 달려드는 사람들 보고 "너 빨갱이지?" 라고 물어보면 "나 빨갱이다 어쩔래?"라고 하면서 달려들었다고 한다. 이렇게 혼란이 있을 때 집권당은 국민들이 나아갈 옳은 길을 밝혀 주어야 한다. 그렇게 "자유다."라는 말 한마디로 책임을 다할 것 같으면 정부나 집권당은 필요가 없고 이 땅에는 무정부 상태가 좋다. 그때 전화를 받은 전 열린 우리당 국회의원은 아마 맥아더 동상이 까부수어졌으면 했던 것 같다.

오늘 우리나라의 양극화에서 제일 심각한 것이 이념의 양극화이다. 이 이념의 양극화만 해결되면 다른 양극화는 저절로 따라 해결되게 되어 있다. 그러나 빈부의 양극화는 이야기하나 이념의 양극화는 이야기하지 않는다. 이것은 양극화의 해소가 아니라 앞으로 양극화를 더욱더 심화시키는 결과를 초래할 것이다. 이명박 정부의 집권당인 한나라당에서 좌편향 된 것을 바로 잡는다니 다행이다.

열린 우리당과 노무현 정권의 지지지도가 떨어졌던 것이 경제를 살리지 못한데 있는 것이 아니라 좌파적 친북정치를 하였기 때문이다. 우리 국민들은 북한이 어렵고 힘들어 하기 때문에 도와주는 문제에 대해서는 이견이 없다. 지금보다 더 도와주어도 된다. 다만 친북도 좋지만 공산주의와 한 짝이 되는 즉 빨갱이가 되는 친북은 하지 말라는 것이 우리 국민들의 바람이었다는 것을 지금의 이명박 정부는 물론 앞으로 어떤 정부가 들어서도 그것을 바로 알아야 한다.

한미 동맹을 귀중히 여기고 그를 더욱더 원칙적으로 강화해 나가야 한다. 그것은 사대주의가 아니다. 그래야 중국도, 일본도, 북한도, 러시아도 우리를 없이 보지 못하며 노무현 전 대통령이 이야기한 자주국방도 균형자 노릇도 제대로 할 수 있다. 해군과 공군력을 강화해야 한다. 우리는 침략을 목적으로 한 나라가 아니기에 우리나라의 안보는 해상과 공중에서 진행되어야 한다. 물론 외부적인 적에 대해서이다. 내부적인 적에 대해서는 지금 있는 육군과 민방위 무력으로도 대처할 수 있다고 본다. 해군과 공군은 끝없이 발전시켜야 한다. 주변국과 군비 경쟁을 할 필요는 없지만 주변국이 부러워할 정도로 발전시켜야 한다. 현재 우리나라가 이지스 함을 7척쯤 보유하고 있었으면 얼마나 좋을까?

우리나라의 경제력은 해군과 공군을 얼마든지 발전시킬 수 있는 토대를 가지고 있으며 여력도 있다고 본다. 우리의 군사력 강화는 곧 나라의 안전과 경제인들이 마음 놓고 경쟁할 수 있는 대내외적 조건을 마련하는 것이다. 그러므로 군사력 강화는 경제 발전을 위한 투자이다. 현재 대한민국의 이러한 경제적 토대와 여력을 가지고 있을 때 국방력을 강화하지 못하면 언제 하겠는가? 주변 나라들이 반발할 수 있다. 그렇다 하더라도 그것을 잠재우면서 앞으로 나아가는 것이 나라의 외교이고 정치의 수준이다. 언제나 여당과 야당이 국민의 뜻에 따라 정권이 바뀌는 조건하에서도 안보 정책만은 초당적으로 법화하고 어느 당이 정권을 잡아도 시종일관 밀고 나가도록 해야 한다. 안보 정책을 국민들에게 공개하고, 국민들은 어느 당이 정권을 잡더라도 나라의 안보 정책을 당리 당약에 이용하는 당이 있는가를 늘 감시 통제해야 한다. 만일 그런 일이 있다면 영원히 그 당은 집권 정치무대에 설 수 없도록 해야 한다.

국민들은 나라의 안보의 중요성과 필연성을 역사적 관점에서 고찰하고 나 자신의 일로 받아 들여야 할 것이다. 그것이 애국이고 국민의 양심이며 의리이자 도덕이라는 것을 자랑스럽게 감수해야 한다. 사실 나라의 안보가 튼튼할 때 우리는 손해 볼 것이 하나도 없다. 오히려 민족적 자존심은 하늘이 높다하고 올라갈 것이다. 그때에는 비자가 없어도 미국에 갈 수 있을 것이다. 얼마 전까지만 하여도 미국이 일본인은 비자가 없어도 입국을 승인하고 한국인은 마음대로 입국을 차단시켰다. 여기서 얼마나 자존심이 상하는가? 미리 비자를 받았건 만 미국 공항에서 미국 땅을 밟아보지도 못하고 다시 귀환시킨 일도 있다고 한다. 이렇게 우리 민족을 가지고 놀고 있다. 이것이 다 나라 의 국력과 경제력에 관계되는 것이다. 경제력과 국력은 정비례하지만 필자의 개인적인 입장은 군사력을 항상 선행시켜야 한다고 본다. 우 리나라의 실정에서 더욱 그러하다.

우리 국민들 속에 일부 종교의 탈을 쓰고 국방의 의무를 회피하려 고 하는 사람들도 있다. 어떤 정치인과 특히 좌파정부 하에서의 인권 위원회는 그것을 합법화 하려고 하였다. 도대체 이것은 무슨 해괴망 측한 일이란 말인가? 미국이 어떻고, 독일이 어떻고, 유럽이 어떻고, 종교의 자유가 어떻고 하면서 말이다. 여기는 대한민국이라는 것을 알아야 한다. 여기는 세상에 하나밖에 없는 분단국이라는 것을 알아 야 한다. 여기는 세상에서 가장 악랄한 특수한 세력과 대치하고 있는 땅이라는 것을 알아야 한다. 이런 자들은 나라를 무장 해제시키려는 엄중한 반국가적 행위로 단호하게 처벌해야 한다.

나도 신앙인이지만 종교 신앙이 무엇인가? 한 마디로 말해서 종파 에 관계없이 서로 자기가 진리라고 떠들고 있는 것이 종파들 간의 교 리이며 그로부터 서로 보이지 않게 시비가 있는 것도 사실이다. 공산 주의자들은 종교는 아편이며 침략의 선봉장이라고 주장한다. 그러니 종교의 탈을 쓰고 국방의 의무를 하지 않겠다는 것은 역설적으로 내 나라가 침략을 당해도 관계가 없다는 침략자나 다름이 없다. 다른 나 라를 침략하기 위해서 총을 잡으라면 '나는 살인을 못합니다.' 이렇게는 문제를 제기할 수도 있을 것이다. 그러나 내 나라를 지키자고 해서 총을 잡으라는 것인데 할 말이 뭐가 그렇게 많은가?

만일 살상을 불허하는 것이 그 종교의 교리라면 그것은 종교가 아니다. 어느 종교든 그 종교가 신앙하는 그 신이 나라를 지키는데 총을 잡지 말라고 하였다면 그것은 신이 아니다. 그런 신은 존재하지도 않으며 인간과 교제할 수도 없다. 신도 인간을 위해 존재하는 것이고 인간을 위한 신이 아니면 그 신은 자기 자신만을 위한 신이다. 물론 이 땅에 전쟁이 없이 평화롭게 침략을 하거나 침략을 당하는 일이 없이 안온하게 살아간다면 얼마나 좋겠는가? 신은 전쟁이 아니라 평화를 요구한다. 신이 요구하는 평화를 위해서도 총을 잡아야 한다. 마치 신이 요구하는 평화가 이 땅에 현실화 되었다면 군대도 총도 필요를 느끼지 않는다. 그러나 거기까지는 아직도 먼 길이다. 우리나라에 급진적 좌파들과 정신 나간 종교인들은 바라는 것들의 실상이 현실화 된 것처럼 문제를 제기하고 복잡하게 노는 현상들이 너무나도 많다.

이 나라 위정자들과 부자들, 명예가 있고 권위가 있고 인기가 있다는 사람들부터 나라의 안보를 위한 국사에 앞장서야 한다. 모든 것이 다 국가와 민족 안에서 실현된다. 식민지 하에서의 상갓집 개만도 못한 신세로 살아온 지난날을 잊지 말아야 한다. 우리나라가 해방을 앞둔 시기에 영국, 소련, 미국은 포츠담과 얄타에서 회동하면서 우리나라를 절반으로 갈라놓을 데 합의하였고 또 그 회담대로 우리나라는 남과 북으로 갈라졌다. 만일 그때 우리나라가 주권이 있었더라면 절대로 갈라지지 않았을 것이다.

　주권은 그렇게 중요한 것이다. 그런데 지금도 일부 좌파세력들은 나라가 둘로 갈라진 것은 미국에만 그 원인이 있는 것처럼 후대들에게 교육을 하고 있으며 이 나라에 반미 역량을 키워가고 있다. 물론 큰 나라들에 의해서 갈라진 것만은 사실이다. 그렇다면 형편성 있게 그 회담에 참가하였던 참가국들에 대하여 다 교육을 해야 한다. 그러나 소련과 영국에 대해서는 교육을 하지 않고 있다. 그렇기 때문에 새로 자라나는 후대들은 우리나라가 절반으로 갈라진 것은 미국 때문이라고만 인식하고 있다.

　그러나 사실은 그렇지 않다. 우리나라가 주권이 없었던 것이 기본 원인이다. 주권이 없었다는 것은 우리 민족이 우리나라의 주인이 아니었다는 것을 말해 주는 것이다. 일본이 우리 주권을 사실상 빼앗은 것이었고, 주권의 주인이었던 일본은 연합군에 의해 패망했고, 그러니 이 나라는 주인이 없는 나라가 되었던 것이다. 연합군은 일본을 패망시켰으면 고스란히 우리나라를 우리 민족에게 그대로 넘겨주고 주권을 확립하도록 하면 되겠으나, 큰 나라들의 욕심은 그렇지 않았다. 문제를 이렇게 놓고 볼 때 주권이 없는 민족은 주권이 있는 나라의 앞에 아이들이 가지고 노는 인형이나 다름이 없다.

　그러한 논리로 보면 우리나라가 갈라지게 된 것은 우리의 주권을 빼앗은 일본이 기본 책임이 있고, 일본에게 나라를 팔아먹은 매국노는 더 말할 것도 없다. 우리가 잊지 말아야 할 교훈은 죽어도 살아도 주권을 지켜야 한다는 것이다. 국가와 민족이 없었더라면 위정자도 부자도 다 될 수 없다. 그래서 조국은 목숨보다 귀중하다고 한다.

지난날 이러저러한 이유로 아들딸들을 군대에 보내지 않던 사람들도 있었던 것 같다. 이런 사람들은 이 나라에 무슨 양심으로 살아가는지 모르겠다. 앞으로는 그런 일이 있다면 절대로 용서하지 말아야 하고, 이 땅에서나 이국땅에서도 살 수 있는 땅과 공기를 주지 말아야 한다. 이러한 역할을 하는 것도 국민들의 역할이다.

우리 국민들은 김정일 공산집단이 당장 무력 도발을 할 수 있는 주객관적 조건이 희박하다고 해서 안일 해이해서는 안 된다. 그렇다고 늘 전쟁이 당장 일어날 것처럼 불안해 있을 필요도 없다. 언제든 힘이 자라면 그들은 그 본성을 들어낼 것이다. 우리의 국방력과 경제력이 강화되는 것, 이것만이 바로 김정일과 그 추종집단이 영원히 이 땅에 전쟁의 불을 지르지 못하게 하는 최상의 방법이다.

북한에서는 노동당이 평화와 민족공조를 외치면 외칠수록 인민군대는 전쟁준비를 더욱 강화한다. 이것이 그들(북한)의 평화와 전쟁에 대한 양면성이다. 북한의 노동당원들과 인민들 특히 인민군 군인들은 노동당이 평화를 외치는 것만큼 전쟁에 대한 강한 의지를 필연적으로 하고 있다는 것을 알아야 할 것이다.

대북정치는 전 국가적, 초당적으로 해야 한다

둘째로 대북정치는 여당만이 하는 것도 아니고 야당만이 하는 것도 아니며 국민과 정부 정당들 다같이 해야 하는 국사 중에 국사인 것만큼 유일 헌법에 따라 구체화된 법을 가지고 전 국가적, 초당적으로 해야 한다.

우리나라는 통일에 대한 기본 헌법은 마련되어 있는 것 같다. 그러나 국민들로부터 지지를 받을 만한 초당적인 대북정치 노선은 없는 것 같다. 정당들에게 간절히 이야기하고 싶다. 제발 북한문제와 통일문제를 정권쟁탈을 위한 수단으로, 당리 당약의 수단으로는 이용하지 말라. 나는 평범한 국민으로서 정당들에 명령할 권한은 없기 때문에 그저 이렇게 호소할 뿐이다. 만일 지금도 그렇게 하고 있지만 앞으로도 이런 일이 계속된다면 북한은 좋을 것이고 좌파든 우파든 어느 한 당은 대한민국의 정통성을 배반하고 북한과 손을 잡지 않을래야 않을 수 없게 된다. 말하자면 '나는 빨갱이는 아니야' 하면서도 빨갱이 노릇을 하게 되어 있다. 빨갱이가 되는 것은 매혹적이어서 자기도 모르게 유혹되게 되어 있다. 이미 빨갱이로 기울어진 다음에는 아무리 고통스러워도 헤어 나오지 못하게 되어 있다. 또 빨갱이들의 특징은 조직력과 결속력이 강하고 투쟁을 위해 수단과 방법을 가리지 않는다. 투쟁 구호도 그들은 그럴듯하게 내놓고 대중을 유혹하며 진짜 속셈은 다른 데 있다. 그들은 바로 위선자들이다. 우리 대한민국의 일반 좌파가 아니라 친북좌파들은 김정일을 무조건 옹호하고, 김정일을 반대하는 세력에 대해서는 위협 공갈까지 하고 있다. 신통하게도 북한에서 가르쳐 준 그대로 하고 있다.

이명박 정부는 친북 좌파와의 전쟁에 많은 힘을 기울여야 할 것이다. 대한민국의 좌파가 아니라 친북 좌파들은 이명박 정부가 안 되기를 바라는 사람들이며 또 안 되게끔 반역적인 행동을 하는 사람들이다. 대한민국은 법치 국가이다. 그래서 법을 갖다 대면 민주주의로 치고 나오고 표현의 자유라는 말로 치고 나온다. 그리고 인권으로 치고 나온다. 이쯤 되면 친북 좌파의 본성을 대한민국 모든 국민들에게 알리고 국민적 힘으로 이들을 척결하는 것이 정당할 것이다.

하루 빨리 국민적 합의에 기초한 초당적 대북정치의 노선이 법으로 입법화하여 그대로 해야 한다. 물론 수시로 변할 수 있는 것이 대북정치일 것이다. 그럴 때마다 수정보충하면 된다. 조국 통일을 위한 대북정치를 놓고 당리 당약에 치우치거나 정권의 쟁탈에 이용한다면 그것은 정치가는 물론 대한민국 국민도 아니며 사실은 매국노나 다름이 없다. 우리 국민들은 이러한 정당과 정치가들에 대해서는 영원히 매장시켜야 한다.

김일성은 생존해 있을 때 오랜 세월이 지난 때이지만 1972년 경 필자가 북한군 정치사관학교 학생으로 공부할 때 김일성의 다음과 같은 내용의 이야기가 생각난다.

"원래 우리는 남조선 당국자들로부터 욕을 많이 먹어야 일을 잘 하는 것으로 됩니다."

그러면서 군대 내에서 미제와 남조선 괴뢰도당을 반대하고 증오하는 계급교양이 남조선에서 하는 반공교육보다 그 양과 질에서 우리(북한)가 떨어진다고 하였다.

김일성의 이야기에 비추어 볼 때 반대로 우리 대한민국의 정당들이 북한 당국자들로부터 욕을 많이 먹어야 일을 잘 하는 것으로 되겠는데 전혀 욕을 먹지 않고 있다. 오히려 욕을 먹을까봐 북한의 눈치를 보면서 일을 하는 정당도 있다. 열린 우리당도 욕을 안 먹고 민주노동당은 더 말할 것도 없고 기타 야당도 그렇다. 다만 한나라당만이 북한과 그 지령에 따라 움직이는 좌파세력들로부터 욕을 많이 먹는다. 그렇다면 한나라당은 이미 죽기는 했지만 김일성으로부터 칭찬을 받아야 하며 높이 평가 받아야 한다. 나는 한국의 모든 정당들이 김일성이나 김정일로부터 욕을 많이 먹고 칭찬도 받고 높이 평가 받는 그런 당이 되었으면 한다.

대북정치는 원칙적이어야 한다

셋째로 대북정치는 원칙적이어야 한다. 모든 문제가 다 그러한 바와 같이 원칙을 떠나면 그 떠나는 순간에 모순과 갈등이 뒤따르게 되어 있다. 대북정치는 사실 간단한 문제가 아니다. 그런 것만큼 신중해야 하며 정말로 원칙적이어야 한다. 모순과 갈등은 언제든 빨간 불이 오기 마련이며 지난 좌파정부 10년의 역사가 빨간불이 올 수 있을 정도로 위험천만한 정치를 해 왔다. 많이 퍼주고 북한에 끌려 다닌 정치가 그 당시에는 평온한 것 같지만 오늘 남북 관계의 빨간 불이 켜진 것이 이명박 정부의 대북정치 결과에 의한 것이 아니라는 것이다. 물론 이명박 정부도 전 좌파정부들과 같이 그대로 할 수 있다. 그렇다고 해서 남북 관계가 영원히 평온하고 평화가 유지될 것 같은

가? 이 땅에 평화가 영원하려면 북한 당국자들의 남조선 혁명의 노선과 정책을 취소해야 할 것이다. 남북 관계는 반드시 넘어야 할 고개는 넘어야 하고, 건너야 할 강은 건너야 한다. 화해, 번영, 협력, 이런 좋은 말로 넘거나 건너가지 못한 고개와 산을 넘고 건너간 것처럼 포장하면 안 된다.

원칙이 없으면 상대측에 끌려가게 되어 있고 끌려가면 주도권을 잃게 된다. 주도권을 잃게 되면 할 말도 못하게 되며 점점 더 곤경에 빠지게 된다. 국민의 여론이 무서워 겨우 한 마디 한다고 해도 북한은 몇 십 배로 강하게 나올 것이며, 때로는 우리에게 군사적 위협을 감행할 수도 있다. 노무현 정부 때에 집권당이었던 지금의 민주당이 북한 라인을 다시 살려야 한다고 하는데 퍼주는 라인, 질질 끌려 다니는 라인을 다시 살리자는 것은 제발 아니었으면 좋겠다. 두 번 세 번 이야기하지만 퍼 주는 것, 지난 기간에 퍼 준 것보다 더 주어도 좋다. 그러나 원칙을 가지고 주라는 것이다.

우리 국민들은 다 알고 있다. 좌파 10년 동안 국정원 안의 북한 라인, 정보사 안의 북한 라인, 경찰청 안의 북한 라인, 이 모든 것이 다 죽어 버렸고 응당히 잡아야 할 간첩은 잡지 않았으며 친북 좌파 단체들이 국가 보안법을 왕왕 어기면서 이적행위를 마음대로 해도 법적 제제를 가한 적이 없는 것에 대해서 말이다. 바로 이런 것이 원칙이 없었다. 왜 속옷까지 벗으면서 북한에 퍼 주는가 하는 것이다. 속옷까지 벗었다면 이제 마지막에는 무엇을 더 벗어야 되는가?

북한의 외교는 세계무대에서 어느 나라를 대상하든 주 원칙이 절대로 변하지 않고 기본 전술이 뻔뻔함에 기초하여 주도권을 잡기 위한 자존심 전술이다. 이것은 김일성이 살아 있을 때부터 지켜온 전술 원칙이다. 김일성은 외국에서 수반들이 북한을 찾아올 때 비행장에서부터 평양으로 들어가는 50리 노정에서 외국의 수반을 꽉 잡았다. 한 가지 생동한 실례를 들면 미국의 전 대통령 지미 카터가 평양을 방문했을 때 김일성은 우리 당 간부들에게 다음과 같은 내용으로 이야기한 바가 있다.

"카터 이놈의 새끼, 4시간 만에야 나한테 항복하더란 말이야. 우리가 경수로 발전소를 건설하는데 우리의 돈, 노력 하나도 낼 것이 없어. 그놈들이 다 가지고 와서 건설해 주게 되어 있어. 얼마 안 있어 남조선의 김영삼을 만나는데 김영삼이 내 30분이면 알아봅니다."

이렇게 말한 적이 있다. 북한 외교에서 외국 수반 및 외국 대표들을 잡는 방법은 다른 것이 없다. 고자세, 고집, 집요함, 위협, 상대측의 약점 등 어쩔 수 없이 상대측이 항복을 하게 만드는 것이다.

현재 북한의 김정일이 바로 아버지 김일성의 외교 방법을 그대로 배워서 더 하지도 않고 덜 지도 않고 그렇게 하고 있다. 이것은 우리 대한민국과의 외교에서도 변한 것이 하나도 없다. 이제는 우리 대한민국의 모든 국민들도 북한의 이러한 외교 전술에 대해서 비교적 알고 있다. 그렇기 때문에 더 원칙적이면서도 원론적으로 해야 한다. 한 민족이기 때문에 북한을 자극하면 후에 북한의 외교는 더 힘들어질 것이라고 하는데, '예! 예!'하는 식으로 한다면 그 자체가 갈등이고 모순이다. 이것은 반드시 때가 되면 폭발하게 되어 있다. 지금이 바로 그런 시기이다.

　김대중 전 대통령이 대북 정책에서 원칙적이지 못한 문제들을 놓고 북한에서 온 사람들이 많은 이야기를 했다. 그러나 국민의 정부, 참여정부 할 것 없이 우리말을 하나도 들어 주지 않았다. 심지어 이야기하는 것조차 못 마땅하게 생각하며 미워했고, 언론권까지 막고 박탈하다시피 통제하였다. 탈북자들은 북한과 김정일에 대하여 사실 그대로 보고 원칙적으로 평가하며, 있는 그대로밖에 이야기할 줄 모르는 순진한 사람들이다. 대북정치를 원칙적으로 하지 못하는 데는 좌파 10년의 집권당 사람들이었던 분들의 이야기를 들어보면 그 원인을 알 수 있다.

　첫째로 이 땅에서 전쟁을 하지 말아야 한다. 전쟁을 하지 않겠다는 것은 참으로 좋다. 그런데 알아야 할 것이 있다. 김정일과 그 측근 집단은 우리가 많이 도와주었다고 해서 ‘야 그 사람들(한국) 우리를 많이 도와주었지.’라고 하면서 전쟁을 하려다가도 마음을 돌려 전쟁을 취소할 사람들이 아니다. 그 사람들은 도와주어도 때가 되면 전쟁을 할 사람들이며 도와주지 않아도 전쟁을 할 사람들이다. 왜 그것을 모르는가? 2006년 5월 2주 90분 강의 분량으로 북한의 당원들과 근로자들에게 집중학습을 시킨 학습제강 북한노동당 선전선동부에서 출판한 것을 입수하여 한 글자 한 글자 따져 보았다. 분명히 거기에는 “미제와 남조선 괴뢰도당을 무자비하게 쓸어 버려야 한다.”라고 기록되어 있었다. 그것을 가지고 교육을 받은 북한 인민들의 가치관은 어떠하겠는가를 가히 짐작할 수 있을 것이다. 북한은 점점 더

포악해지는 것 같다. 내가 북한에 있을 때인 1998년 3월만 해도 '무자비'라는 말은 쓰지 않았던 것 같다. 그 말에는 김정일의 성질상 독한 속성이 들어 있는 말이다. 학습제강을 만드는 노동당 선전선동부 일꾼들은 '어떻게 글을 만들어야 김정일한테 칭찬을 받을까?'라는 것만 생각하면서 글을 쓰는 사람들이다.

우리는 전쟁을 하지 않으려고 방법을 다 쓰지만 북한은 기어이 전쟁을 하려고 한다. 그러니 무조건 전쟁을 하지 않으려고 한다고 해서 이 땅에 전쟁이 일어나지 않는다는 담보는 없다. 우리나라의 전쟁은 6.25 때도 그러했지만 북한으로부터의 일방적인 전쟁의 위협은 항시적이다. 이런 조건하에서 지난 좌파 10년의 정부와 같이 햇볕과 화해와 포용의 대북정치에 의한 비몽사몽간의 환상이 현실화 된 것처럼 일부 정치가들과 세력들이 우리 국민들을 계속 오염시킨다면 참으로 큰일이다.

최근 언론보도에 의하면 전쟁이 일어나면 일본의 청소년들은 누구나 할 것 없이 조국을 위해 싸움에 나가겠다고 한다. 그것이 그들의 전쟁과 평화관이다. 물론 우리 대한민국의 남아들도 조국이 위험에 처한다면 청춘도 행복도 모두 다 바칠 것이다. 그러나 평시에 준비되어 있지 않는다면 전쟁 초전에 주도권을 잡기가 힘들다는 것을 알아야 한다. 정치가들을 비롯하여 북한의 공산주의를 체험하지 못한 젊은 세대들이 잘 준비되어 잊지 못한 것들이 많다는 것을 절대로 배제해서는 안 된다.

이명박 정부는 대북정치에 임할 때 전쟁을 할 수도 있다는 배짱을 가지고 대들어야 한다. 대든다고 해서 북한과 같이 회담장에 나와 서로 불바다로 만들겠다는 식으로 천박한 외교를 하는 것이 아니다. 우리는 주도적이면서도 자신만만한 외교 전략과 전술을 선택해야 한다. 그렇게 된다면 질질 끌려다니지 않고 무조건 퍼준다는 말도 들을 수 없으며 북한도 함부로 까불지 못할 것이다.

우리가 한발 물러서면 북한은 우리로 하여금 백발 천발을 물러설 것을 바라며 달려들 것이다. 그렇게 되면 우리 국민들은 늘 집권당과 현재 정권을 잡은 정부의 정치가들을 대를 이어 영원히 신뢰하며 선거 때마다 표를 집중하여 줄 것이다. 이번 대선에서 열린 우리당과 노무현 전 대통령이 국민들의 신뢰를 받지 못한 것은 경제문제, 대통령의 지도력 등 여러 원인이 있지만 대북정치를 잘못한 것이 기본 원인이다. 언제나 정치하는 사람들이 표를 얻는 것은 북한 인민들에게서가 아니라 우리 대한민국 국민들이라는 것을 알아야 한다. 지난날 새로운 정권이 탄생할 때마다 북한을 이용해 먹은 것이 있었다면 이제는 우리 국민들을 더는 기만할 수 없다는 것을 알아야 한다.

대북정치를 원칙적으로 하지 못하는 것에 대해 북한의 특수성이나 한 민족이라는 좋은 말로 정체성을 가리며 국민들을 기만하지 말아야 한다. 이제는 '자유민주주의 체제의 수호이냐?', 그렇지 않으면 '사회주의 공산주의를 이 땅에 세우려고 하느냐?', 아니면 '나 개인의 이익을 위해서 국민들을 희생물로 잡고 이용하려고 하느냐?' 등 좀 더 예리하게 집권당과 야당 정부를 분석하고 판단하는 것이 중요하다.

대한민국의 모든 국민들에게 진실과 필자의 양심과 국민의 의무를 걸고 선포하노니 북한의 김정일은 때가 되면 전쟁을 꼭 할 존재라는 것을 다시 한번 상기시키고 싶다. 전쟁을 할 수 있는 조건과 기회를 김정일에게 주어서는 절대로 안 된다. 그 기회가 언제인지 여기에 쓸 수는 없지만 그 기회도 한계가 있다. 한계가 지나면 전쟁의 위협은 지금보다 더 약화될 수 있고, 아예 전쟁이 없어질 수도 있다. 그때까지는 국민의 정부와 참여 정부의 대북정치는 취소되어야 하고 답습되어서도 절대로 안 된다. 대북정치는 철저히 원칙적으로 해야 한다. 거기에 모든 승리의 담보가 있다.

여기서 한 가지 분명히 이야기할 것이 있다. 북한을 바라보는 가치관과 기준은 현재 북한의 가치관으로 북한을 바라보고 판단해야지 우리의 가치관으로 바라보고 판단하면 안 된다. 당연히 그들을 도와주고 자극을 주지 않으려면 전쟁을 하지 말아야 한다. 그런데 이것은 우리의 가치관이지 북한의 가치관은 아니다. 북한은 우리의 가치관으로 혁명하는 사람들이 아니다. 때문에 북한을 바라볼 때에는 북한의 가치관으로 바라보고 판단하고 결론을 내린 다음에 우리의 가치관으로 다시 한 번 더 재보고 결론을 찾은 것이 제일 좋은 방법이다.

둘째로 '북한을 자극하지 않고 햇볕을 쪼이면 옷을 벗을 것이고 결국 개혁 개방에로 나올 것이다.'라고 낙관적으로 생각하는 경향이 있다. 이것도 역시 북한의 가치관으로 북한을 보지 않기 때문이다. '북한을 자극하지 말아야 한다'는 것이 어떤 것을 말하는 것인지는 모르겠다. 혹시 응당히 해야 할 말을 하지 못하는 것, 또 자신만만하게 찾아와야 할 것을 찾아오지 않는 것, 북한과 같이 고자세를 취하며 떽

떽거리며 군사적으로 위협할 때 한발 물러나는 것, 회담장에서 달라는 대로 다 주겠다고 답변하는 것 등 이런 것들을 말하는 것인지 모르겠다. 분명한 것은 논리 정현하게 북한을 이끌 수 있는데도 불구하고 그렇게 하지 않는 것을 말하는 것 같기도 하다. 전 집권당 열린 우리당 사람들과 친북적인 사람들은 금강산과 개성 공단을 두고, 또 북한에 많은 사람들이 다녀오는 것을 보고 북한이 많이 변했다고 한다. 그런 말은 하지 않았으면 좋겠다. 그것은 우리 국민들을 기만하는 것이고 진리를 거스르는 말이다. 금강산이나 개성 공단에 많은 사람들이 다녀올 수 있는 것은 다름이 아니라 달러($)가 북한으로 흘러들어가는 통로이기 때문에 통제 속에서 북한이 운영하는 것이다. 북한에 많은 사람들이 오고가는 것은 우리가 바라는 것이 아니라 북한이 바라고 있다. 돈 벌이와 우상숭배 교양의 놓칠 수 없는 절호의 기회로 북한이 이용하고 있는 것이다. 이명박 정부 출범 이후 북한이 이명박 정부에 대해 군기를 잡느라고 비방중상하며 버티고 있지만 김정일 체제에 위협을 느끼지 않는 한 반드시 금강산 관광도 다시 부활시킬 것은 명백하다. 원래 남조선 혁명의 일환으로 남측의 많은 사람들을 북한에 오게 할 것이다.

북한은 말끝마다 개성공단의 땅, 즉 노란 자위의 군사기지를 내주었다고 말하고 있다. 여기에 맞장구를 치면서 김대중 전 대통령을 비롯한 그 측근들도 바로 북한이 이야기하는 대로 그대로 이야기했다. 북한으로서는 정황이 발생하면 얼마든지 순식간에 공격 및 방어를 위한 전투서열로 전환할 수 있는 완전한 준비가 갖추어져 있기 때문에 걱정할 것이 하나도 없다. 그리고 북한은 미국이나 한국이 북한을 먼저 북침하지 않는다는 것을 이미 잘 알고 있다. 그러나 군인들과 인민들 속에서는 절대로 그렇게 이야기하지 않고 있다. 당장 미국과 남조선이 북한을 6.25 때와 같이 쳐들어온다고 교육하고 있으며 그것으로 결속하고 있다.

전쟁이란 바라서도 안 되며 또 정책적으로 추구해서도 안 된다. 그렇다고 해서 한쪽에서 일방적으로 전쟁을 하겠다는데 무조건 그것을 피하기만 한다면 상대측은 더욱 기고만장하여 달려들 것이다. 지금 북한이 바로 그렇게 하고 있다. 북한의 핵도, 미사일도, 그 외 북한의 대량 살육무기가 모두 햇볕 정책과 화해와 협력 정책을 기조로 한 전 김대중 정부 시절과 노무현 정부 시절에 제기된 문제들이다.

이 글의 앞부분에서도 지적했지만 북한은 정치, 경제, 문화, 군사 등 국가의 총제적인 중심은 전쟁준비에 있다. 북한이 기어이 전쟁을 하겠다는 것은 겉으로 보기에는 미국과만 전쟁을 할 것처럼 보인다. 그러나 사실상 북한의 전쟁준비와 전쟁의 목적은 대한민국을 적화 하자는 데 있다. 북한이 미국과 전쟁을 한다고 해도 미국 땅에 미사일 몇 발을 떨어뜨릴 수는 있을 것이다. 그러나 미국 땅에 탱크를 몰고 육군이 상륙하여 인공기를 꽂을 수는 없다. 북한 무력의 사명은 조선노동당의 남조선 혁명 수행을 위한 도구로써 미국을 견제하고 한국을 사상전과 무력전을 동시에 배합하여 적화하자는 데 있다.

우리 대한민국의 일부 정치가들이나 일부 국민들 중에는 북한과 미국과의 갈등은 우리와는 아무런 관계가 없는 것으로 생각하는 것 같다. 그것은 참으로 북한에 대한 암둔한 무식에서부터 오는 것이다. 전 집권당 열린 우리당의 일부 국회의원처럼 북한이 한국의 전역을 사거리로 한 미사일을 보유하고 있는 것은 한국에 주둔한 미군과 미군의 군사기지들을 타격하기 위한 것이지 한국을 타격하기 위한 것은 아니라고 이야기하는 것을 보면 정말로 세 살 난 아이라고 해야 하는지 그렇지 않으면 북한과 같은 사상을 가진 사람이라고 해야 하는지 국민들은 이미 심판하고 있을 것이며 결국 총선과 대선에서 그대로 심판을 받았을 것이다.

결론적으로 북한과의 원칙적인 대북정치를 하지 못하는 것은 두 가지로 그 원인을 종합 분석할 수가 있다. 하나는 북한에 말 못할 빚을 지고 있다든가, 아니면 북한과 같은 공산주의 사회를 지향하며 이 나라에도 진정한 공산주의가 아니라 김정일 독재 공산주의를 김정일과 함께 손잡고 건설하려고 하는 사상을 가지고 있기 때문이라고 생각한다.

대북정치를 못하는 자는 정치권에서 추방하라

넷째로 우리 국민들은 지금까지의 경험과 교훈에 근거하여 대북정치를 잘 하지 못하는 사람들은 대통령은 물론 정치권에 아예 발을 붙이지 못하게 해야 한다. 대통령과 정치하는 사람들에게 표를 잘못 행사할 때 북한은 붕괴되지 않으며 그 붕괴의 시간과 통일의 시간은 더욱더 길어지게 된다.

우리나라가 분단국이 아니라면 얼마든지 다른 사상과 같이 공조할 수도 있다. 그러나 지금은 자유민주주의 체제가 성숙된 단계에서 완성된 것도 아니고 또 우리가 바라는 것들의 실상이 현실로 우리 눈앞에 다가온 것도 아니다. 물론 좌파의 물에 젖은 사람들은 김정일의 위대한 영도 하에 그 덕을 언젠가는 볼 것처럼 생각하면서 북한은 이미 공산화가 되었으니 남한이 문제라고 하면서 대한민국에서 노골적으로 투쟁하고 있다고 이야기한다. 대한민국에서 할 일이란 바로 북한노동당의 지령과 지도하에 사상적으로 적화하는 것을 말한다.

대한민국 국민들은 10년의 햇볕 정책과 화해와 협력의 정책을 기조로 한 진보라고 하는 좌파정부를 체험했다. 누가 백 번 천 번 이야기해도 직접 체험할 때 그것 이상 더 효과적인 교육은 없다. 진리가 무엇인가? 실천을 통해서 얻어진 옳은 것이 바로 진리이다.

이제 전 친북 좌파 정치의 후과만 해도 혼란과 함께 국민들에게 이미 부여된 부담과 앞으로 또 부과될 부담이 또 얼마나 되겠는지 과학적으로 가늠할 수 없다. 그러나 만일 또 언제든 무원칙한 친북 좌파가 정권을 잡는다면 생각하기도 끔찍한 문제이다. 다만 자유민주주의 체제의 공고성인가, 아니면 공산주의로의 더욱 가까이 접근하는가 하는 문제이다.

우리 대한민국은 대통령을 탄핵도 해 보았다. 그리고 지방선거와 총선, 그리고 대선에서 좌파정부를 심판도 해 보았다. 그 과정에 우리가 깨달은 교훈은 국민들에게 있는 권리와 권한은 국민들이 뽑아 준 대통령보다는 힘을 쓰지 못하는 것 같은 느낌을 가질 때가 많았다. 아무리 국민들이 그것은 아니라고 해도 아집으로 가득 찬 대통령 한 사람이 허튼 마음을 먹으면 나라가 다른 길로 간다는 것을 우리는 이미 체험했다. 그러니 전 대통령들의 세월이 그렇게 길어 보이고 다음에는 정말 잘 뽑아야 한다고 누구나 이야기했던 것이다. 국가와 민족의 운명을 위해 정말로 대통령과 정치인들을 잘 뽑아야 한다. 노무현 전 대통령이 남북한 정상회담을 성사시키기 위해 우리 영해의 군사분계선도 북한이 하자는 대로 하고, 또 국가 보안법도 폐지하는 등 아무리 대통령이라고 해도 이럴 수야 없지 않는가? 그렇기 때문에 이 나라는 국민이 지켜야 한다. 역사적으로 우리 한반도는 몇몇의 매국노들에 의해 나라가 팔렸던 적이 있었다는 교훈을 잊지 말아야 한다.

빨간 사상에 가까이 가 있는 사람들에 대해서는 표를 절대로 주어서는 안 된다. 국민들 속에는 빨갱이를 좋아하는 사람보다 자유민주주의 체제를 더 좋아하는 사람이 많을 것이다. 이것은 의심할 바 없다. 그래서 우리는 희망이 있다. 앞으로도 우리나라는 대선, 총선, 지방선거 등 참으로 선거가 많다. 이럴 때마다 당을 보기보다 당도 보아야 하지만 후보들을 깊이 통찰하고 자기의 정치적 지위와 밥벌이를 위함이라면 대한민국도 팔아먹을 수 있는 나쁜 사상을 가진 사람에 대해서는 절대로 표를 주지 말아야 한다.

대한민국의 국민들은 역사적 관점에서 군부 독재 시대에 동조한 사람들을 우파라고 하는지는 모르겠다. 필자가 북한에서 와서 보면 그렇게 느껴진다. 그렇다면 필자는 좌파 독재시대를 체험한 사람이고, 우리 국민들은 우파 독재 시대를 체험했다고 볼 수 있다. 내가 한국에 들어 왔을 때에는 이미 좌파정부가 들어섰을 때이고 또다시 좌파 우파당들이 정권을 누가 잡겠는가를 놓고 치열한 투쟁을 할 때였다. 그때 나는 이미 좌파정부(공산주의)를 체험해 보았기 때문에 새로운 정부의 탄생에 대한 입장과 자세는 너무나도 명백했고 확고했다. 그러면서 한편 이해되지 않는 것이 있었다. 한국의 젊은 세대들 중에서 좌파 정부의 탄생에 많은 관심을 가지고 있다는 것이다. 이것은 대한민국에서 10년 세월을 살면서도 아직도 이해가 안 된다. 그때 나는 신학대학에서 공부(MDV)할 때인데 어떤 동기 학생들은 필자에게 가까이 와서 노무현이란 사람을 대통령으로 찍어야 한다고 하였다. 원래 필자는 흔들리기를 좋아하지 않기 때문에 누구를 찍는가 하는 것은 나의 자유의사인 것이다.

다만 한국에서 태어났고 한국에서 교육을 받고 성장했다면 왜 저 사람들은 모를까? 오히려 우리(탈북자들)는 이 땅에 발을 들여 놓은 지가 얼마 안 되었는데도 그것은 아니라는 것이 확실하게 보였다. 이것이 나에게 이해되지 않던 문제들이었다. 그러나 오늘에 와서 이해되는 문제는 얼마나 군부 독재 시절에 대한 환멸이 가슴에 사무쳤으면 그랬을까 하는 문제에 대해서도 이해가 된다. 그렇다면 우리 국민들이 이제는 우파도 좌파도 다 당해 본 것이나 다름이 없다. 아무리 좌파가 되어도 친 김정일 친북적 빨갱이는 되지 말아야 한다. 이제 더 성숙된 자유민주주의 체제의 우리 국민들이 되어야 할 것이다.

선거철만 되면 피곤을 무릅쓰고 각 후보자들이 자기에게 표를 달라고 유세를 한다. 이 사람들도 역사의 흐름을 알고 있을 것이다. 때문에 그들은 새롭게, 새롭게 하면서도 '중도'라는 말을 많이 한다. 그러나 우리 국민들은 질적 변화를 요구하고 그 질적 변화를 예리하게 분별해야 할 것이다. 지난 대선 때 대통령 후보였던 어느 한 분은 자기는 김정일 국방위원장을 잘 알기 때문에 자기가 대통령이 되면 대북정치는 정말로 잘 할 수 있다고 이야기하는 것을 보았다. 이 문제도 앞에서 이야기했지만 잠깐 평양을 다녀와 그때 만찬석이나 회담장에서 이야기를 몇 분간 김정일과 했다고 해서 김정일을 잘 안다고 하는 것은 교만이며 우리 국민들에 대한 기만이다.

두 총알을 맞은 정부

나는 전 김대중 정부나 노무현 정부를 두 총알에 맞은 정부라고 이야기하고 싶다. 필자가 북한에 있을 때에는 남조선 당국자들 때문에 통일이 안 되는 줄로만 알았다. 그러나 한국에 와서 두 제도를 다 체험하고 난 이후에는 반대로 조국 통일이 안 되는 것은 남조선 당국자들 때문이 아니라 북한 당국자들 때문에 안 되는구나 하고 생각했다. 그러나 이제 와서 생각해 보니 그것도 아니고 남북한 당국자들 모두가 문제라는 결론을 내리게 되었다.

두 당국의 통일 정책이 다 문제가 되는 상황에서 북한의 통일 정책을 놓고 물고 늘어지는 것보다 먼저 제 집안 즉 남한 문제부터 돌아보는 것이 마땅하다.

북한에는 "너 그렇게 일하다가는 두 총알에 맞을 줄 알라."는 말이 있다. 이 말은 대부분 정보기관들에서 쓰는 말로서 신념이 투철하지 않거나 우유부단한 사람들을 놓고 하는 말이다. 특히 적후에서 활동하는 남파간첩에게 있어서 이 말은 많은 사람들을 자기편으로 만들 때에 쓴다.

"너는 확실히 이제는 우리 편이다. 다른 마음을 먹지 말라. 만일 이제 다른 마음을 품는다면 죽는다. 그렇게 죽을 때에는 아군에게도 적군에게도 배신당한 존재가 되어 두 총알 즉 아군의 총알과 적군의 총알에 죽는다."

대한민국 정부 특히 김대중 정부의 햇볕 정책과 노무현 정부의 화해와 협력의 대북 정책을 바라보았을 때 과연 어떤 정체성과 어떤 신념을 가지고 해 왔는지 아리송하다. 물론 국민들은 다 알고 있다. 그래서 민심이 모아져서 '퍼 주는 대북정치', '질질 끌려 다니는 친북 좌파 세력', '빨갱이', '조선노동당의 제 2중대'라는 비판이 있었고 끝내는 정권을 유지하지 못하고 국민들로부터 심판을 받았다.

김대중이나 노무현은 햇볕정책과 화해와 협력의 대북 정책이 국민들로부터 지지를 받지 못할 뿐 아니라 성공할 수 없다는 것도 알고 있었던 사람들이라고 생각한다. 그렇다면 왜 대담하게 햇볕정책과 화해와 협력 정책을 밀고 나갔을까? 그것은 함부로 이야기할 문제는 아니지만 노무현 전 대통령 자신이 그에 대해서는 정확히 답변했다고 본다. 얼마 전 노무현 전 대통령은 북한 문제는 북한의 입장에서 생각해야 하며, 대통령 시절 외국에 나가서도 김정일을 변호하고 대변했다고 이야기하였다. 김정일 편에서 생각해야 한다는 사람에게 '왜 대북 정책을 그렇게 하였는가?'라고 물어볼 필요가 없을뿐더러 아무리 국민들이 반대를 해도 민심에는 귀가 열릴 수가 없었던 것이다. 북한식으로 이 두 전 대통령들의 사상을 평가한다면 철저한 이적 행위이며 정치범 수용소 대상들일 것이다.

전 노무현 정부의 대북 정책은 도대체 어떻게 하자는 것인지 알수가 없었다. 차라리 북한과 한 통속이면 대한민국을 좌측으로 완전히 끌고 나가든가, 그러면서 우리 국민들을 이해시킬 능력이 있으면 끝까지 설복시켜 국민들의 입에서 김정일 만세를 부르게 하든가, 그렇지 않고 김정일과 같은 깽판 정치하는 북한과는 안 되겠다고 생각했다면 논리적이고, 원칙적이고, 국제적이고, 자유민주주의 본성적이고, 법치적인 차원에서 대북 정책들을 내놓고 북한을 일깨워 주었어야 할 것이다.

이명박 정부에 대한 경고

이명박 정부도 전 좌파정부들의 대북 정책에서 교훈을 찾지 못한다면 더 많은 총알을 맞게 될 것이다. 이 세상에 제일 불쌍한 운명이 적군과 아군에게 동시에 맞아 죽는 운명이다. 전 노무현 정부는 좌파라고 하자니 국민이 무섭고 우파라고 하자니 북한이 무섭고 그래서 좌파 신자유주의라고 정체성을 고백하기는 했지만 국민이 무서워 빨갱이 좌파이면서도 좌파 신자유주의 혹은 억지로 중도를 표방했다면 그 역시 비참한 것이다. 그래서 우리 국민들은 그들의 운명을 결정하였던 것이다.

2007년 대한민국은 대통령을 새롭게 뽑았다. 대통령의 위치와 역할에 대해서는 우리 국민들이 잘 알고 있다. 국민들은 대통령을 뽑을 때 권리를 행사하지만 일단 대통령이 된 사람의 권한은 대단한 것이다. 그 대단한 것이 바로 나라의 운명과 같다. 이미 예견하였던 대로 북한은 노골적으로 대한민국 내정에 간섭했고, 그 이후 총선 때에도 미사일까지 쏘아대면서 간섭했다. 북한은 자기의 입맛에 맞는 정부와의 대남정책에서 단 맛을 볼대로 본 자들이다. 그러므로 앞으로 어떤 대선에서와 총선에서든 북한 당국의 내정 간섭, 즉 선거운동은 그 형식과 방법에 있어서 우리가 상상하지 못할 정도로 집요하고 악랄하게 달라붙을 것이다.

그 반면 우리 국민들도 이제는 많이 성숙했다. 그러나 아차 하는 순간에 이쪽이 될 수도 있고, 저쪽이 될 수도 있으니 각성하고 이미 실천을 통해서 검증된 사람을 대통령 및 국회의원으로 뽑아야 할 것이다. 제일 좋은 방법은 사람의 중심을 보는 것이고, 실천을 통하여 확실히 검증하는 것, 그 이상 진리가 없다.

7. 미국의 대북 정책 때문이다

지금 미국의 대북 정책은 북한을 절대로 붕괴시킬 수 없다. 미국은 북한으로부터 철천지 원수, 침략자, 미제 승냥이 등 국가 아닌 국가, 사람 아닌 사람, 정권 아닌 정권, 참으로 입에 담을 수 없는 욕을 먹고 있다. 그것도 120여 년 전부터라고 한다. 그럼에도 불구하고 미국은 북한에게 힘으로든 외교적으로든 어떻게 된 것인지 쩔쩔매고 있다.

역사적으로 볼 때 모든 역사적 사실들이 객관적으로 과학성이 있든 없든 미국은 북한이 떠드는 것처럼 북한 앞에 사실상 패배한 것이나 다름이 없다. 1886년 9월 미국의 상선 제네럴 셔먼호가 대동강을 따라 평양에 들어갔을 때도 미국은 그것을 상선이었다고 하지만 북한은 철저하게 침략선이었다고 주장한다. 그래서 불태워 버렸다고 한다. 객관적으로 볼 때 제네럴 셔먼호가 침략선이었다는 것은 신빙성이 없다. 설사 침략선이라고 하더라도 그 침략선 배 한 척을 가지고 당시 평양성을 침략한다는 것은 너무 타산이 맞지 않는다. 그런데도 미국은 그때에도 꿈쩍하지 못했다. 물론 그 이후 우리나라에 대한 보복전은 있었다고 하나 그것은 소극적이었으며 더욱이 평양에 대한 보복전은 아니었다.

1950년 6월 25일 한국 전쟁도 마찬가지이다. 미국은 북한을 침략한 적이 없다. 지금도 침략하겠다고 한 적이 없다. 세상이 다 아는 바와 같이 6.25가 당시 소련의 대통령이었던 스탈린의 사촉 하에 김일성이 남침을 감행한 것인데도 불구하고 북한은 생떼를 쓰면서 반대로 미국의 사촉 하에 이승만 괴뢰도당이 공화국북반부를 침략했다고 한다. 사실상 어느 쪽이 먼저 침략을 하였는가 하는 문제는 세계평화기구인 유엔에서 연합군을 한반도에 파견한 것을 보면 너무나도 잘 알 수 있다. 만일 남한이 북한을 침략했다면 연합군, 즉 유엔군을 북한에 파견하였을 것이다. 그러나 유엔군은 한국에 파견되었으며 북한과 중공을 대상해서 싸웠다. 물론 북한은 유엔은 공정한 거수기를 이용하지 않았다고 고집을 쓴다. 다시 말해서 미국이 유엔을 자기들의 의사대로 이용하였다고 한다. 그러나 그것은 너무나도 생억지이다. 미국이 유엔에서 힘을 가지고 있는 것은 사실이나 전횡을 부리지는 않으며 또 유엔에 가입한 나라들이 그것을 용서하지도 않았을 것이다.

미국은 북한과 싸워서 한 번도 이긴 적이 없다

문제는 연합군의 주류를 감당한 미국이 북한과 싸워서 이기지 못하였다는 데 있다. 북한은 6.25를 해방전쟁으로써 미국을 철저하게 때려 부순 제 2해방의 날이라고 하고 있다. 대한민국은 이기지도 패하지도 않은 전쟁이라고 평하고 있다. 전쟁 초기에는 북한의 기습으로 한국군은 부산까지 밀려 내려갔지만 미 10군단의 인천상륙으로 인해 이 나라의 전쟁의 주도권은 미국이 잡다시피 하였다. 아무리 중공군이 인해 전술을 썼다고 해도 그 좋은 미국의 화력을 가지고 태극기와 성조기를 압록강과 백두산에 꽂지 못했다는 것은 북한이 이겼다고 고집을 써도 어쩔 수 없는 일이 아닐까?

미국은 어떤 정치적 타산이 있어서 현재의 분계선 상에서 공격과 방어를 반복하다가 휴전에 도장을 찍었는지는 모르겠지만 북한으로 볼 때에는 전쟁의 목적 차원에서는 북한이 진 것이나 전쟁과 전투의 차원에서 보면 북한이 이긴 것이다. 북한은 휴전 문서에 유엔군을 대표하여 미국이 나와 사인을 하였다는 것을 미국이 북한을 침략한 것을 인정한 것이며 또 '북한 앞에 우리가 싸워서 패배했습니다.'라고 무릎을 꿇은 것과 같다고 주장하고 있다. 이러한 역사적 사실을 놓고 북한의 전체 인민들을 교육하였기에 미국은 북한과의 역사적인 전쟁에서 패전에 패전을 거듭한 나라로 되어 있다.

1968년 1월 23일 푸에불로호 사건과 1968년 4월 15일 (EC121) 미국의 정탐기 격추 사건은 북한 사람들로 하여금 미국은 확실히 침략자이며 맞받아 싸우기만 하면 쩔쩔매는 겁쟁이들이어서 반드시 승리한다는 자신감을 주기에 충분했다. 아울러 김일성과 김정일을 강철의 영장으로 만들어 놓고 우상 숭배할 수 있는 조건도 지어 주었다.

어느 나라나 적대국가이든 적대국가가 아니든 자국의 안보를 위하여 정탐행위를 하는 것만을 사실이다. 북한도 대한민국에 대한 정탐행위를 정상적으로 하고 있다. 푸에불로호나 EC121기도 공해상에서 항해했으며 공해상에서의 영공을 비행하고 있었다. 그러나 북한은 무자비하게 격추시키고 나포하였다. 그리고 미국으로부터 사죄문을 받아내고서야 푸에불로호 선원 80여 명을 미국으로 돌려보내 주었다. 물론 미국은 사람을 살리자고 하니 사죄문을 썼다고 한다. 그렇다면 정확한 과학적인 사실들을 놓고 북한 앞에 입증해야 했을 것이었다. 한편 미국은 원산 앞바다에 항공모함 엔터프라이즈호를 정박시켜 놓고 원산을 초토화시킨다고 해 놓고도 총 한방 쏴 보지 못하고 물러났다. 당시 김일성은 북한군 창건 20돌 경축사에서 '미국의 전면전쟁에는 전면전쟁으로, 보복에는 보복으로!'라는 구호를 내놓고 전국을 전시 상태로 내몰았다.

미국이 뭐가 무서워서 그때 북한의 원산을 타격하지 못하였는지는 잘 모르겠지만 원산에 집중된 북한의 대공 방어무기는 재래식 무기로서 낙후하기가 그지없었다. 그런데도 미국은 물러났다. 이쯤 되었으면 미국은 확실히 침략자이며 겁쟁이들이라는 것을 미국 자신이 북한의 인민들 앞에 입증하여 준 것이나 다름이 없었다. 그때 나포된 푸에불로호는 지금은 평양의 대동강에 끌어다 놓고 북한 인민들 특히 새로 자라나는 새 세대들은 물론 평양을 찾는 외국의 모든 사람들과 대한민국에서 북한을 방문한 사람들에게까지 미국이 침략자라고 교육을 하고 있다. 이러한 사실을 지금도 미국은 모르고 있지 않겠지만 어쩌지 못하고 있는 것을 보면 분명 북한에 무슨 죄를 지은 것이 있는지 솔직히 말해서 북한군 정치장교였던 필자 자신도 아직도 의문이 풀리지 않는다.

판문점 도끼 만행 사건의 진실

내적으로 볼 때 북미 간, 한편 그 중간에 끼운 우리 한국에서도 긴장되었던 사건이 1976년 8월 18일 판문점 도끼 만행 사건이다. 어느 측에서 먼저 도발을 했는지는 쌍방 간에 서로 책임을 상대측에 넘겨 싸웠다. 그러나 그것이 아무리 가린다고 해서 가려질 수 있는 문제이겠는가? 판문점 도끼 만행 사건의 장본인은 북한군 군사정전위원회 소속 대위 박정남이다. 1976년 당시 필자는 중위였고 박정남은 대위였지만 너무나도 잘 알고 있는 사이였다. 박정남은 원래 자강도 강계 출신으로 강건종합군관학교를 졸업하고 판문점 군사정전위원회로 배치되어 대위의 계급을 달고 조장의 임무를 수행하였다. 북한은 특수전 부대 안에 조장이라는 편제가 있는 것처럼 판문점 공동경비 구역은 적아가 같이 경비하는 조건에서 특수에 특수가 아닐 수 없다. 그러니 일반 병종 부대들에 없는 조장이라는 편제를 가지고 있었다.

조장들이 여러 명 되지만 그중 박정남은 다른 조장들에 비해 키가 조금 작은 편이었다. 그러나 일반병종 장교들에 비해 볼 때 절대로 작은 편은 아니었다. 사건이 일어난 이후 필자는 평양에서 박정남을 직접 만났다. 이때 박정남은 평양시 형제 산 구역에 있는 김일성 정치대학에 올라와 학생신분으로 있었다. 나는 언론을 통해서 판문점 사건의 전말을 알고 있었기에 박정남을 만났을 때 그때 당시의 상황을 그대로 이야기해 보라고 하였다.

박정남의 고백에 의하면 다른 조장들보다 자신의 키가 좀 작으니까 미국 놈들이 박정남에 대해서 업신여기는 것으로 평시 느끼고 있었다고 한다. 그러면서 늘 생각하고 있었던 것이 '어느 때든 저놈의 미국 놈들을 혼줄을 내 주어야겠다.'라고 생각하고 있었다고 한다. 그러던 중 8월 18일 미국측에서 공동경비구역 안의 나무를 찍겠다고 하기에 왜 찍으려고 하느냐 하니까 근무상 감시에 지장이 있다고 해서 같이 감시를 해 보니까 확실히 미국측에서 감시에 지장이 있는 것이 사실이었다고 한다. 그래서 나무를 찍을 것을 쌍방 간에 합의를 해 놓고 생각하니 이 기회를 놓치면 싸울 수 있는 기회가 다시 있을 것 같지 않아 조원들에게 전투준비를 시키고 기회를 보다가 구령과 함께 싸웠다고 한다. 결국 미군 두 명을 죽였다.

사건이 일어난 즉시 당시 북한군 총정치국장이었던 이용무가 판문점을 찾아 박정남을 만났다. 모든 사연을 보고 받은 이용무는 박정남에게 이렇게 명령했다고 한다.

"나무를 찍기로 미국 놈들과 절대 합의한 적이 없다고 해라."

그 명령 때문에 그때부터 박정남은 무조건 이용무가 시킨 대로 이야기할 수밖에 없었다. 미국 놈들과 합의한 것이 없다면 도발은 미국측이 한 것으로 되는 것이다. 그런데 필자와 친구였으니 모든 것을 사실 그대로 이야기하였다. 모든 정황을 보고 받은 김일성도 이들을 높이 평가했다.

"도발은 미국 놈들이 먼저 했지만 우리 전사들이 싸움을 잘 하였습니다."

그리고 그해 11월에 그 만행에 참가하였던 모든 군인들에게 국가표창을 수여하였다. 조장이었던 박정남은 국기훈장 제 1급을 수여받았다. 이 사건에 대해 미국은 북한에 보복을 한다고 하면서 정세를 긴장시켰지만 또다시 아무런 보복도 하지 못하고 물러나고 말았다.

이 외에도 역사적으로 여러 가지 사건들을 이야기할 수 있지만 몇 가지 대표적인 사실들만을 이야기한다. 참으로 미국은 언제 보복을 하려고 하는지는 모르겠지만 북한에 대해서만은 심사숙고하는 것만은 사실 같다. 그 심사숙고가 북한의 수뇌부와 북한 인민들에게 자신만만하게 미국을 상대하게 만들어 놓았다.

1976년 8월 18일 판문점 도끼 만행 사건에 대한 미국의 보복 계획은 확실했던 것 같다. 그것을 안 김일성은 판문점을 통해 미국 정부에 유감의 뜻을 표했다. 그래서 미국은 보복계획을 철회했다. 물론 북한은 미국 정부에 유감의 뜻을 서한으로 전하였다는 것을 북한의 당원들과 근로자들에게 알려 주지 않았다. 미국이 보복하지 않은 문제를 놓고 북한의 국민들은 미국이 겁을 먹고 어쩌지 못한 것으로 알고 있다. 유감의 뜻으로 미국의 보복을 막았든 또 자존심으로 미국의 보복을 막았든 어쨌든 미국은 북한에 손을 대려고 하지 않는 것이 아니라 손을 대지 못하고 있다.

그들도 군사력으로 미국을 이길 수 없다는 것을 안다

나도 생각하는 것이 있다. 그러나 아무리 생각을 해도 북한으로부터 역사적으로 당해 오면서도 어쩌지 못하는 미국을 보면 확실히 미국은 북한 앞에 겁을 먹고 있는 것인지 아니면 미운 놈 좀 더 길렀다가 때가 되면 확 해치우려고 인내성을 가지고 참고 있는 것인지 아리송하다. 물론 미국이 고난도의 정치를 하는 것만은 사실이다. 그런가 하면 북한도 미국의 고난도 정치에 맞서 고난도 정치를 하는 것도 사실이다. 때문에 김일성이 살아 있을 때 "미국은 군사대국이고, 일본을 경제 대국이고, 우리 조선(북한)은 정치 대국이다."라고 말한 적이 있다.

내가 북한에 있을 때 인민무력부 작전국 장교들과 술도 같이 많이 마셨다. 그들의 말에 의하면 미국과 군사적으로 서로 전쟁을 한다는 것은 달걀로 바위돌을 치는 것이나 다름이 없다고 사실을 사실대로 이야기하는 것을 들은 적이 한 두 번이 아니다. 그렇다면 과연 김정일은 그것을 모르고 있을까? 직접적으로 현대전의 작전전술상 상식으로는 모르고 있어도 육감으로는 알고 있을 것이다. 그것을 알고 있기 때문에 사상을 더욱더 주창하는 것이다. 사상을 주창하는 김정일 앞에 미국과 싸워서 우리가 이기지 못한다고 사실을 보고할 사람이 북한에는 없다. 싸워서 안 될 것을 알면서도 싸우면 무조건 최고 사령관 동지를 위해 목숨을 바쳐 지킨다고 맹세를 다지는 것이 북한의 무장력이다.

평양의 대공 방어 임무를 수행하는 평양 고사포 병 사령부에서 진행하는 작전 전술 연구 토론회에 참가한 적이 있었다. 여기서 토론된 기본 의제가 미국의 토마호크 순항 미사일로부터 평양의 대공을 어떻게 방어하겠는가 하는 문제였다. 한다하는 작전가들이 어떻게 토마호크를 막아야 하겠는지 전혀 작전 전술안을 돌출해 내지 못하는 것을 보았다. 한 단계 더 올라가 무력부 작전전술 연구 토론회의에서도 토마호크를 막을 전술적 아이디어가 없다는 것이다.

그러나 충성심이 문제가 되기 때문에 공군 사령관은 비행대로 토마호크를 막는다고 하고, 고사포 사령관은 고사포 화력으로 토마호크를 막는다고 하고, 미사일 사령관은 미사일로 막는다고 하고, 기타 일반병종 사령관은 저격무기 화력을 가지고도 토마호크를 막겠다고 호언 장담한다. 그렇지 않으면 충성심이 없는 것으로 표현되기 때문에 못할 것도 하겠다고 해야 한다. 현대전의 전쟁 역사를 종합해 놓고 볼 때 중동의 어느 한 전쟁에서 미국의 토마호크를 고사포 화력으로 한두 발 요격했다는 자료는 있다. 그렇다고 해서 그것이 토마호크를 막을 수 있는 과학적이며 절대적인 전술은 아니다.

여기서 우리가 좌로나 우로 치우치지 말고 알아야 할 것은 아무리 군사 실무적 작전가들보다 군사를 잘 모르는 김정일이지만 철저하게 호전분자라는 사실이다. 그 때문에 그들은 남조선을 해방하는 데 필요한 것이 핵이라면 핵도 가져야 한다는 세계관을 확실히 가지고 있다. 핵도 가지고 있어야 한다는 호전분자들에게 탱크나 미사일, 화학탄 같은 것은 눈에 보이지도 않거니와 가령 보인다고 하여도 만족할 수 없을 것이다.

필자가 북한에 있을 때 인민무력부에서 남조선을 해방하려면 현대전의 특성과 역량상 대비로 볼 때 어떤 부대가 있어야 하고 어떤 무기가 반드시 있어야 한다는 문제를 김정일에게 보고하면 북한은 당장은 무기가 없어도 그런 부대를 조직하고 본다. 그리고 가급적이면 최대한 수입을 하든지 자체로 만들든지 필요한 무기를 조달하는 것이 그들이다. 우리 대한민국과 같이 예산을 먼저 타산하는 것이 아니다. 무조건 부대를 편성해 놓고 그 부대의 장비에 필요한 예산은 이미 편성되었던 인민경제 예산에서도 빼돌리는 것이 그들의 무력 건설 원칙이다. 그러므로 북한은 부대는 있지만 무기는 없는 부대들도 있다.

북한에 준 5억 달러는 어디에 쓰였을까?

오늘 북한의 경제가 완전히 파산된 근본 원인이 바로 첫째로는 우상 숭배를 위한 경제 예산을 아무 때이고 김정일의 말 한마디에 빼돌린 데 있으며, 그와 같은 방법으로 무력 건설도 군 건설 예산 외에 마구 빼돌린 데 있다. 그 다음은 사회주의 경제건설의 고질적인 모순에 있다고 보아야 한다. 그러니 김일성과 김정일의 머릿속에서는 돈만 있으면 군대와 무기부터 생각했다. 그런 그들에게 김대중이 준 5억 달러의 돈이 얼마나 중요하였겠는가 하는 것은 너무나도 뻔한 사실이다.

북한에 준 5억 달러가 핵을 만드는 데 쓰여졌다는 근거가 없다고 그때 그 사람들은 말하고 있지만 북한으로 갔다는 자체가 명백한 근거로 되는 것이다. 그래서 "당이 결심하면 우리는 한다."라는 구호가 군대에서 나왔다. 참여 정부의 국무총리였던 사람이 TV에 나와 대한민국이 북한에 준 돈으로 핵을 만들었다는 근거는 없다고 이야기하는 것을 들었다. 돈은 올라갔는데 인민들의 굶주림은 해결되지 않았고, 경제도 회생되는 것이 없었다. 그런데 돈이 없어서 만들지 못하던 핵은 만들어졌다. 이것이면 근거가 되는 것이지 무슨 근거가 더 필요한가? 그 국무총리였던 분은 김정일의 결제 문건을 보고서야 핵을 만드는데 돈이 쓰여졌다는 것을 인정하려고 하는 모양이다.

그들은 남조선을 해방하기 위한 현대전에 필요한 무기를 상상하고 있지만 미국과 일본 나아가 전 세계를 대상하지 않고서는 안 된다는 것까지 타산하여 국방건설을 추진하고 있다. 이것은 현실이기도 하거니와 6.25의 쓰라린 그들의 교훈이기도 하다. 때문에 국제적으로 법제화가 어떻게 되었든 미국과 일본 제2의 6.25 발생 시 또다시 유엔군이 이 한반도에 투입된다면 전 세계와의 싸움을 각오한 이상 살상무기라고만 하면 대량이든 소량이든 화학탄이든 원자탄이든 상관할 바가 아닌 그들이다. 핵보다 더 큰 무기가 있다면 그것까지도 무장하겠다고 하는 그들이다. 그렇지 않아도 최근 이명박 정부에 들어와서 지난 좌파정부들과 달리 군기를 세우는 차원에서 매일과 같이 위협 공갈을 하고 있다. 그 위협 공갈 안에 핵보다 더 위력한 것이 있다고 떠들고 있다. 대한민국 국민들이 될 수 있으면 전쟁을 하지 않으려고 하고 있다는 것을 북한은 알고 있다. 그것을 마치 나약성과 비겁성으로 생각하고 있는 것 같은데 북한은 앞으로는 그러지 않았으면 좋겠다. 북한의 무장력을 잘 알고 있는 사람들이 지금 여기에 있다. 대한민국 국민들을 위협하며 자기들의 입맛에 맞게 주물러 보려고 애쓰고 있지만 절대로 그렇게는 안 될 것이다.

핵 문제와 6자 회담의 미로

2006년 10월 북한이 핵 실험을 하였다는 보도를 들었을 때 미국과 대한민국, 전 세계는 어떻게 생각하였는지는 모르겠으나, 김정일의 숨결까지도 세어 볼 수 있는 우리들은 별로 놀랄 것이 없었다. 이미 이런 날이 올 것이라는 것을 너무나도 잘 알고 있었고 기정사실화 하고 있었다. 물론 이와 같은 정보에 대해서 그 분야에서 근무했던 많은 탈북자들이 빠짐없이 정보를 대한민국 정부에 알려 주었다. 그러나 국민의 정부나 참여정부는 놀라지 않았고 우리들의 말을 들으려고 하지 않았다. 그러니 그날이 온 것이다. 이제 조금 있으면 '당해 보아야 그때 그 사람들(탈북자)이 이야기한 것이 맞았구나!' 하겠지만 그때는 이미 때가 늦었다는 것을 알아야 한다.

현재 북한의 핵 문제는 절대로 폐기시킬 수 없다. 북한의 핵 문제를 해결한다는 것은 본질에 있어서 김정일 정권을 종식시키지 않고서는 의미가 없다. 북한의 핵 폐기와 김정일의 운명은 일치되어 있다고 보아도 과언이 아니다. 물론 김정일이 죽은 다음에 차기 정권이 북한 혁명의 성격과 임무를 어떻게 규정하는가에 달려 있겠지만 김정일 정권의 종식은 북한 변화의 출발점이며 새 시대를 맞이할 여명으로 될 것이다. 그러나 이미 그 전에 없앴어야 할 것인데 적절한 때를 놓쳤다. 이 세상을 다 준다고 해도 북한은 핵을 없애지 않을 것이다.

밤낮 북한의 핵문제를 놓고 외교관들이 이 나라 저 나라 오고가면서 회담하는 것, 또 6자 회담을 백 번 천 번 한다고 해도 쓸데없이 회담을 위한 회담밖에는 안 될 것이다. 필자는 북한을 제외한 다섯 개 나라가 과연 북한이 핵을 포기할 수 있다고 생각하고 저렇게 돈을 써가면서 모여 않는지 묻고 싶다. 북한을 어느 정도 안다면 그들도 북한이 핵을 절대로 포기하지 않는다는 것을 알 것이다. 그런데도 저렇게 모여 않는 것을 보면 정치가들이란 참 파렴치하다는 것을 다시 한 번 더 알게 된다. 미국이라는 나라가 명분을 얻자고 하는 것 같은데 미국이 생각하는 것처럼 절대로 안 될 것이다. 미국은 이제라도 다른 대책을 세우는 것이 더 효과적일 것이다.

그 와중에도 북한은 더 많은 핵무기를 만들어 낼 것이다. 중국에서 여섯 개 나라가 모여 앉아 이러쿵저러쿵 하는 시간은 북한에게 핵무기를 더 많이 만들어 내는 시간을 보장해 주는 것과 다름이 없다.

미국에 필요한 핵무기, 일본에 필요한 핵무기, 남침을 했을 때 대한민국에 증강될 유엔군 즉 다국적 무력을 공중과 해상에서 타격할 핵무기, 또 대한민국에 군대를 파견한 그 나라 본토 수뇌부를 타격할 핵무기 등 온 세상과 싸울 수 있는 핵무기를 만들 것이다. 그래서 김정일은 온 세상이 우리의 적이라고 했고, 이미 오래 전에 조선이 없는 지구는 있을 수 없다. 즉 지구를 깨버리겠다고 김정일이 호언한 적이 있는데 바로 오늘을 위한 것이었다. 핵을 폐기할 것 같으면 왜 그들이 허리띠를 졸라매고 핵을 만들었겠는가?

만일 미국과 한국을 비롯한 주변국들이 북한이 요구하는 것을 다 줄 테니 핵을 없애라고 조건을 제기한다면 그 조건이 무엇인가 하는 것이 중요하다. 지금 북한이 요구하고 있는 것, 즉 체제 안전보장을 비롯하여 북한이 생각하고 있지 않는 것까지도 다 준다고 한다면 김정일은 핵을 포기하겠다고 나올 수 있다. 그러나 우리는 그것을 알아야 한다. 국제원자력기구에서 북한에 들어가 사찰도 하고 또 핵 프로그램을 사찰 및 검증 가능한 조건하에서 폐기한다고 해도 북한은 모든 것을 감추어 놓을 것이다. 아무리 사찰한다고 해도 북한 땅을 다 뒤집어 볼 수도 없고 그렇지 않아도 북한은 지하 구조물이 너무 많아 땅속이 텅 빈 곳이나 다름이 없는데 감추어 놓으면 어디에 가서 어떻게 찾는단 말인가?

이렇게 말하면 정보 분야나 전문분야에서 일하는 전문가들, 특히 핵 기술자들은 절대로 그럴 수 없다고 말할 것이다. 한 때 북한이 국제원자력기구에서 탈퇴하기 전에 한 번 사찰을 받은 적이 있다. 바로 그때에도 그랬던 것을 우리들은 잘 알고 있다. 그래서 자신 있게 말하는 것이다. 지금은 북한의 핵 문제를 놓고 중국에서 하던 회담이 중단된 상태이지만 심심하면 또 모여 앉아 회담을 할 것이다. 필자는 김정일과 북한의 숨결을 잘 아는 조건 하에서 자신 있게 이야기한다. 백 번 천 번 회담을 해야 북한의 핵은 없앨 수 없다. 미국을 비롯한 주변국들은 북한에 무엇을 주면 주었지 핵은 없애지 못한다는 것을 알아야 한다. 자꾸 모여 앉아 회담을 하다 보면 무슨 좋은 결론이 나올 것이라 막연하게 기대하고 있다면 그 자체가 아직 북한을 잘 모르고 있다는 것이다. 알고도 계속 회담을 한다면 회담장 자체가 각국의 이해관계에 따라 파렴치한 정치가들의 쇼에 불과한 형식주의 잡담장이나 다름이 없을 것이다.

일이 되려면 이미 만들어져 있는 핵탄, 비축되어 있는 플루토늄, 핵과 관련한 일체 기지 및 설비, 화학탄, 대량 살육무기 등 일체를 한꺼번에 폐기하는 문제를 제기하고 회담을 벌려야 한다. 이렇게 되면 북한으로서는 너무나도 엄청난 문제이기 때문에 회담 자체가 안 될 수 있다. 그러나 그들을 벼랑 끝에 몰아놓고 한 발자국도 물러서지 말아야 한다. 이렇게 되면 북한은 물러나게 되어 있다. 단계별로 무엇을 폐기하면 무엇을 주고, 또 무엇을 폐기하면 무엇을 주고, 거기에다 주지 못해 안달이 났던 지난 좌파정부들에서 이미 주고 있던 쌀, 비료, 경공업원료 등 이 모든 것이 북한의 핵실험과 관련하여 국민들의 민심 때문에 중단되었던 것을 차근차근 다시 올려 보내 주었기 때문에 북한으로서는 '바로 그것이야! 이렇게 되는 것이 김정일의 위대성이야!'라고 하면서 죽지 않고 계속 살아 있는 것이다. 보나마나 회담을 할 때마다 미국과 한국은 북한에 질 것이다. 지금까지 이미 이긴 적은 한 번도 없으며, 앞으로도 미국과 한국의 정신 상태를 가지고서는 이길 수 없다.

김정일은 절대로 서울에 오지 않는다

필자는 김대중 전 대통령이 평양에 가서 김정일과 약속을 하고 김정일과의 제 2차 정상회담을 서울에서 한다고 하였을 때에도 김정일은 절대로 서울에 오지 않는다고 단언했고 정치권을 비롯한 여러 곳에서 강연하면서 자신 있게 이야기하였다. 그랬더니 어떤 사람들은 '대통령끼리 서로 약속을 한 것인데 당신이 어떻게 그렇게 이야기할 수 있으며 속단할 수 있는가?'라고 하면서 필자에 대해서 좋지 않게 대해 주었다. 그들은 지금도 김정일을 기다리고 있을 것이다.

결국 북한은 받을 것은 다 받고 핵은 폐기하지 않을 것이며 앞으로 더 많은 것을 요구하다가 뜻대로 안 되면 또 핵을 다시 만들겠다고 위협할 것이고 감추었던 핵을 가지고 핵을 다시 만들겠다고 할 것이다. 미국 부시 정부가 북한을 테러 지원국에서 해제하지 않자 북한은 바로 불능화 한다고 하던 모든 시스템을 다시 부활시키기 시작했다. 그러자 미국은 북한을 테러지원국에서 해제해 버렸다. 바로 북한은 이렇게 재미를 보고 있다.

　북한의 핵은 김정일 정권의 종식과 함께 운명하는 것이지 주변 국가들의 자국적 요구와 현재 정권을 잡고 있는 특히 미국, 한국, 일본의 집권자들의 정치적 이해관계에는 아무런 상관이 없다. 오히려 북한이 이용해 먹을 것이다. 부시 정부도 북한의 핵 때문에 미국 국민들로부터 일을 잘못한다고 평가 받기를 원치 않았을 것이고, 한국은 북한이 핵무기만 폐기 한다면 전 좌파정부가 다시 정권을 연장할 수 있는 좋은 기회로 된다는 것을 북한은 잘 알고 있다. 거기에다 정상회담까지 한다. 이렇게 되면 우리 대한민국 국민들은 다시 한 번 더 유혹을 당할 수도 있다. 그래도 우리 현명한 국민들은 전 좌파정부나 북한의 유혹에 넘어가지 않았다.

　대한민국의 어떤 사람들, 즉 김정일의 편을 들지 못해 안달이 난 사람들은 미국의 부시 대통령이 북한에 대한 강경 정책을 썼기 때문에 북한은 할 수 없이 자위적 조치로 인하여 불가피하게 핵을 만들 수밖에 없었다는 식으로 북한 핵무장화의 정당성을 북한의 입장에서서 대변했다. 이것은 이미 그런 사람들의 사상이 다른 데로 가 있기 때문에 무조건 북한을 변호하는 문제가 있다. 이들의 입장에서 북한은 다 옳고 다 정당하며 미국은 다 나쁜 것이다.

　이런 사람들에게 하고 싶은 이야기가 하나 있다. 즉 북한이 핵무기를 만들어야 하겠다고 한 김일성의 교시로부터 시작하여 핵무장화의 역사를 좀 공부하라는 것이다. 미국의 부시 전 대통령이 지금 몇 살인지는 모르겠지만 부시의 유년 소년 어린 시절부터 북한은 핵을 만들기 위해 애써 왔으며 미국과 핵을 만들지 않겠다고 약속을 하고 미국으로부터 해당한 경제적 지원을 받으면서도 내적으로 몰래 핵을 만들었다. 우리는 그것을 알고 있었고 그것을 대한민국에 알려준 사람들이다. 김일성은 기회가 있을 때마다 "우리(북한)는 핵을 만들 의사도 없고 핵을 만들 기술과 힘도 없다."고 자주 말하였다. 그러면서도 핵무장화의 야망을 가지고 뒤에서는 계속 핵무장화를 추진해 와서 오늘에 이르렀다. 여기에 김정일은 핵을 가지고 조국 통일을 한다고 호언하고 있다.

어떤 사람들은 북한의 김일성은 이 한반도에 비핵화를 하려고 하였고 또 한반도의 비핵화는 김일성의 생전의 유훈이라고도 한다. 북한은 김일성의 유훈이면 철저히 관철하는 집단이기 때문에 현재 핵을 포기할 수 있다고까지 낙관하고 있다. 이런 철없는 소리는 북한을 잘 아는 우리들 앞에서는 하지 않았으면 좋겠다. 이런 사람들은 북한의 안보, 체제, 경제를 도와주어 그들을 살려 주어야 그들이 핵을 포기할 것이라고 한다. 누가 북한의 안보를 위협하는가? 또 북한의 체제 위협과 붕괴는 그 체제 자체의 내부 모순에 의하여 자체로 발생하는 것이다.

김정일 체제 유지 때문에…

북한의 경제는 무엇 때문에 공짜로 도와주어야 한단 말인가? 인도적인 문제는 제외하고 어느 나라나 경제는 누가 도와주어서 발전시키는 것이 아니다. 한국만 보더라도 한국 국민들 자체가 한강의 기적을 창조했다. 물론 도와주고 도움을 받는 것도 있지만 그것은 절대적인 것이 아니며 설사 그렇다 하더라도 그것을 기초로 하여 자국 내의 경제를 발전시키는 것이다.

그러나 북한을 경제적으로 도와주어야 한다는 자들은 무조건 북한을 도와주어야 한다는 것인데 북한은 자체로 얼마든지 경제를 발전시킬 수 있는 객관적인 조건은 충분하다. 북한의 경제가 공황에서 헤매는 이유는 단 한 가지 북한의 정치 및 경제의 시스템에 있다. 그리고 김정일의 직무유기에 있는 것이며 이것을 해결하지 않은 조건하에서 경제를 도와주면 오늘 하루는 북한 사람들이 배를 골치 않고 배불리 먹을 수 있지만 내일은 또 굶어야 할 것이다. 그럴 때마다 또 도와주어야 하며 이렇게 하는 것의 끝은 어디인가? 오늘의 이러한 현실을 같다준 원인을 알아야 하며 그 원인을 수술하면 북한의 경제문제와 함께 핵문제도 해결될 수 있다. 그 원인이 바로 김정일의 독재 정치에 있다.

북한에 한 번 갔다 온 사람들은 북한 사람들의 말을 듣고 와서 북한에 가기 전에 가지고 있던 북한에 대한 생각이 완전히 달라진 사람들을 많이 보았다. 북한노동당에서는 그런 재간이 참 좋다. 원래 진실 되게 일하는 사람들은 재간이 얼마 없다. 왜냐하면 진실 그대로이면 되니까. 그러나 진실을 가리는 위선자들은 그것을 위선으로 감싸기 위한 재간을 부려야 하기 때문에 겉으로 보기에는 진실은 가려지고 진실이 아닌 것이 진실처럼 보이게 만들어 놓는다. 바로 북한은 역사적으로 그렇게 살아 왔기 때문에 참 재간이 좋다. 거기에 북한을 방문한 모든 사람들이 슬슬 넘어간다. 넘어간 다음에는 늘 북한편이 될 뿐 아니라 북한의 대변자가 된다. 바로 노무현 전 대통령이 그런 사람이었다.

이제 북한은 핵보유국으로서의 미국과 동등한 입장에서 미국과 한국을 무던히도 괴롭힐 것이다. 정치적인 문제든, 경제적인 문제든, 군사적인 문제든, 북한의 요구대로 안 되면 힘의 논리로도 나올 것이다. 그렇지 않아도 질질 끌려 다니던 정부가 끝이 나고 새로 이명박 정부가 들어섰지만 원래 전 좌파정부들이 북한에 길을 잘 못 들여 놓았기 때문에 어떻게 할 것인지 걱정이 아닐 수 없다. 북한은 대한민국을 통째로 갖다 바쳐도 포용할 수 없는 존재들이라는 것도 이미 우리가 전 좌파정부에 다 이야기했다. 그런데도 전 좌파정부는 말을 안 듣고 고집대로 했다. 탈북자들의 말뿐만 아니라 대한민국의 국민들의 말도 안 들었다. 이제 당근도 채찍도 필요 없다.

북한은 우선 첫째로 핵을 가지고 대한민국의 안보까지 책임지고 있으니 우리에게 국방비를 요구할 수도 있고, 대한민국에 자동차가 많아 공해가 심하니 그 심한 공해의 영향 하에 북한도 있으니 공기오염을 정화시킬 돈도 우리보고 내라고 할 수도 있을 것이다. 비근하고 말도 안 되는 이야기를 여기에다 쓰지만 말도 안 되는 사람들이 바로 북한이라는 것이다.

북한의 핵을 폐기시키지 못하면 세계 핵무장 및 핵억제의 질서가 무너질 것은 시간문제이다. 먼저 일본이 민감하게 반응할 것이다. 일본은 한국과 다른 어느 세계 어느 나라들보다 핵을 대하는 감정이 다르다. 원래 민족성이 강한데다가 핵을 한 번 맞아본 사람들이라 예민하기 그지없다. 일본이 핵무장을 한다면 사실 심각한 문제이다. 이미 중국은 핵을 가지고 있고 일본까지 핵을 무장하면 중국, 일본, 북한 이렇게 주변국들이 핵보유국인데 그 중간에 끼어 있는 우리 한국도 가만히 있을 수가 없을 것이고 대만도 보고만 있지는 않을 것이다. 그렇지 않아도 북한의 영향 하에 이란, 시리아 등 많은 나라들이 핵무장화의 길을 걷고 있다. 그런 나라들에게 북한은 모델이 되었으며 돈만 준다면 북한은 테러 집단들에게도 핵무기를 넘길 수도 있다.

미국은 4일이면 북한을 초토화시킬 수 있다

그러면 어떻게 해야 한단 말인가? 좋기는 미국이 단칼에 북한을 초토화시키면 된다. 미국이 북한에 대한 무력적 힘을 강행한다면 북한은 남한에 대한 군사적 침략을 감행할 것이라고 많은 사람들이 생각한다. 그러면 원하든 원하지 않든 전면전쟁이 일어날 것이고 쌍방 간에 많은 유생역량과 물적 손실을 가져 올 것이다. 그러나 필자가 주장하는 미국에 의한 북한의 초토화 작전은 한국의 손실을 최소화하는 것을 전제로 하는 것을 말한다. 예를 들면 북한에 의한 대한민국의 손실은 북한군 제1제대 군단 및 사단들의 사거리 한계 내에 배치된 장사포들의 화력과 종심에 배치된 미사일 화력일 것이다. 이것을 먼저 제압하면서 초토화 작전에 들어가면 얼마든지 가능하다. 북한의 장사포 화력과 미사일 화력을 진압하면 다음으로 위험한 무기가 화학탄과 공군력이다. 그 다음은 북한의 특전사들과 해군인데 이것은 대한민국의 현재 무력을 가지고도 얼마든지 맞설 수 있다. 사실상 북한은 장사포 화력과 미사일 화력이 진압되면 지상군 보병에 대해 대한민국을 향하여 '돌격 앞으로!'라고 명령을 내릴 수 없게 된다. 그러면 이러한 작전은 사실상 가능한가? 미국의 화력이면 얼마든지 가능하다. 정보력과 앞선 시간의 장악과 미국 정부와 미국 군인들의 정신 상태에 달려 있다. 북한의 전반적 무력과 영토에 대한 초토화는 미국의 화력을 가지고서는 4일간이면 자신 있다.

첫날에는 북한군 제1제대 장사 포진지들과 종심에 배치된 미사일 진지들과 공군 비행장들의 활주로 타격, 군항들에 대한 타격, 동시에 견제함이 없이 일거에 12시간만 타격하면 된다. 타격개시 시간은 밤 12시부터 낮 12시까지 해야 한다. 비행대 타격과 토마호크 미사일 타격을 배합해야 한다. 정확한 좌표에 의한 명중타격을 기본으로 해야 한다. 이렇게 첫날에 북한의 장거리 타격을 위한 일체 화력수단이 완전히 무력화 될 때까지 화력타격의 밀도, 긴장도, 정확성이 보장되어야 한다. 이렇게만 된다면 북한이 가지고 있는 화학탄과 핵탄도 동시에 무력화 된다. 화학탄과 핵탄 자체가 무력화가 안 된다고 해도 그를 운반할 수 있는 탄과 비행대가 없기 때문에(비행대가 없다는 것은 모든 공군 비행장들의 활주로를 다 파괴한 것을 말함) 무력화나 다름이 없다. 물론 핵탄두와 화학탄을 저장하고 있는 특수 비밀 병참

고의 좌표를 알고 있다면 직접 타격을 하여 무력화시키면 그것은 더할 나위 없이 좋다.

그 다음은 12시간을 쉬었다가 둘째 날의 타격을 시작한다. 12시간의 시간을 북한에 주는 것은 비상대책을 세우라는 것이다. 국방위원회가 조직될 것이고 1차 타격에서 손실을 보지 않은 화력무기들이 모두 다 밖으로 나올 것이다. 그리고 하여튼 난리에 난리가 날 것이다. 그렇다고 해서 그 시간에 대한민국을 향한 반 타격을 절대로 개시할 수 없다. 1차 타격으로 인한 북한의 대량살육무기의 무력화는 전면전쟁으로 넘어갈 수 있는 잠재적 역량은 없는 것으로 보아도 된다.

둘째의 타격대상은 군사적 대상물이 아닌 만수대 김일성의 동상으로부터 시작하여 금수산 기념궁전에 있는 김일성의 시신 그리고 평양시 구역들과 도 소재지들에 건설된 김일성의 동상 그리고 현지교시 대상들과 연구실, 사적관 등 우상 숭배의 자그마한 요소들도 용서하지 말고 완전히 잿더미로 만들어야 한다. 이렇게 될 때 우상숭배의 우상들을 살아 있는 신처럼 믿었던 북한의 영혼들에게 김일성이나 김정일은 아무것도 아니라는 새로운 인식을 줄 수 있다. 영혼 속에 자리 잡았던 신이 맥을 추지 못하고 무너질 때 북한의 당원들과 근로자들은 다른 사람들로 변할 것이다. 정신적 무장력이 무력화 되는 것이다. 우상숭배물들을 군사적 대상물이 아니라 평화적 대상물이라고 생각한다면 애당초 북한을 초토화시킬 군사작전을 시작하지 않는 것이 좋을 것이다.

그 다음 12시간을 쉬었다가 또 3일째 타격을 개시한다. 3일째 타격의 대상은 북한과 중국, 북한과 러시아와 연결된 도로와 철길, 교량들을 파괴하는 동시에 북한의 주요 도로, 교량, 항만, 수뇌부의 심장들을 타격한다. 물론 이쯤 되면 유생역량들과 당 및 정권기관, 무력기관, 치안기관들은 갱도에 다 들어간 상태가 될 것이다. 한편 중국에서 북한으로 연결된 송유관을 잊지 말고 타격해야 한다. 또 잊지 말아야 할 것은 일체의 발전소, 통신망, 급수망들을 복구할 수 없을 정도로 타격해야 한다.

다음 12시간을 쉬었다가 제 4일째 타격을 또 개시한다. 4일째 타격대상은 군수공장들과 무력부 및 군단 사단들에 가지고 있는 보급창고들과 특히 포탄 및 탄약고들과 연유 창들을 빠짐없이 타격해야 한다. 이렇게 4일간의 타격을 끝내고 나면 모든 문제가 다 해결되었다고 보기에는 아직도 멀었다. 즉 북한은 특수한 갱도가 많으므로 유생역량(특수전 부대 포함), 지상군의 탱크를 비롯한 운전기재들, 야전 중화기들은 그대로 살아 있을 수 있다. 그리고 파괴된 비행장 및 항만, 도로, 교량들, 후송로들을 복구하기 위한 전 당적, 전 민적, 전 군적인 노동력들이 동원될 수 있다. 때문에 4일 간의 4차에 거치는 타격은 끝났지만 해당 목표에 대한 간헐적이고 직접 조준에 의한 명중 타격은 계속되어야 한다.

이렇게만 된다면 북한은 미국의 초토화 작전에 전면전쟁으로 나올 수가 없게 되어 있다. 꿈같은 이야기인 것 같지만 이런 꿈같은 이야기가 사실상은 현실성이 있고 성공할 수 있는 전략과 전술이다. 그러나 현실은 미국도 한국도 이 방법을 좋아할 사람이 없으며, 가급적이면 피하려고 한다. 그러므로 북한이 먼저 선제공격을 가하지 않는다면 또 미국이 군사적 행동을 할 수 있는 명분이 확실하지 않는 한 가능성은 희박한 것이다.

북한 핵 폐기는 이렇게…

북한 핵을 폐기시키기 위한 중요한 방법은 북한을 완전히 고립무원하게 무시해 버리는 것이다. 시간은 좀 걸릴 수 있겠지만 유엔 안보리 결정에 따라 북한을 정치, 경제, 군사적으로 진공 상태에서 압축하고 완전히 무시해 버린다. 사실 무시하는 것은 군사적 타격보다 더 효력이 있을 수 있다. 온 세계가 하나 같이 북한과의 외교관계 단절, 무역관계 단절, 즉 이 세상에 북한이라는 존재가 있는지 없는지 아예 누구도 관심을 가지지 않는 것이다. 결국 북한은 질식 상태에 들어가게 될 것이고 그러면 외부로부터의 새로운 공기를 공급받지 않으면 살 수 없게 될 때 북한 자체 내에서의 변화가 있을 수 있다. 진공 상태에서 숨이 막혀 죽겠는데 가만히 있을 사람이 누가 있겠는가? 바람직한 문제라고 생각한다. 김정일은 자기를 알아주지 않고 무시할 때 제일 괴로워하는 사람이다. 지금 뇌가 고장 난 것도 그런 차원에서 아마 고장 났을 것이다.

그런데 이 문제도 그렇게 만만치 않은 문제이다. 이 세상에는 지리적 조건과 정치적인 이해관계로 인하여 친북적인 국가들이 있기 대문이다. 특히 중국과 러시아는 소극적일 수 있고 또 북한과 친한 중동과 아프리카, 남미의 일부 나라들도 소극적일 수도 있다. 이와 함께 유엔의 통제가 심화되면 북한은 유엔에서 탈퇴한다는 초강수를 쓸 수도 있다. 얼마든지 그렇게 할 수 있는 집단이다.

그러나 현재 상태에서는 북한을 봉쇄하고 무시하는 정책이 제일 효과적일 것이다. 이 문제에 이명박 정부가 지혜롭게 동참하는 문제가 중요하다. 우리나라에 앞으로 좌파 정권이 들어서든, 우파 정권이 들어서든, 중도 정권이 들어서든 김정일이 호흡을 맞추어 줄 정권은 없으니 집권당과 정권의 정체성에 관계없이 김정일 정권을 하루 빨리 종식시키는 것이 한국 정부로도 좋은 것이다. 최근에 미국이 북한의 끈질긴 벼랑 끝 전술에 밀려 테러지원국 명단에서 북한을 해제했다. 그렇다고 해서 변할 것은 별반 없다. 이미 전 세계적으로 북한의 이미지가 그렇기 때문이다. 바로 테러국가로서 영원히 남게 하는 것이다.

미국과의 운명적 관계

북한은 미국과의 관계를 운명적 관계로 보고 있다. 만일 이 세상에 미국이 없었다면 북한은 벌써 붕괴되었을 것이다. 북한은 내부 결속과 경제의 파탄, 자유와 민주주의 억압, 인권 탄압과 종교의 무권리, 이 모든 것이 미국 때문이라고 인민들을 기만해 왔다. 북한의 인민들은 고난의 행군도 미국 때문이라고 인식하고 있다. 그러니 미국 때문에 체제도 유지되고, 미국 때문에 자유도 억압되고, 미국 때문에 인권이 유린되는 것으로 당연하게 생각한다. 미국을 때려 부수기 전에는 참아야 한다는 것이다. 이 세상에 미국만 없다면 북한은 당장에 이상사회가 오는 것처럼 생각하고 있다. 그러니 김정일은 사실상 미국 때문에 체제가 유지되고 독재가 인민들 속에 정당한 것으로 받아들여지게 되었으니 미국에게 감사해야 하는 것이다.

북한의 철학으로 볼 때 북한의 모든 당원들과 근로자들을 김정일을 비롯한 당의 테두리에 철통같이 묶어 세우고 조선혁명을 사랑하고 조선혁명을 위해서는 목숨도 서슴없이 바치는 것을 영광스러운 일로 인식할 수 있도록 만들려면 반드시 미워하고 증오해야 할 대상이 있어야 한다. 북한은 그 대상을 미국으로 선택했다. 그러니 미국은 김정일이 체제를 유지하는 데 도구로 사용되고 있다. 이런 논리로 볼 때 미국은 북한에 좋은 일을 하고 있으며 김정일 체제를 보장해 주는 아주 좋은 국가로 되어 있다. 역사적으로 볼 때, 지금의 현실적 문제를 냉철하게 분석하여 보면 미국은 북한에게 이긴 적이 없다. 그렇다면 미국은 북한에게 진 것이나 다름이 없고 현재도 앞으로도 패배의 역사를 계속 기록해 나아갈 것이다.

솔직히 말해서 나는 북한에서 배운 대로라면 미국은 푸른 베레모 특수전 부대를 빼놓고는 모두 비겁분자라고 배웠다. 그것이 사실로 인정됨을 어찌할 수 없다. 미국까지도 어찌하지 못하는 북한을 한국 정부가 어찌하겠는가? 그러니 북한은 미국에게 종국적으로는 패하겠지만 지금까지는 북한이 이겼다고 보아야 할 것이다. 미국은 북한이 말한 대로 침략자이며 음흉하고 파렴치한 승냥이며 세계 헌병임을 다시 한 번 더 확신할 수 있다. 만일 그렇지 않다면 미국은 북한에 침략한 적도 없으면서 침략자라는 말을 듣는데 대해서 북한에게 따져야 한다. 또 미국이 북한을 핵으로 공격하겠다고 했기 때문에 자위적 조치를 위해 핵을 보유하지 않을 수 없었다는 북한에게 핵으로 공격을 하겠다고 한 적인 없으면 이제라도 따지고 그 책임을 북한에게 묻고 그 값을 치르도록 해야 할 것이다. 한편 악의 축이기 때문에 핵으로 공격하겠다고 말한 적이 있으면 핵으로 공격을 하든가, 그렇지 않으면 이번에도 북한에게 패 했다고 인정하고 백기를 들던가 해야 한다. 내가 전 북한군 장교였기 때문에 무슨 자존심을 가지고 쓰는 것이 아니다. 객관적인 사실과 미국에 대한 기대가 이렇게 실망으로 돌아 올 줄은 몰랐다는 데 대해서 그대로 쓰고 있다.

결국 미국의 대북한 정책은 실패했으며 그 정책의 실패는 북한의 체제를 붕괴시킬 수 없다는 결론과 함께 김일성이 생존해 있을 때 이야기한 것처럼 북한은 확실히 정치의 대국이라고밖에 말할 수가 없다. 미국이 북한의 인권문제를 거론하고 일부 탈북자들을 받아들였다고 해서 그것으로 북한 체제를 내부로부터 어떻게 해 보려고 생각한다면 그 역시 오판이고 북한을 몰라도 한참 모르는 미국이라고밖에 볼 수 없다. 미국도 탈북자들의 말을 잘 들어야 한다. 솔직히 말해서 미국이 첨단화된 첩보의 시스템이 있는 것만은 사실이나 첩보의 시스템과 사람은 다르다.

미국도 좀 더 겸손하고 허심탄회했으면 좋겠다. 미국이 얼마나 어설픈 나라인가 하면 북한의 인권문제를 논할 때마다 반드시 정치범 수용소에 감금되어 있던 사람들만의 인권문제를 논할 수 있는 대상으로 본다. 물론 그들은 직접적 피해자들로서 처참했던 수용소 수용 기간의 어려웠던 체험들에 대해서 얼마든지 증언할 수 있는 귀중한 증언자들임은 틀림없다. 그러나 북한 정부의 인권정책과 그 정책을 추구하게 되어 있는 북한의 인권철학 그로부터 가지게 되는 북한의 인권가치관 즉 사회과학적 측면에서 보편적 진리와 심히 어긋나는 북한의 반진리적 인권정책에 대하여 상부 구조적 논리를 가지고 파헤칠 수 있는 대상들에 대해서는 믿어 주지 않는 것이 문제이다. 왜냐하면 북한에서 수용소 출신이 아니면 국가적 차원에서 간부로 있었기 때문에 믿을 수 없다. 그렇게 문제를 보는 것 같다. 즉 북한에서 간부나 엘리트로 있었기 때문에 변할 수 없는 사람들이며 이것은 미국 땅에서의 테러적 차원에서 위협세력으로 보는 것 같다. 때문에 정치범 수용소 수용생들은 미국 입국의 비자를 발급하여도 북한에서 간부나 엘리트로 근무한 사람들에 대해서는 미국의 특별한 인권가들의 보증이 없는 한 정상적인 비자 발급의 절차를 통하여서는 비자 발급을 불허하고 있다. 뿐만 아니라 제 3국에 있던 탈북자들을 미국으로 받아들일 때에도 엘리트로 있던 사람들은 받아 주지 않고, 수용소를 비롯하여 북한식으로 말하면 출신성분이 복잡한 군중들에 대해서는 조건 없이 미국으로 받아 준다. 말 그대로 미국은 북한의 계급정책을 그대로 받아들여 그 원칙에 따라 탈북자들을 차별한다.

그 결과 미국은 북한에 대하여 특별한 이변이 없는 한 무력에 의한 물리적 방법도 또 경제적 압력에 의한 북한의 목조르기 방법도 성공할 수 없다는 결론을 가질 수 있다. 그런 결론밖에 다른 결론은 이 세상에 없다. 그렇게 된다면 미국은 북한과의 외교 정책방향을 강경으로부터 타협으로 돌아설 수 있다. 왜냐하면 미국은 한국은 말할 것도 없지만 북한에 대해서도 욕심이 많다. 그런데 현 정세를 보면 북한은 중국에 너무나도 깊숙이 들어간 상태이다. 중국 정부가 김정일을 아무리 미워해도 그것은 어쩔 수 없다.

미국은 김정일 정권을 붕괴시키고 될 수만 있다면 친미 혹은 중립적 차기 정권을 북한에 창출시킬 것을 내다보고 대북 정책을 펼쳐 왔다. 그것이 뜻대로 되지 않았고 부시 정부의 대북 정책에 대한 미국국민들의 평가는 높은 점수를 주지 않았다. 이러한 조건에서 북한과의 타협정책으로 방향을 전환할 수 있다. 이번에 오바마 정권의 출범은 이를 더 가속화 할 수 있다. 분명한 것은 미국을 비롯한 주변 국들 중 어느 국가도 우리 한반도의 진정한 통일을 바라고 있지 않다는 것이다.

만일 미국이 대북 정책에서 방향을 타협으로 방향을 전환한다면 북한도 나빠할 것은 없다. 미국이 대북 정책의 방향을 전환했다는 것은 벌써 북한이 미국에 한 수 이기고 들어간다는 것이기 때문에 미국은 북한에 끌려가게 되어 있다. 그러면 북한은 챙길 것은 다 챙기게 되어 있다. 북한은 대한민국 정부에 대해서는 신경을 쓰지 않는다. 아무 때나 대한민국은 자신 있다고 생각하고 있는 북한이고 미국이 끌려가는 판에 대한민국은 가만히 있어도 북한의 뜻대로 될 것이다. 만일 안 되면 핵은 이럴 때 쓰려고 만든 것인데 핵을 가지고 대한민국을 위협한다면 어찌하겠는가? 역사적으로 북한은 무력으로 대한민국을 위협해 왔고 사상적으로도 좀이 옷을 먹듯이 해 왔다. 이럴 때 미국은 대한민국과 북한을 놓치지 않고 둘 사이에서 통일을 절대로 안 된다는 입장의 외교를 할 것이다. 그렇지 않아도 북한은 미국과의 외교에서 한국은 있어도 되고 없어도 되는 존재로 여기고 있는 판이다. 북한은 미국을 배제시키고 민족공조로 주체적인 통일을 하자고 하지만 대한민국을 북한의 종속관계로 만들려는 것이 북한의 민족 공조론의 핵심이다. 그럴 때 대한민국의 운명은 어떻게 되겠는가? 북한은 미국과 중국, 러시아에 힘입어 북한식 한반도 통일을 이룩할 수도 있다. 이제부터 북한은 친중 친미 정책을 구사하고 대한민국의 보수 단체들을 비롯한 그를 정치적으로 대표하고 있는 한나라당을 완전히 소멸할 것이다. 이런 방향으로 정세가 흘러갈 수도 있다. 이렇게 보나 저렇게 보나 대한민국의 한미동맹 정책은 대단히 중요하다는 것을 다시 한 번 더 모든 국민들이 자각해야 할 것이다. 한미동맹의 원칙은 철저히 사대주의적이어서도 안 되고, 매국적이어서도 안 되며, 무조건 반미적이어서도 안 된다. 국익을 위함이라면 친미와 반미 다 함께 공존해야 한다.

북한이 핵 외교에서 당당한 이유

핵 문제로 인한 북한과의 외교는 미국이나 한국, 그리고 주변 5개국 모두가 북한을 이겨내지 못할 것이다. 그것은 북한은 사생결단한 나라이고, 다른 주변국 특히 대한민국을 비롯한 미국 자유민주주의 국가들은 정권이 계속 여야로 바뀌기 때문에 정권을 잡은 대통령과 그 정부는 임기 내에 나라의 진정한 평화가 아니라 당분간 평온을 유지하면 되는 것이고 북한을 잘못 건드려서 혹시라도 긴장상태를 조성하면 무조건 국민들은 현 집권한 정부를 신뢰하지 않으며 다음 선거 때에는 응당한 값을 받는다. 그 값이라는 것이 표를 주지 않는다는 것이다. 이런 문제로 인하여 북한과의 기 싸움에서는 미국도 대한민국도 북한에 질 수밖에 없다. 김정일은 표를 의식하지 않는 사람이며 영원한 장기 집권자로서 언제나 당당할 수밖에 없다. 지금 좌파정부로부터 이명박 정부로 바뀐 우리 대한민국이 바로 그 시험대에 오른 것이다. 여기서 이제 북한에게 밀리면 영원히 밀릴 수밖에 없다는 것을 알아야 한다. 우리 국민들도 반드시 한 번 거쳐야 하는 남북한 갈등과 모순의 상처를 치유하는 데 마음을 다 잡아먹고 일치단결해야 한다. 남북한 갈등과 모순의 상처는 지난 좌파정부가 만들어 놓은 것이다.

'무엇을 주고서라도 우리가 평안하면 되지 않겠는가?' 이렇게 생각하는 분들도 있으리라고 생각한다. 무엇을 주어서 북한에 핵이 폐기되고 이 땅에 평화가 이루어진다면 얼마나 좋겠는가? 그러나 북한은 그런 사람들이 아니다. 이것을 이해하지 못하는 것이 안타까워 필자는 이렇게 글을 쓰는 것이다. 남북한 정치와 군사적 관계가 좀 긴장될 수도 있다. 그러면 물러난 좌파 세력들이 이것을 이용해서 국민들에게 현 정부는 한반도에 평화를 추구하는 정부가 아니라고 유혹하며 비방하고 흑색 선전에 날 뛸 수도 있다. 그래도 우리 국민들은 절대로 흔들리지 말아야 한다. 이것은 우리가 꼭 거쳐야 할 길이다. 다른 곳으로 돌아갈 길은 없다. 있다면 북한이 변하면 된다. 위선이 아니라 진정으로 말이다.

북한은 이번 핵문제로 인하여 내적으로는 반미투쟁의 기치 아래 외적으로는 미국의 타협정책에 숨결을 조절하며 더욱더 결속할 것이며 그 값은 북한 인민들이 불쌍하게도 고스란히 떠안게 될 것이다.

중국과 러시아 주변국의 이해관계와 북한의 지리적 환경은 북한 체제를 붕괴시키는데 있어서 막대한 지장을 가져온다. 여기에 대해서는 남북한 모든 국민들이 이해하고 있는 문제이므로 구체적으로 서술하지 않는다.

제3부
북한은 망한다

북한이 망한다는 것은 붕괴된다는 것이다. 언제 붕괴되는가가 문제인데 이것을 놓고 많은 전문가들이 이야기들을 많이 해 왔고 지금도 하고 있다. 심지어 미국의 빌 클린턴 전 대통령의 참모들도 5년이면 붕괴될 것이라 이야기하였다고 한다. 이 글의 앞부분에서도 간단히 이야기했지만 한국의 정치가, 특히 북한전문가들도 김일성이 죽자마자 앞 다투어 북한은 3년이면 붕괴된다고 하였다. 그러나 모두 빗나갔다. 이것이 바로 북한을 모른다는 증거이다. 미국도, 한국도, 일본도, 중국도 그리고 온 세상이 북한을 모른다. 그러면서도 탈북자들이 이야기하면 좀처럼 들으려고 하지 않는다는 것에 대해서는 앞에서 여러 차례 지적했다. 충분히 이해도 간다. 살아 보지 못하고 특히 당해 보지 못하고, 손으로 만져 보지 못하고, 눈으로 보지 못하고, 귀로 들어 보지 못한 것을 어떻게 알겠는가? 그저 전문적 연구 정보 자료

로만으로는 한계가 있다. 다만 다는 몰라도 북한의 철학 하나만이라
도 잘 알면 그들(북한)의 세계관을 볼 수 있다. 앞으로 북한을 더 많
이 연구해야 한다. 그래야 북한의 붕괴 시간을 알 수 있고 또 그 시
기를 앞당길 수 있다.

1. 북한은 붕괴되며 또 붕괴되어야 한다.

북한은 원론적으로 볼 때 빨리 붕괴되어야 한다. 우선 공산주의, 특히 북한의 원론을 놓고 보면 착취와 압박이 있고 독재가 있는 곳에는 반드시 혁명이 일어나게 되어 있고, 그 혁명은 그 제도와 사상을 뒤집어엎고 새로운 제도와 사상을 창조하게 되어 있다고 한다. 비단 이것은 북한의 가치관으로 볼 때 착취계급 사회라고 하는 자본주의 나라들만을 놓고 말하는 것이지만 보편적이면서도 진리인 것만큼 철저하게 북한 사회를 뒤집어엎어야 할 가장 합당한 지침이며 원론이라고 말하고 싶다. 말하자면 그들이 내놓은 이론에 그들이 망하게 된다는 것이다.

북한은 혁명의 근본 원인이 되는 착취와 압박이 없는 사회인가? 문제를 이렇게 상정시키고 여기에 옳은 답을 해야 붕괴의 필연성을 이해할 수가 있다고 본다. 일반적으로 사회주의 제도에서 살아보지 않고 자유민주주의 체제하에서 살아온 사람들은 공산주의를 강령으로 하고 있는 사회주의 제도가 수립된 사회주의 국가들에서는 착취와 압박이 영원히 청산된 것처럼 알고 있다. 왜냐하면 착취자와 피착취자의 계급관계를 소유권에 따라 결정하기 때문이다. 필자도 북한에서 그렇게 배웠지만 그것이 옳으면 옳다고 볼 수 있다. 그 소유권이 경제의 확대재생산과 인간의 복리 증진을 위한 이윤을 창출하는데 목적이 있다면 창출된 이윤을 어떻게 이용하는가에 따라 소유권의 소유자가 착취계급이 될 수도 있고 안 될 수도 있다. 단순이 소유권을 가졌다고 하여 착취계급이 된다면 한국은 개별적인 소유권을 가지고 있는 자들이 착취계급이고, 북한은 국가가 소유권을 가지고 있으니 국가가 착취국가라는 결론을 내릴 수 있다. 국가의 소유는 곧 수령의 소유인 것만큼 북한은 수령과 국가를 착취계급으로 보아야 한다.

북한과 같이 수령이 착취자가 되고 국가가 착취국가가 되는 것이 심각한 문제이다. 이것은 제한 없는 착취와 함께 독재를 가져오기 때문이다. 공산주의자들은 착취행위를 교모하게 은폐함으로 그 나라 근로 인민들은 물론 다른 나라에서도 북한을 바라볼 때 착취의 행위가 아주 없는 나라로 비치게 하고 있다.

세계 어떤 나라든 그 나라가 국가를 운영하려면 국가를 운영할 수 있는 예산이 있어야 한다. 그 예산은 바로 국민들과 기업들이 국가에 내는 세금으로 충당한다. 그러므로 국민에게 있어서 납세는 애국이고 당연한 의무로 되어 있다. 그러나 북한은 모든 것이 국가 소유로 되어 있기 때문에 국가에 필요한 세금을 국가가 소유한 그 소유로부터 원천 징수하는 방법으로 수탈한다. 다라서 북한의 근로자들이 노동력의 대가로 받는 보수에는 국가에 납세해야 할 돈이 들어 있지 않다. 이미 근로자들에게 월급이 나가기 전에 필요한 세금은 원천 징수한 다음에 이루어지는 보수이기 때문이다. 그러나 그런 세금 징수의 사회주의 경제학적 원리를 모르면 근로자들은 한 푼의 세금도 납부하지 않고 살아가는 것처럼 느끼게 된다.

이런 방법이든 저런 방법이든 세금을 납세하는 것은 얼마든지 해야 하고 즐거운 일이다. 그러나 가령 북한과 같이 교육을 위한 예산을 놓고 보아도 국가가 책임지고 무료 교육을 하기 때문에 자본주의 나라 청년 대학생들 속에서는 많이 부러워한다. 북한은 계획적 균형적 국가 발전 법칙에 따라 대학도 대학생 수도 국가가 필요한 만큼 철저하게 설정한다. 그러므로 누구나 다 대학생이 될 수 없다. 그런데다가 북한은 계급적 원칙에 따라 공부를 잘 하는 학생보다 먼저 계급적 토대와 가정환경을 보고 대학생들을 선출한다. 결국 간부자녀들이 대학에 가게 되어 있는 것만은 주지하고 있는 바이다.

여기에 모순이 있다. 누구든 그 나라 국민이라면 교육을 위한 세금은 내는데 계급적 토대가 나빠서 대학에 자식을 보내지 못한 가족에서 납세하는 돈은 누구에게 가는가? 대한민국에서는 대학에 가지 못하면 등록금을 내야 할 아무런 의무를 지니지 않는다. 그러나 북한은 대학에 가지 못해도 원천 징수의 납세 방법으로 등록금은 낸다. 내 자식은 대학공부를 못하면서도 대학에 간 간부자녀들을 위해 등록금이 포함된 세금은 납세해야 하니 이것이 착취이지 무엇이 착취인가? 단 한 가지 실례를 들었지만 모든 것이 다 이런 시스템과 원리로 국가가 운영되기 때문에 북한은 철저하게 국가 권력에 의한 착취 국가라고 보아야 정확하다.

북한의 수령은 무한한 독재자이다. 수령을 통제할 법제화도 안 되어 있으며 정당이나 의회 차원에서도 수령을 견제할 시스템이 허용되지 않고 있다. 그 이유는 수령을 신격화하였기 때문이다. 북한의 수령은 상징적 신격화가 아니라 살아 움직이는 현실화 되어 있는 신격화이다.

원래 사회주의 국가는 프롤레타리아 혁명을 통해 사회주의 제도가 수립되면 국가적 차원에서 착취를 하고 착취를 받는 요소는 근본적으로 해결된다고 보고 있다. 원칙적으로 말하면 국가와 정권을 장악한 당과 정부의 관료들이 참다운 인간으로서의 창조적 본성적 요구에 맞는 수령도 되고 관료도 되어 당과 국가를 운영한다면 그래도 좀 나을 수 있다. 그러나 사회주의 국가의 시스템상 국가 권력과 국가 소유에 의한 착취는 국민들에 대한 기만과 함께 자연스럽게 이루어진다. 거기에 당과 국가가 준 권력을 가지고 이 모양 저 모양으로 2중 3중에 이루어 착취 행위를 하게 되어 있다. 대한민국 안에서도 사회주의를 지향하며 노동운동을 하는 단체나 지도자들 속에서 부패하는 현상이 나타나는 것을 보면 착취가 없는 사회주의 국가라고 해서 부패가 없는 것이 아니라는 것이다. 독재 사회에서의 간부들의 부패는 더 성행하고 더 강화된다.

특히 최근에 북한의 당과 국가는 국가 권력과 국가 구조에 의해 착취하고 또 행정, 군사, 보위, 안전 할 것 없이 간부들은 국가가 준 권력을 가지고 여러 가지 형태의 착취 행위를 통하여 살 궁리를 한다. 당이 준 간부의 자리는 영원한 것이 아니다. 그러니 아무리 충실하다고 해도 때가 있고, 때가 되면 새 세대들에게 간부자리를 내주어야 한다. 그러므로 현직에 있을 때 살 궁리를 다한다는 것이다.

솔직히 말해서 현재 북한의 당 정권기관의 관료, 즉 간부들은 현 북한 정권이 자체적인 모순 때문에 언제든 붕괴될 수 있다는 것을 알고 있다. 만일 그것도 모른다면 간부자격이 없는 것이다. 때문에 한 쪽으로는 현상 유지를 위해 당에 진심이든 그렇지 않든 충실성을 표현하는 삶을 살아야 하고, 다른 한편으로는 북한이 붕괴되면 그때에는 어떻게 살겠는가를 대비하는 삶도 함께 살고 있다. 때문에 더 많이 착취하고 더 많이 모아 두었다가 어떤 환경이 조성된다고 하더라도 대처한다는 것이다. 그래서 돈을 모아두고 그 돈도 내화가 아니라 외화로 모아 둔다. 그렇다고 하여 북한의 간부들이 착취행위를 노골적으로 들어나게 하는 것은 아니다. 그러나 착취 행위를 없앤다는 것은 이미 때가 늦은 상태이다. 대한민국과 같이 언론이 흩어대는데도 청와대만 들어가거나 정치권에만 들어가면 다 해치우는 판인데 북한과 같이 언론은 이런데 전혀 손을 댈 수도 없거니와 이런 문제를 통제하고 감시해야 할 사람들이 바로 간부들 착취자들이기 때문에 그들끼리 동맹하고 결속한다. 결국 빈익빈, 부익부 상태는 계속 업그레이드되는 것이다.

김정일의 독재가 바로 북한 붕괴의 치명적인 원인

첫째 세상에 둘도 없는 김정일의 독재는 북한 붕괴의 원론적인 요소이다. 한마디로 아직 북한이 붕괴되지 않고 버티고 있는 자체가 김정일의 가혹한 독재에 의하여 유지되고 있지만 북한 인민들은 독재 하에 살면서도 독재를 받고 있다고 생각하지 못하고 있는 것이 문제이다. 그러나 이제는 시간이 많이 흘렀다. 이 글을 쓰는 순간에도 북한에서 들려오는 소리에 의하면 누가 폭동이라도 일으키면 모조리 다 동참하겠는데 그것을 인도할 단체나 인물이 아직 없다고 한다. 북한의 인민들은 바로 이렇게 생각하고 있다. 그런데도 아직도 대한민국의 좌파 세력들은 '김정일, 김정일' 하면서 그 대변인의 역할을 하는 것을 보면 진리로밖에 갈 수 없는 역사의 흐름을 알고나 있는지 답답하기 그지없다.

또한 북한의 사회주의 경제 법칙에 의한 국가 계획 경제는 현실 발전의 요구에 맞는 인민들에 필요한 물질적 필요를 충족시킬 수 없으므로 결국 빈궁에 빠진 처참한 인민들의 의사에 의해 북한의 붕괴를 더욱 재촉하게 되는 근본 요소로 된다.

결론적으로 북한은 공산주의 혁명투쟁 원리로 놓고 보나 공산주의를 지향하는 국가들이 가지고 있는 자체 모순으로 보나 붕괴를 초래할 수밖에 없는 것이 필연적이다. 또 공산주의 종주국이었던 러시아를 비롯하여 사회주의 공산권의 전면적 붕괴는 이 이론이 옳다는 것을 확증하여 주는 산 자료가 된다.

마르크스와 레닌이 완성하였다고 하는 공산주의 이론은 과학이라고 한다. 물론 그 이론에 대해서 이 세상에 매혹되었던 사람들도 많았고 아직도 매혹되어 당장 김정일만 믿고 따르면 공산주의가 내일 당장 도래할 것처럼 환상을 가지고 있는 사람들도 확실히 있다. 공산주의를 한다던 사람들은 더 말할 것도 없고 특히 자유민주주의 체제에서 살아온 사람들도 공산주의는 이론도 좋고 구호도 좋다는 것은 다 인정한다. 마음껏 일하고 마음껏 분배받고 이웃 사랑하기를 자기보다 더 사랑하고 간부라고 하여 더 잘 살고 더 좋은 차타고 폼 내며 사는 것도 아니며 누구나 평등하게 살며 범죄도 없고 국가도 조락되고 온 인류가 한 덩어리가 되어 웃으면서 살아간다는 것이 얼마나 좋은가? 이렇게 사는 사회를 나쁘다고 할 사람이 어디에 있겠는가?

그러나 북한의 공산주의는 좀 다르다. 공산주의를 건설하는 과정은 물론 공산주의가 완전히 건설되었다고 하더라도 수령은 신격화 되어 있는 것이 북한의 공산주의이다. 그런데 이상만 좋고 구호만 좋다고 해서 좋은 것은 아니다. 그것을 어떻게 건설하는가 하는 방법론적 문제가 있다. 공산주의 이론을 창시한 사람들이 내놓은 이론과 방법대로 또 그것을 발전하며 변화하는 현실의 요구에 맞게 창조적으로 공산주의를 건설해 보려고 애썼지만 다 포기하고 만 것이 바로 공산주의이다.

북한에서는 공산주의를 건설하는 것은 결국 사람이 하는 것이고 그런 만큼 사람이 먼저 공산주의자가 되어야 한다고 주장한다. 사람이 공산주의자가 되어야 공산주의 사회에 필요한 물질적 문제도 해결된다는 것이다. 사람이 먼저 공산주의자가 되어야 한다는 것을 북한에서는 김일성주의자가 되어야 한다고 표현하고 있다. 이것을 필자는 인정한다. 그런데 사람문제를 어떻게 해결하는가? 북한에서는 당및 근로단체, 정치조직들에게서 사람문제를 해결한다. 필자는 하나님을 믿는 하나님의 백성이기 때문에 하나님밖에 사람을 사람답게 만들 분은 없다고 믿는다.

그렇다면 한국에 있는 목사들이나 교회를 치리한다는 장로들은 창조적 본성에 기초한 사람으로서 살고 있는가? 그것도 그렇지 않다고 생각한다. 그래서 사람은 부족하고 연약하고 죄인인 것이다. 그래서 사람들은 하나님을 순간에도 놓치지 않고 붙들고 있어야 한다. 조금만 빈틈이 있어도 흑암의 세력들은 가만히 있지 않는다. 여기에는 목사도 장로도 평신도도 다 같다. 신앙생활은 진공적이어야 한다.

그런데 북한은 하나님을 부인만 하는 것이 아니라 김정일 자신이 하나님이라고 하니 붕괴되지 않을래야 안 될 수 없는 집단이다. 필자는 기회만 있으면 김정일과 그 측근들에게 하나님을 전하고 있다. 최근에는 공산주의를 하려면 하나님의 공산주의를 하라고 타일러 준다. 그리고 정녕 주체사상주의자가 되려면 성경을 보라고 한다. 주체사상은 성경을 표절하여 옮겨 놓은 것이다. 때문에 방송 설교를 할 때마다 북한의 노동당 선전선동부 일꾼들에게 당원들과 근로자들에게 주체사상 교양을 더욱 강화하라고 이야기한다. 주체사상이 성경에서부터 온 것이기 때문에 그 성경에서부터 온 주체사상이 다시 사람들을 성경으로 인도하게 된다는 것이다.

북한이 붕괴될 수밖에 없는 보편적 가치

둘째로 보편적 진리의 가치관으로 놓고 볼 때 붕괴되어야 하며 또 붕괴될 수밖에 없다. 진리의 보편적 가치란 순수하고 어떠한 이념적 성격도 배제하며 그야말로 인간의 창조적 본성 그대로야 한다. 최근에 대한민국의 각계각층의 국민들의 이념성향을 보면 보수도 아니고 진보도 아니며 중도를 표방하는 국민들이 많다. 이것은 실천을 통해서 검증된 것이라 생각한다. 그러니 참 좋다.

총체적으로 문제를 놓고 볼 때 북한은 붕괴하게 되어 있다. 북한이 붕괴되는 것은 과학적이다. 그런데도 불구하고 한국의 큰 정치가들로부터 국가를 운영하는 일부 사람들은 김정일 정권의 붕괴를 바라지 않을 뿐만 아니라 심지어 붕괴되는 데 대해서 겁을 내고 있다. 이해되지 않는 것은 그들이 바로 대한민국의 민주화를 위해서 운동했다고 하는 사람들이다. 지금에 와서 '군사정권! 군사정권!'하면서 옛날 일들을 들추어내면서 한을 풀려고 하는 사람들이다. 북한은 지금 선군정치로 체제를 유지하고 있다. 이 세상에 북한과 같은 군사독재정권은 어디에 가서도 보기가 드물다. 그런데 김정일 정권의 붕괴를 바라지 않는다는 것은 그들의 민주화는 거짓이었다는 것을 보여 준다. 만일 진실이었다면 그것은 북한과 함께 동조한 것이다.

김정일의 특수한 정치, 즉 노동당을 통한 독재, 선군정치를 통한 독재, 국가보위부를 통한 정보정치의 독재, 인민보안성을 통한 치안독재, 근로단체들을 통한 사상의 독재, 김정일 자신의 동물적 감각에 의한 폭군 및 처형의 정치, 이 모든 것에 의한 김정일 체제의 유지, 거기에 대한민국의 김정일 편을 드는 사람들과 일부 집단들이 힘을 더하여 주는 것으로 인하여 김정일 정권이 무한할 것 같지만 이 모든 것은 진리를 이기지는 못할 것이다. 진리는 지금 이들에게 시간을 주고 있다. 진리가 주고 있는 시간에 대하여 착각하고 있다면 김정일 정권의 붕괴는 더 빨라질 것이다. 진리는 객관적이며 그 자체의 속성으로 인하여 언제나 절대적인 승리자이므로 진리 앞에 김정일 정권은 패하며 붕괴되게 되어 있다.

북한의 붕괴와 새 지도자에 대한 기대

나는 앞에서 북한은 2,000만이 마지막 한 사람이 남을 때까지라도 붕괴되지 않는다고 밝혔다. 그러면 이 글은 논리도 맞지 않으며 또 설사 2,000만이 다 죽은 다음에 북한이 붕괴된다면 그 붕괴가 무엇에 필요한가? 북한 붕괴의 목적은 본질상에 있어서 김정일을 비롯한 얼마 안 되는 그 측근들로부터 광범한 2,000만의 영혼들을 해방하는 것이다. 그러므로 북한의 붕괴는 국가의 무질서 무정부적 차원의 붕괴가 아니라 무슨 형태로든 현 김정일 정부의 붕괴를 말하는 것이고 곧 이어 차기 지도자와 함께 차기 정부의 탄생을 말하는 것이다.

북한 붕괴와 관련하여 전 대한민국의 좌파정부나 통일을 연구하는 전문가들이나 일부 대한민국 국민들은 '북한 붕괴와 함께 북한 사람들이 대한민국으로 모두 내려와 살려 달라고 하면 어떻게 하나?'라고 하면서 걱정하는 사람들이 많다. 필자는 절대로 그렇게 생각하지 않는다. 그렇게 될 수 있는 물리적 채널도 없다. 물론 중국은 그런 문제를 예상해 볼 수 있다고 본다.

만일 북한이 붕괴된다는 것은 현 김정일 체제가 붕괴된다는 것이지 북한의 땅이 없어지고 2,000만 동포가 없어진다는 것은 아닐 것이다. 물론 약간의 혼란은 있겠지만 원래 조직화 된 사회인지라 차기 지도자가 군부에서든 당에서든 어디서든 나타날 것이다. 새로 나타난 지도자가 차기 정부의 성격과 사명을 어떻게 규정하는가가 무엇보다 중요할 것이다. 만일 김정일 정권의 성격과 사명을 조금도 가감 없이 그대로 계승한다면 그때에는 북한의 2,000만 영혼들이 가만히 있지 않을 것이다.

이렇게 되는 과정에 북한의 2,000만 동포들은 새 지도자에 대한 희망을 가지고 국가 건설에 매진할 것이며 새로운 지도자 역시 김정일 체제로부터 쓰디쓴 교훈을 삼은 것만큼 김정일 정권을 그대로 절대로 계승하지는 않을 것이다. 이렇게 되면 우리 대한민국 사람들이 걱정하는 것처럼 북한의 동포들이 모두 한국으로 내려오지도 않을 것이며 이미 내려왔던 사람들도 다시 고향을 찾아 올라갈 것이다.

북한에서 내려온 사람들은 두 가지 부류로 크게 볼 수 있다. 첫째로 실향민, 즉 광복 후 혹은 6.25를 전후로 하여 내려온 사람들은 북한의 새로운 지도자가 사적 소유를 인정하는 시장경제 원리를 기본 기조로 한 자본주의 경제 원칙으로 북한의 사회주의 국가 계획경제를 뜯어 고친다면 다시 올라갈 것이다. 그것도 절반은 올라가 확실하게 옛날에 가지고 있던 소유를 다시 찾고 완전히 자리를 잡으면 여기 남겨 놓은 가족까지 다 함께 올라 갈 것이다. 둘째로 지금의 탈북자들로 좋아라 하고 올라가지 않을까 생각한다. 미래에 언젠가 마음대로 올라갈 수 있는 환경이 조성되면 아마도 그렇게 될 것이다.

물론 새로운 지도자가 다 파괴된 북한을 건설하려고 하니 돈도 없고 기술도 없어 대한민국에 손을 좀 내밀 수 있겠지만 그렇다고 해서 북한 전체를 대한민국으로 흡수시키지는 않을 것이다. 누가 정권을 잡아도 그럴 것이다. 또 중국으로 귀속되지나 않을까, 그렇지 않으면 중국이 경제적 및 군사적 힘으로 북한을 자기의 것으로 만들지는 않을까 하는 문제를 걱정하는 분들도 많다. 북한을 잘 아는 필자는 그것도 용납할 수 없는 문제라고 생각한다. 만일 중국이 그런 방법으로 나온다면 북한의 2,000만 동포들은 받아들이지 않을 것이다. 새롭게 변화될 한반도의 정세는 그때 가서 보아야 할 것이다.

북한은 역사적으로 중국과 혈맹관계로 살아왔다. 둘 사이가 좋을 때도 있었고, 나쁠 때도 있었다. 이런 역사적인 관계가 중국으로부터 북한의 영토권과 외교권까지 타고 앉으려고 한다면 북한 사람들은 용서하지 않을 것이다. 필자가 북한의 2,000만 우리 동포들에 대하여 존경하고 싶은 것이 있다면 애국심이다. 다시 그 땅에 외세가 영토권과 외교권을 장악하려고 한다면 죽으면 죽더라도 철없는 아이들까지도 다 떨쳐나설 것이다. 우리 대한민국 국민들은 북한의 2,000만 동포들의 이러한 심정을 모르고 있다. 그러나 그 땅에서 고등교육을 받고 살아온 사람들은 알고 있다.

중요한 것은 김정일 체제의 붕괴와 함께 차기 지도자는 절대로 김정일 집안에서 나오면 안 된다는 것이다. 설사 나온다고 해도 아마도 제 3대에 가서는 그 싹이 꽃펴보지도 못하고 시들 것이다. 이것은 성경적이고, 하나님의 섭리이다. 하나님의 섭리는 진리이며 절대로 변개가 없기에 그렇다.

최근 정보에 의하면 김정일은 김일성으로부터 시작된 세습에 의한 권력을 영원히 보존하고 누리려 한다. 물론 이것은 이미 김정일의 마음속 깊이에 확고하게 자리 잡고 있다. 그리하여 매일 저녁 온 집안이 모였다고 한다. 그 대상은 김정일의 아들 세 명 김정남, 김정철, 김정운, 그리고 빼놓을 수 없는 것이 누이동생 김경희와 그의 남편 김정일의 매제 장성택이다. 이들이 모이는 목적은 어떻게 하면 세습의 권력을 영원히 누리겠는가 하는 것이었다. 그들은 저녁마다 온 가족이 모여서 누구는 당을 맡고, 누구는 군을 맡고, 누구는 무엇을 맡고 이런 식으로 가정이 모인 회의에서 다 분공이 된다고 한다. 그리하여 이미 자기가 맡은 분야에서의 세습통치 시스템은 완성된 것으로 보고 있다.

한편 누이동생 김경희의 야심으로 보아 조카들에게 정권을 내어주기 싫은 것 또한 사실이다. 장성택이 후계자 자리를 꿈꿀 수도 있다. 그는 실세로서 막강한 힘을 가지고 있기 때문이다. 2009년 김정일은 3남 김정운이 김정일의 후계자로 정했다.

북한은 차기 지도자의 철학과 가치관에 따라 정도의 차이는 있겠지만 변화와 함께 빨리 발전할 것이다. 그 과정에 복잡하고 힘든 것도 많겠지만 그래도 변화의 물결에 힘을 얻은 북한 동포들의 힘에 의하여 연일 기적이 창조될 것이다. 그때 기적은 대동강의 기적이라고 해야 한다. 그렇게 되는 과정에 남북한이 통일될 수 있는 경제적, 군사적, 문화적 조건들이 하나하나 성숙될 것이다.

언제면 통일이 되겠는가 하는 문제는 역시 누구도 모르는 일이다. 어쨌든 장기성을 가질 수밖에 없다. 남북한의 현 실태를 놓고 보아도 이념을 비롯하여 총체적으로 그 차이는 하늘과 땅 차이이다. 한마디로 북한은 멀고도 먼 타 문화권이다. 경제가들은 한국과 북한의 경제적 차이로만 남북한 차이점을 이야기하고, 또 그 경제적 차이의 숫자가 일반 한국국민들에게 미치는 영향이 남한과 북한의 차이는 30배 정도라고 생각할 수 있지만, 체감으로 느끼는 것은 앞에서 이야기한 것처럼 하늘과 땅 차이이다. 게다가 앞으로 통일이 되어도 영원히 하나가 될 수 없겠다고 생각하는 사람들도 많다. 물론 오랜 기간에 거쳐 하나가 되겠지만 한 나라 안에서도 지역별 사투리와 문화적 차이가 있는 것 같이 남과 북의 철학적 가치관의 역사적 뿌리는 정말로 오래 갈 것이다.

문제는 차기 지도자가 어떤 사람이 되는가 하는 문제이다. 누가 지도자가 되든지 간에 권력을 잡으면 책임감도 있지만 권력을 잡은 그 맛이라는 게 꽤 재미있기 때문에 아무리 어려워도 한국으로 흡수되는 길은 절대로 택하지 않을 것이다. 만약 정권을 잡은 즉시 한국으로 흡수되겠다고 마음먹은 사람이 지도자가 된다면 그런 사람은 애당초

지도자가 될 수도 없을 것이다. 차기 지도자는 핵을 포함한 지금의 군사력은 계속 유지하고 발전적 차원에서 관리해 나가려고 할 것이다.

새롭게 변할 북한의 외교 정책

새로 출범하는 북한 수뇌부의 외교 정책은 많은 변화를 가져 올 것이다. 이전의 고질적인 자존심 외교의 틀은 유지하겠지만 그래도 실용성 있는 합리적 외교 정책을 구사하지 않을까 생각된다. 대국들 틈새에 끼어 있는 우리 한반도는 그때 북한은 분명히 자주권을 부르짖을 것이다. 그래도 우리는 우리 주위의 대국들에 대하여 의식하지 않을 수 없다. 또 주위에 있는 대국들과의 지혜로운 외교관계를 유지하지 않고서는 살아가는 데 그리 쉽지 않을 것이다.

상대적으로 우리 주위에 있는 큰 나라들도 그때를 내다보고 준비하고 있을 것이다. 이럴수록 주체적 입장에서 자주권을 세우며 균형자 노릇까지 하겠다는 것은 원론적이고 희망사항이다. 그러나 사대주의는 아니지만 어느 한쪽의 입장에 서지 않으면 안 된다. 통일이 된 다음에도 그러하겠지만 통일이 되기 전에는 더욱더 그러하다. 이럴 때 북한은 북한이지만 우리 대한민국도 입장과 자세가 확실해야 한다. 이것은 우리가 그렇게 하지 않으려고 애써도 그렇게 안 되는 문제이다.

우리 한반도의 지형은 참 묘하다. 미국도 한반도를 놓으려고 하지 않고, 중국도 북한을 놓으려 하지 않을 것이다. 어차피 자유민주주의 체제에 의한 통일이 궁극적 목적이고 또 반드시 그렇데 되어야 한다면 우리 대한민국은 우리의 이익을 위해서도 미국을 절대로 놓치면 안 된다. 호혜와 평등의 원칙에서 친미는 앞으로 미국이 원해서가 아니라 우리가 우리의 이익을 위해서 지금도 그렇지만 영원히 필수적인 문제로 될 것이다. 여야 어느 쪽이 정권을 잡든 정권을 잡은 대한민국 정부는 멀리 앞을 내다보고 장기적인 차원에서 초당적으로 정치를 해 나가야 한다.

2. 북한이 붕괴된다면 언제 붕괴될까?

이 책의 저술 목적은 김정일의 운명과 북한의 운명적 문제를 놓고 쓰고 있지만 북한이 왜 지금까지 붕괴되지 않고 요지부동으로 살아 있는지를 대한민국 모든 분들에게 알리자는 것이다.

북한은 붕괴되어야 하는데 언제 붕괴되는가? 한 마디로 말해서 북한이 언제 어떤 방법으로 붕괴되는가 하는 문제는 사실상에 있어서 하나님 한 분밖에 알 수 없다. 사람으로서는 가능한 예측을 할 수 있다. 분명히 말하건대 북한의 붕괴는 김정일의 죽음과 함께 이루어질 것이다. 바로 그 시간이 북한의 붕괴의 시간표일 것이다.

왜 김정일의 죽음이 북한의 붕괴 시간으로 되는가? 물론 김일성이 죽었을 때도 북한 연구 전문가들이 이야기한 것처럼 북한은 3년이면 붕괴된다고 하였다. 그러나 아직도 붕괴되지 않았다. 그렇다고 해서 김정일의 죽음도 김일성의 죽음과 같이 김정일이 죽은 다음에도 또 북한은 붕괴되지 않고 요지부동으로 있겠는가? 그것은 그렇지 않다. 말하자면 김일성 때와 김정일 때는 정세와 환경이 완전히 다르다.

달리진 지지 기반

첫째로 김일성 때에는 소위 김일성과 함께 항일을 했다는 혁명의 1세대들이 국가의 당 및 정권기관 특히 군사무력 기관에서 핵심적 역할을 하였으며 김일성을 위해 멸사 분공하면서 받들어 주었다. 그러면서 그들이 김일성의 후계자로서 김정일을 내세웠고 그것이 곧 추대되는 형식으로 김일성의 대를 탄탄하게 이루어 놓았다.

일부 혁명 1세대들 속에서도 김정일의 자라난 환경과 사생활의 구석구석을 아는 조건하에서 김정일이 김일성의 대를 잇는 문제에 대해서 타당치 않게 생각을 하거나 그 생각을 말로나 행동으로 표현하였던 사람들도 있다. 그 가운데 대표적인 인물이 임철이었다. 임철은 김일성과 함께 항일을 했고 그 결과 군단장도 했고, 북한군 안의 교육부분을 담당한 교육국 국장도 하였다. 그러나 김정일을 후계자로 지목한데 대해 이러쿵저러쿵 의견을 부렸다고 하여 '노망을 했다.', '치매에 걸렸다.'라고 하면서 완전히 병신을 만들어 매장시키고 말았다. 말하자면 시범 게임에 걸린 것이다. 그때부터 아무리 혁명의 1세대라도 김정일의 유년시절과 소년시절을 옆에서 바라보면서 김정일에게 '야! 자!' 하던 항일 투사들도 '지도자 동지'라고 부르기 시작했다. 혁명의

1세대들이 김정일을 혁명의 후계자로 추대한데 대하여 그것을 반대할 역량이 당시에는 북한에 있을 수 없었다.

그러나 김정일 세대에는 많은 것이 변했다. 그리하여 김정일의 후계자 추대는 그리 쉽지 않으리라 생각한다. 물론 김정일의 추종자들은 혁명의 1세대들이 김일성의 후계자 김정일을 추대하였던 것처럼 그렇게 할 수도 있을 것이고 또 이럴 때일수록 충성심을 표현할 가장 적절한 기회인 것만큼 김정일의 후계자에 대해서 별의 별 형식과 방법으로 추대하기는 하겠지만 김정일이 김일성의 후계자로 추대될 때와는 많은 것이 달라졌다는 것을 북한의 김정일 추종자들은 물론 대한민국의 북한연구 전문가들과 모든 국민들이 알아야 한다.

우선 다른 것은 김정일의 후계자로 지목할 대상이 시원치 않다. 맏아들 김정남은 우선 어머니가 없다. 김정일이 김정남의 어머니 성혜림을 배반한 것이나 다름이 없기 때문이다. 물론 김정남은 씨도 하나요 배도 하나이지만 아버지가 어머니를 배반한 것에 대하여 또 아버지가 되는 김정일이 어머니가 되는 성혜림을 어떻게 아내로 맞아들였는가를 비롯하여 자식으로서 알지 말아야 할 것을 너무나도 많이 알고 있다. 그러니 김정남은 친 어머니의 사랑을 별로 알지 못한다. 친어머니에 대한 사랑과 그 모든 것을 그리워하며 또 그것을 사모하며 성장하였다. 한마디로 정상 상태의 성장이 아니었다. 이러한 성장기를 이미 체험한 것은 김정일 자신이다. 때문에 김정일은 어머니 사랑을 받지 못하고 어머니를 어머니라 부르지 않고 성장한 사람들 속에 잠재해 있는 반목, 질투, 시기, 증오 등 복합적인 감정을 지닌 인격체를 너무나도 잘 알고 있다. 그러므로 김정일은 애당초 김정남이 장남이기는 하였지만 후계자로 지명하지 않았고 오히려 부담스러운 존재로 되어 버렸다.

김정일의 사생활은 원래 복잡하여 그 자식들도 복잡하다. 그러나 정식 공개적인 가계로 인정된 자식들 중에 김정철, 김정운이 있다. 이들은 죽을 때까지 정말로 사랑했는지 안 했는지는 모르겠지만 어쨌든 김정일의 아내로 죽음을 맞이한 고영희가 나은 씨는 같지만 장남 김정남과는 배가 다른 형제들이다. 김정일이 둘 중에 김정운을 선택한 것은 어쩔 수 없는 운명적 문제이다. 그런데 김정일도 나라의 지도자가 된다는 문제, 특히 북한과 같이 왕권 통치를 세습해야 할 존재가 어떤 존재여야 한다는 것은 잘 알고 있다. 무조건 왕조 시대 때와 같이 아들이기 때문에 왕이 된다는 것은 아니다.

김정운이 차기 후계자가 될 수 있을까?

지금 김정운은 북한과 같이 독재 국가의 지도자가 되기에는 너무나도 표징이 안 된다. 자질, 건강, 장악력, 통제력, 지도력, 여러 측면에서 볼 때 김정일의 마음에 들지 않다. 김정일의 아들인데도 김정일의 마음에 안 든다는 것은 상당히 부족한 점이 있다는 것이다. 때문에 김정일은 고민을 많이 하고 있다. 봉건 시대와 달라서 왕의 아들이면 무조건 왕이 되는 시대는 아니기 때문에 더욱더 지도자가 될 만

한 아들이어야 하는데 그렇지 못하니 김정일로서는 고민이 안 될 수 없다. 최근에 김정일이 '건강에 이상이 있다.', '뇌에 문제가 있다.' 하는 문제가 바로 후계자 문제의 고민이 가져다 준 귀결이 아니겠는가? 필자의 생각은 그렇다.

그렇다고 해서 김정일이 자기 집안에서 후계자를 선정하지 않고 당이나 군안에서 후계자를 선정한다는 것도 문제는 문제이다. 만일 그렇게 된다면 아무리 나라의 지도자로서의 자질이 안 되는 아들이라고 해도 가만히 있을 리가 만무하고 김정일 자신도 그렇게 하려고 하지 않을 것이다. 사실 김정일은 김일성이 60대인 1972년도부터 아버지 김일성의 후계자 작업을 스스로 했다. 그때에 김정일은 30대였다. 그러다가 1980년 6차 당대회를 계기로 김정일은 완전히 정권을 장악했다. 그때부터 김일성은 외국에서 온 손님들이나 만나는 외교의 한 축을 담당하였지만 이것도 할 일이 없으니 쉬엄쉬엄 하라고 김정일이 맡긴 일감이었다.

김정일은 지도자로 되기 위한 과도적 단계로 오랜 기간을 거쳤다. 물론 이미 유년 시절부터 권력에 자신감을 가지고 학창 시절과 청년 시절을 거치면서 국가 정보사업과 당 사업, 호위사업, 무력건설 사업에 관여했다. 김정일이 주는 정보에 따라 김일성은 일을 하였다고 해도 과언이 아니다. 김일성은 혁명의 한 길에서 종파분자들과의 투쟁에서 머리가 희어졌다고 말한 적이 있다. 김일성은 김정일이 어릴 때부터 제출하여 준 정보자료에 근거하여 당, 군사, 문화, 경제 할 것 없이 각 곳에 잠입하여 활동하던 반당 반혁명 분자들을 소탕하였다.

대표적인 예가 1969년 1월 14일 조선 인민군당 제 4기 4차 전원회의에서 당시 민족보위 상이었던 김창봉과 총정치국장이었던 허봉학, 총참모장이었던 최광 등 군 수뇌부들을 반당 반 혁명분자로 정죄하고 소탕한 것도 김정일의 업적이었다. 그중 최광은 오랜 기간 혁명화 단계를 거쳐 다시 회복되어 나름대로 열심히 군에서 충실하다가 죽었다. 김정일이 사람을 잡아내는 데는 뭐가 있다고 필자도 북한에서 많이 이야기했다. 황장엽 선생도 한국에 와서 이야기할 때 김정일은 동물적 감각을 가진 사람이라고 했다. 바로 그 동물적 감각이 사냥개마냥 사람을 잘 잡아낸다는 데서 비롯된 말이다.

그런데 김정운은 김정일이 나라의 지도자로 되기 위해 수련 받던 그때의 모든 것과는 너무나도 다르다. 아버지만한 아들이 없고 형만한 아우가 없다고 하는 말이 있듯이 확실히 김정일의 아들들은 모자라는 데가 많은 것 같다.

달라진 주변 정세와 곁가지 문제

둘째로 김정일이 자기 아들들을 후계자로 선택하기 위한 주변의 정세와 환경이 김정일 때와는 전혀 다르며 불리하다. 김정일은 후계자 작업을 할 때 당의 기초를 쌓기 위한 사업부터 하였다. 당의 기초를 쌓는다는 것은 김정일의 정치적 지반을 마련했다는 것이다. 여기서 당의 조직 사상적 기초를 마련하는 것과 당과 국가와 군을 건설하고 이끌어 나가는 간부들을 튼튼히 꾸리는 것이 제일 중요한 문제였다. 물론 당의 조직 사상적 기초를 쌓는데 간부 문제가 중요한 문제로 들어가 있지만 그때에는 당의 간부 사업 절차에 의해서가 아니라 김 정일의 코드에 의해 간부 대열이 급속이 세대가 바뀌게 되었다.

우선 곁가지 문제를 제기하고 김일성 집안에서 유일한 후계자는 김정일 이외에는 누구도 있을 수 없다는 것을 당 사업의 기본 문제로 취급하였다. 김정일은 새 어머니 손에서 자라났지만 어머니란 말을 한 번도 하지 않고 성장했다. 그러니 인간적으로도 배가 다른 동생들에 대해서도 사랑은커녕 미웠을 것이다. 외모 컴플렉스가 있는 김정일은 호남형인 김일성의 배 다른 아들 김평일을 좋아하지 않았고 속으로는 라이벌로 생각했다. 그러다 보니 곁가지 문제를 더 강하게 내밀었다. 김정일의 새 어머니는 김성애였다.

당 안에 곁가지 문제를 강하게 내세운 때부터 김성애와 친분이 있다든가, 그녀와 같이 일을 한 사람들에 대해서 따로 선별하여 관리하고 정치적으로 아주 감금시킨 것처럼 취급하였다. 그뿐 아니라 김평일에게도 그렇게 하였다. 필자와 군에 같이 입대한 입대 동창인 김한기가 있었다. 당시 중대장으로 너무나도 똑똑하였기에 김평일이 김일성 종합대학 시절 군사훈련에 동원되었을 때 김평일의 군사훈련을 직접 담당한 중대장으로서 간부 사업이 되어 이미 있던 중대에서 김평일이 군사훈련을 받는 중대로 인사 조동되었다. 당에서 하라고 해서 그렇게 한 것밖에 없었는데 그 후 김정일의 곁가지 문제에 걸려들어 김평일을 가깝게 대한 적이 있다고 하여 중대장에서 철직되어 별을 떼고 제대처리 되었다. 지금도 김한기는 회복하기가 힘들 것이다. 일생을 그렇게 정치적인 울타리 안에서 살아야 한다.

그리고 한편으로는 김정일이 김일성 종합대학에서 공부를 할 때 파악하고 있던 동창생들을 기본으로 한 간부사업의 세대교체가 이루어지기 시작하였다. 이때 자연히 배제된 것이 김일성과 같이 항일을 했다는 혁명의 1세대 자녀들이었다. 물론 그 자녀들 중에 김정일과 같은 동창생으로 공부를 하거나 친분이 있던 사람들은 다른 것이 없었지만 대부분의 사람들은 그렇지 못했다. 이때부터 항일 투사들도 현상유지는 하였으나 사실상 맥을 추지 못하였다.

김정일은 혁명 1세대들을 살금살금 맥을 추지 못하게 하고 겉으로는 그들을 혁명 1세대이므로 도덕 의리적으로 대해 주어야 한다고 말했다. 또한 평양시 대성구역 대성산에 혁명 열사 능과 평양시 형제산 구역 신미리 애국열사 능을 만들어 죽으면 거기에 묻어 줄 터이니 섭섭해 할 것이 없다는 식으로 그들을 대해 주었다. 그 와중에 자연히 가리게 된 것이 그들의 후세들이었고 김일성과 같이 백두산에서 혁명을 했다는 1세대들은 하나 둘씩 죽어 나가기 시작했다.

북한에서 백두산 줄기를 타고 났다면 누구나 인정한다. 그러나 김정일은 자기가 직접 파악하고 잘 아는 인물들로 당의 정치적 지반을 쌓아 나가기 시작했다. 이로부터 배제된 혁명 1세대들의 후세들은 한참 후에야 김정일의 속내를 깨달았다. 백두산 줄기의 출생자들에 대하여 나빠하거나 그들을 정죄하는 사람은 북한에 있을 수 없다. 김정일이 새롭게 세대를 교체한 북한 혁명의 주력군들은 겉으로는 그들에 대해서 말도 잘하고 웃음도 지어 주었지만 내적으로는 배제했다. 때문에 백두산 줄기를 타고 났지만 높은 간부가 되거나 간부가 되더라도 승진하는데 있어서는 김정일의 줄기를 타고난 주력군들에 의하여 좌지우지되고 밀리기 시작했다.

그러니 김정일이 하는 모든 사업에 대하여 이들이 좋아할 리가 없고 늘 마음속 깊이에서는 부글부글 반감이 불타오를 수밖에 없었다. 이것을 김정일이 또한 모를 리 없었다. 그렇다고 해서 혁명 1세의 후세들을 한 사람도 남김없이 모조리 잡아 처리할 수도 없다. 늘 이들 혁명 1세의 후세들은 때만을 기다리고 있는 실정이다. 과학적인 정보는 아니지만 2004년도 용천 폭파 사건도 이들이 거사한 사건이라고도 한다. 일리가 있다고 생각한다. 이러한 형편이니 김일성으로부터 김정일이 후계자로 선정될 때의 환경과는 완전히 다른 것이다. 이것이 오늘 김정일에게 있어서 고민이 아닐 수 없다.

북한에는 '죽은 빽보다 산 빽이 더 맥을 춘다.'는 말이 있다. 죽은 사람은 말이 없다. 그러니 맥을 추지 못하는 것만은 사실이다. 그러나 북한의 문화를 놓고 볼 때 혁명을 잘 하다가 죽은 사람에 대한 업적의 평가와 특히 그 후대들에 대한 당의 관심은 대단하다. 그래서 만경대 혁명학원도 있고, 해주 혁명학원, 강반석 혁명학원이 있다. 정말로 핵심적 위치에서 혁명만을 위해 충실하다 죽은 자녀들에 대해서는 국가와 당이 직접 책임지고 공부를 시킨다. 여기까지는 좋은데 그 다음부터가 문제이다. 바로 학원에서 공부하는 데까지는 죽은 빽의 역할이고, 그 다음부터는 산 빽이 맥을 추게 되어 있다. 여기에서 사람의 맥이 빠진다. 국가나 민족, 가정도 같고 누구에게나 할 것 없이 존재의 역사적 뿌리와 그 전통에 대해서 무시할 수 없다. 혁명 1세의 후세들은 아버지와 어머니의 대를 이어 직업적인 혁명가로 조선혁명에 충실하고 싶은 것이 그들의 심리이고 세계관이고 비전이었다. 그러나 성장하면서 산 빽들에게 그것이 다 눌리고 빼앗기고 나면 억울함이 그지없다. 필자도 죽은 빽의 배경을 받은 한 사람으로서 그 심정을 너무나도 잘 알고 있다. 지금 북한의 당, 국가, 군 안의 죽은 빽의 배경을 가진 사람들이 적지 않게 있다. 그들이 당과 국가, 군 안의 일들을 한몫씩 담당하고는 있지만 그것은 현상유지이며 정말로 진심으로 우러나오는 충성심은 아니다. 그들은 이제나 저제나 때를 기다리는 삶을 살고 있으며 그때를 위해 서로 네트워크도 형성하고 있을 것이다. 그렇다고 그들의 세계관이 자유민주주의 체제로 기울어져 있는 것도 아니다.

약해진 대중적 지지 기반

셋째로 중요한 문제는 김정일이 누구를 후계자로 지칭하든 그를 열화와 같이 추대하며 환호할 대중적 기반이 약하다는 것이다. 그의 독재 하에서 하라고 하면하고, 죽으라면 죽을 수밖에 없는 것이 북한의 불쌍한 영혼들이지만 진심으로 우러러 나오는 후계자에 대한 칭송은 없을 것이며 있다고 해도 미약할 것이다.

김정일은 영원히 살지 못한다. 죽을 때가 있는 만큼 반드시 후계자가 있어야 된다. 김정일의 독재 정치 하에서 죽을 고생을 다한 북한 인민들로서는 김정일의 세습에 대해서는 아예 진절머리가 날 것이다. 그래도 어쩔 수 없다면 가정과 사무실 등 모든 곳에 후계자의 초상화를 모시며 야단법석을 떨 것이다. 그러나 그것은 진심이 아니다. 말과 행동을 하고 싶은 대로 못하는 가식이지만 바로 그것이 민심이고 천심이다. 천심을 잃은 지도자는 아무리 추대를 받는다고 해도 잘될 리가 없다. 김정일은 이것도 알고 있다. 그런 만큼 모든 수단과 방법을 다할 것이다. 아무리 인간이 가지고 있는 수단과 방법이 탁월하다 해도 천심을 무시하지는 못할 것이다.

달라진 국제 환경

끝으로 국제적 환경을 놓고 보아도 세습은 지지와 환호를 받을 수 있는 일이 절대로 아니다. 현 시기는 21세기이다. 이 세상은 아직도 나라의 지도자를 민주주의 방법으로 선출하는 나라도 있고, 또 민주주의 형식은 갖추지만 중앙 집권제 원칙에 의해서 나라의 지도자를 선출하는 나라도 있다. 그러나 대부분은 어떤 형식이든 민주주의 방법으로 하는 것이 세계의 추세이다. 사회주의 공산주의를 지향하는 나라는 별로 없지만 완전히 민주주의가 숨을 쉴 수 없도록 눌러놓고 몇몇 아첨쟁이들을 동원해 이미 마련된 각본에 따라 추대하는 방법으로 나라의 지도자를 선택하는 나라는 오직 북한뿐이다.

　북한을 봉건시대에나 볼 수 있었던 세습통치의 집단이라 세계의 모든 나라들이 지탄하고 있다. 이것은 김정일의 세습에 절대적으로 좋을 리가 없다. 이미 김일성이 김정일에게 정권을 물려줄 때인 1970년대를 거쳐 1980년대와는 완전히 다른 세상이 되었다. 이러한 문제도 김정일은 알고 있다. 알고 있으면서도 풀 수 없는 것이 현재 북한이며 김정일 앞에 와 닿은 고민이다. 김정일은 고민이 많겠지만 후계자 문제만큼 더 큰 고민은 없을 것이다. 고민을 알고 있으면서도 풀지 못하는 것이 김정일 정권의 붕괴의 징조이다. 죽음이 점점 다가오고 있는 것을 알고 있으면서도 어쩔 수 없이 죽음을 맞이하지 않으면 안 된다. 이미 죽어간 300만 북한 영혼들의 죽음 직전의 안타까웠던 심정을 이제 김정일이 알게 될 때가 되었다. 김정운을 후계자로 낙찰시킨 것은 아직 전 당적으로 전 군적으로 전 국적으로 이슈화하고 떠들어대는 문제는 아니지만 김정일로서는 어쩔 수 없는 마지막 술책이고 그럴 수밖에 없는 문제로 보인다. 그렇지만 변수는 있을 것이다. 원래 김정일이 변수를 좋아하고 김정일에게 있어서 변수는 취미이기 때문이다.

　원래 북한의 수령이라는 존재는 혁명의 최고 뇌수로서 신적 권위를 부여받았다. 부여받은 신적 존재인데도 불구하고 이제 누가 신이 되는가 하는 문제는 역시 신이 도와주지 않고서는 될 수 없는 문제이다. 무신론을 주장하는 북한을 어떤 신이 도와주겠는가? 도와줄 리가 없다. 신처럼 공평하고 공의로운 존재는 없다. 그것이 바로 신의 속성이다. 마귀와 사탄은 북한 땅에 최후 저지선을 형성하고 끝까지 악랄하게 방어할 것이다. 때문에 김정일 시대를 끝으로 북한은 붕괴되게 되어 있으며 그와 함께 북한은 새로운 여명이 밝아오게 될 것이다.

김정일 정권의 붕괴는 빠를수록 좋다

김정일을 비롯한 그 측근들의 질병으로 인한 이상 징후는 북한의 붕괴는 어쩔 수 없는 기정사실로 우리 눈앞에 와 있다는 것을 암시한다. 김정일도 종합병동이고 또 사실상 제 1인자나 다름이 없는 조명록도 종합병동이고 무력부장 김일철도 종합병동이다. 이미 죽은 백남순을 비롯한 현존 상층부의 모든 간부들이 억지로 김정일에게 충성을 하면서 삶속에서의 스트레스는 북한 붕괴의 총 신호탄이 될 것이다.

김정일 정권의 붕괴는 빠르면 빠를수록 좋다. 우선 북한의 2,000만 국민들에게 좋은 것이고 대한민국 국민들, 주변국들, 세계 정의로운 국가와 인민들에게도 좋다. 그리고 통일을 나름대로 조금이나마 앞당기게 될 것이다. 그러나 김정일을 신처럼 믿던 사람들은 좋아하지 않을 것이다. 얼핏 북한의 인민들을 생각할 수 있는데 그들은 할 수 없이 수용소와 죽음이 입을 벌리고 대기하고 있으니 좋아한 것처럼 한 것이다. 진짜로 좋아한 사람은 대한민국 안에 김정일 이름 세자를 가지고 참말로 공산주의 혁명가도 아니면서도 여러 가지 투쟁 형식으로 밥을 벌어먹던 사람들이다. 그들은 그때 또 어떤 형식으로 밥을 벌어먹겠는지 두고 보아야 할 문제이다. 원래 운동에 중독된 사람들은 운동을 하지 않으면 안 되는 것인데, 그때의 운동대상, 투쟁 대상을 어디에, 누구에게, 어떻게 선정할지 모를 일이다.

북한의 공산주의자들은 혁명은 투쟁으로 시작되고 투쟁으로 끝나는 것이라고 한다. 그러니 이들의 이론대로라면 통일이 된 다음에도 투쟁 대상은 있어야 한다. 설사 그렇게 될 수는 없겠지만 북한의 이념을 가지고 통일이 되었다 하더라도 그들은 투쟁 대상이 또 있어야 한다. 지금 생각하면 미군이 철수하고 김정일식 통일이 되어 김정일 수령의 영도 밑에 하나와 같이 움직이는 통일된 유일 국가가 되면 투쟁 대상이 전혀 없어질 것 같지만 절대로 그렇지 않다. 그때의 투쟁 대상은 북한의 계급 정책에 의한 현재 대한민국의 우파들일 것이며, 우파의 성격을 가지고 있지 않다 하더라도 소유권을 가지고 있던 사람들을 다 투쟁의 대상이 될 것이다. 투쟁 대상이 된다는 것은 프롤레타리아 혁명의 원칙에 의해 죽어야 하는 대상이라는 것이다.

한편 현재 대한민국의 친북 좌파들에게 진심으로 이야기하고 싶은 것은 노동당 대열의 통일과 단결의 순결성 보장의 필연성으로 인해 당신들이 노동당의 투쟁 대상이 된다는 사실을 알아야 한다. 지금은 동력으로 노동당이 이용하고 있는 것은 사실이나 그것이 영원한 노동당의 반열에 들어서게 되는 일이라고 생각한다면 대단한 착각이다. 그때에는 후회해도 필요 없다. 그때에도 지금과 같이 데모를 비롯한 여러 가지 형식으로 다시 또 투쟁을 시작하려고 한다면 이미 때가 늦은 것이고 그저 죽는 길밖에 없고 후대들도 역시 그 죽는 길을 뒤따라가게 될 것이다.

물리적인 붕괴 방법

김정일 정권의 조속한 붕괴의 방법은 여러 가지 문제로 생각해 볼 필요가 있다. 우선 제일 빠른 방법이 무력적 방법이다. 다시 말해서 무력에 의한 물리적 방법으로 북한의 김정일을 죽이고 새 정권을 세운다. 그렇다면 세상에 어느 무력 집단이 북한 땅에 물리적 힘을 가하겠는가? 아무리 생각해도 미국이라는 나라 이외에는 없는 것 같다. 위에서도 간단히 이야기 했지만 무력으로 김정일을 죽이는 방법은 누구도 선택하지 않을 것이다. 미국도 선택하지 않을 것이다. 오늘날 21세기 세계 인류의 무조건적인 평화적 세계관은 물리적 선택을 반대하기 때문이다.

현재 미국과 북한의 역사적 관계, 특히 핵 문제를 둘러싸고 미국이 북한에 대해서 손을 볼 수 있다고 말하는 사람들이 미국에도 있고 한국에도 있고 일본에도 있다. 그러나 필자는 절대로 그렇게 생각하지 않는다. 세계 여론은 여론이고 아무리 공산권이 무너졌다 해도 세계적 판도 위에서 냉전의 종식은 평화의 본성적 요구에 맞게 이루어진 것은 절대로 아니기 때문이다. 특히 이 한반도에서는 말이다.

그리고 미국은 비교적 북한을 알고 있기 때문에 무력으로 손대는 것을 두려워하고 있다.

미국과 북한이 전쟁을 한다면 미국은 물론 무기가 좋다. 군사학적으로 타산하면 북한군 작전가들이 이야기하는 것처럼 북한군은 계란으로 바위를 부수겠다는 것과 전혀 다를 바가 없다. 그러나 한편 북한은 그렇지 않다. 전쟁은 무기만 좋다고 해서 이기는 것이 아니다. 북한은 정신이 있고, 하나와 같이 움직이는 엄격한 유일적 규율이 있으며 북한 지형 즉 산악전에 훈련된 전군과 전민이 있으며 미국의 현대적 무기를 블로킹할 수 있는 요새화 된 방어진지가 있다. 이럴 때 장기전을 하면 어떨까? 이렇게 생각하는 군사 전문가들도 있다. 장기전을 하면 미국은 더 힘들 것이다. 6.25 때와 같이 중국과 러시아가 직접적으로 인적 지원은 하지 않더라도 기름과 식량이나 필요한 전략 전술적 무기들에 대한 부품과 함께 직접 지원이 있을 것이라는 것은 너무나도 뻔하다. 이렇게 된다면 북한은 얼마든지 장기전을 할 수 있다.

미국이 북한과 싸워서 이기려면 중국과 러시아를 블로킹 할 수 있는 정치 외교적 수완과 함께 위에서 제기한 4단계에 거치는 선제 타격 이외는 다른 수가 없다. 그리고 수가 있다면 우리 한반도는 동서 간 길이가 짧고 종심이 깊기 때문에 북한 땅을 야금야금 허리를 잘라 먹는 방법으로 해결하면 좋을 것이다. 이 모든 것은 미국과 북한과의 문제를 놓고 이야기한 것이지 이때 한국은 어떻게 해야 한다는 것에 대해서는 언급하지 않는다.

경제적 방법에 의한 붕괴

아무리 따져 보아도 미국은 북한에 대해 무력으로는 절대로 공격하지 않는다. 그렇다면 북의 붕괴는 무력적 방법을 통한 붕괴는 절대로 아니다. 그 다음은 경제적 방법에 의한 붕괴를 생각해 볼 수 있다. 그러나 이 방법도 역시 시원치는 않다. 이미 북한은 완전히 파탄된 경제위에서 생존하는 방법을 습득했으며 완전히 거기에 적응된 사람들이다. 그리고 북한의 수뇌부는 300만을 굶어죽게 한 경험이 있다. 그 300만을 굶겨 죽였으면서도 조그마한 양심적 가책도 받지 않았다. 김정일의 마음속에는 북한의 경제와 인민은 보이지 않는다. 그는 정권을 잡았을 때 오늘과 같은 날을 내다보았으며 300만이 아니라 그 이상 죽을 것도 내다 본 사람이다. 말 그대로 사생결단을 한 수뇌부이다. 이런 자들에게 인도적 및 자비를 가지고 북한에 식량을 준다면 누구에게 가겠는가 하는 것은 너무나도 명백하다. 경제적 압력은 김정일 정권을 종식시키는데 많은 역할을 할 수는 있으나 결정적 역할을 하지 못한다.

대한민국의 어떤 사람들은 '그러면 북한의 불쌍한 인민들은 어떻게 하는가?'라고 하면서 아우성도 치고 그래서 무조건 도와주어야 한다고 이야기한다. 이 문제도 물론 원론적인 문제이다. 문제를 이렇게 생각해 볼 필요가 있다. 북한 인민들은 아무리 외부에서 도와준다고 해도 굶주리고, 도와주지 않는다고 해도 굶주린다. 여기에는 '어떤 답을 주어야 할까요?' 그러면 또 이렇게 말하는 사람들이 있다. '그래도 조금은 인민들에게 돌아갈 것이 아닌가?'라고 말이다.

　최근에 북한에는 간부들은 간부들대로 아주 강하게 결집되어 있다고 한다. 왜 결집되어 있는가 하니 외부에서 지원물자가 들어오면 북한은 철저하게 국가가 그것을 접수하고 김정일에게 보고하고 결론을 받아 처리하게 되어 있다. 그런데 이 모든 것이 간부들의 사업조직과 그들의 손에 의해서 진행된다. 이 과정에 간부들만 먹고 그리고 중요 대상기관들, 즉 군인, 탄광, 광산 등 이런 곳에 좀 내려 보내고 다 간부들끼리 먹고 나머지는 시장을 통해 유통시켜 현물은 현물대로 돈은 돈대로 챙긴다고 한다. 그러자니 외부에서 지원물자가 들어 왔는지 말았는지 인민들은 알 필요도 없고 또 알려 주지도 않는다. 그래서 간부들이 자연적으로 결집되게 되어 있다. 아마 간부들도 층층으로 결집될 것이다. 사실 북한은 인정사정이 없어진지가 오래 되었다. 그전에는 간부들도 인정이 있고 사정이 있었다. 그러나 쌀독에서 인심이 난다고 김정일이 인민들이 죽어 나가는 것에 대해 전혀 관심이 없는데 그 밑의 간부들이 왜 인민들의 굶주림에 대해 관심을 두어야 하는가? 이래서 지금 북한은 빈부의 차이가 날이 갈수록 커지고 있으며 빈부의 차이가 커지는 데는 대한민국의 좌파정부의 역할도 한몫 했다.

　또 어떤 사람들은 이렇게도 이야기한다. 그러면 '2,000만 동포들이 다 배불리 먹을 양을 준다면 어떻게 될까?' 김정일의 눈에는 인민들이 안 보이는데 아무리 수천만 톤을 도와준다고 한들 그것이 인민들에게 절대로 갈 수 없다. 필자는 김정일의 마음을 알았기에 '김정일은 사람이 아니다.'라고 결론을 내렸다. 김정일은 살인자요, 식인종이다. 북한에 사람을 잡아먹는 식인종이 있다고 하는데 그 말이 사실이다. 바로 북한의 인민들을 김정일이 잡아먹고 있다.

얼마 전에 KBS 공영방송에서 어느 한 교수가 인터뷰를 한 적이 있다. 그 교수에게 "대한민국에서 북한에 어려운 사람들을 먹이라고 준 쌀이 북한군 최전연 전방부대들에 공급된다는데 어떻게 생각합니까? 만일 교수님이 김정일이라고 생각해 보십시오. 누구를 주겠습니까?"라고 물었더니 그 교수님은 "아 정말 그러네요."라고 답했다. 다음에 "북한 군인도 북한 사람인데 어떻게 생각하십니까?"라고 질문하였다. "인도적 지원이란 말은 정말 어려운 사람들 특히 굶주림에 있는 사람들을 도와주기 위해서 지원하는 것을 인도적 지원이라고 하지 않습니까? 그러면 인도적 지원이란 말을 하지 말고 그저 무조건 북한에 퍼주면 됩니다." 사실 그때 필자는 그 교수에게 더 묻고 싶은 질문이 있었다. "지금 현재 북한군 호위총국 군인들에 대해서는 대한민국에서 지원된 모든 물자가 공급된다는 것을 알고 있습니까? 라면까지도 말입니다." 끝내 이 질문은 하지 않았다. 그 인터뷰는 원래 20분 계획이었던 것인데 10분만에 끝나고 말았다. 그 교수와 더는 말귀가 통하지 않아 인터뷰를 더 할 수 없었다.

어떤 사람들은 북한사람들에게 농사 짓는 방법을 가르쳐 주어 그들이 많은 양의 식량을 생산하도록 돕겠다며 직접 북한에 들어가 해당 농업부분 일꾼들과 같이 농사를 지으면서 기술을 전수한다고 한다. 그것도 좋은 방법이다. 그러나 제한된 지역에서는 그렇게 할 수 있는지는 모르겠지만 전국적 협동 농장에 우리가 배워준 선진 영농 기술을 일반화 할 수가 절대로 없다. 아무리 우리가 배운 것이 현 시대를 대표하는 영농 기술이라고 해도 김일성이 내놓은 주체농법보다 더 우세할 수는 없기 때문이다. 개별적 농장들을 도와주어도 그 농장들이 다 김일성이 현지지도를 하였다는 농장들이다. 왜 이런 농장들을 도와주도록 북한 당국이 하고 있는가? 다름이 아니라 김일성이 현지 지도하였다는 농장이 잘 되어야만 하기 때문이다. 그래야 김일성을 더 우상화 할 수 있기 때문이다. 도와주는 것은 좋지만 김일성의 우상화에 같이 동참한다면 안 될 것이다.

농업경제의 구조 자체가 쌀 생산을 가일층 높일 수 있는 체제가 아닌 것도 문제이다. 무엇보다 김정일이 인민들을 배불리 먹이려고 생각하고 있지 않다는 것이 제일 크면서도 해결할 수 없는 문제이다. 김정일은 인민들이 배불리 먹고 윤택하고 행복하게 잘 살게 되면 자신의 체제가 유지되지 못한다는 것을 알고 있기 때문이다. 오늘 북한의 어려움은 김정일 체제 유지의 경제적, 정치적 지반으로 되고 있다.

그렇기 때문에 북한의 어려움이 증가될수록 얼핏 생각하면 그 어려움이 북한 정권의 붕괴 시간을 단축하는 것 같아도 질적으로는 더 강화시키는 역할을 한다는 것을 알아야 한다. 그러면 '어렵지 않게 도와주면 될 것이 아닌가?'라고 생각할 수 있는데 그렇다고 해서 도와주면 그것은 북한 정권 유지를 위한 물리적 힘을 키우거나 유지하는 데 도움이 되므로 그것도 안 된다. 때문에 북한은 이렇게 도와주어도 안 되며 저렇게 도와주어도 안 된다. 그것이 북한 정권 붕괴의 시간을 촉진시키는 데 제일 좋은 방법이다.

결론은 경제적으로도 북한 정권을 붕괴시키는 데는 승산이 없다. 그렇다면 분명히 북한 정권이 붕괴되어야 하는 것은 필연적이다. 어떻게 하여야 김정일을 죽이고 인민들이 살겠는가? 무엇보다 시간이 필요하다고 생각한다. 이 시간을 한껏 이용하여 북한 영혼들이 참된 진리를 아는 것이 제일 중요하며 또 그 길이 김정일이 빨리 죽는 날이라고 생각한다. 북한의 영혼들이 진리를 알아야 한다고 해서 자유도 있고 민주주의도 있고 그래서 하고 싶은 말도 마음대로 하고 인권도 있다고 하는 이 자본주의 사회를 꼭 알아야 한다는 것은 절대로 아니다.

나는 분명 두 제도를 체험하고 있다. 이미 북한에서 자본주의를 배울 때 '자본주의 사회가 이럴 것이다.'라고 생각은 하고 배웠지만 하나도 다른 것이 없다. 대한민국에 와서 특별히 놀란 것도 없고 '아 새롭다!' 이렇게 생각한 것도 없다. 그렇다고 해서 나 자신이 대한민국 문화에 완전히 적응한 것도 아니다. 어제도 어느 한 슈퍼에 들어가 옷을 하나 사려고 하는데 그 집주인이 날더러 "여기 사람이 아니네요."라고 말하기 때문에 대한민국 사람이라고 이야기했지만 그 집주인은 나의 정체성을 아주 정확히 알고 있었다. 그런 것을 보면 북한은 자유 민주주의에 체제에 대해서 바로 배워주는 것 같다. 물론 고등교육을 받은 사람과 중등 의무교육을 받은 사람과의 분명한 인식 차이는 있겠지만 필자에게 있어서는 정치도, 경제도, 문화도 사실 그대로였다. 다른 것이 있다면 한강에 있는 다리 중 잠수교를 북한 사관학교에서는 수중

교로 배운 것, 즉 이름이 다른 것이었다. 그러나 '대한민국의 정치가들이 아무리 싸움을 해도 애국적 양심이야 있겠지'라고 기대했는데 그 것도 아니라는 것과 '교회 목사들과 교인들은 나름대로 완벽하겠지.'라고 생각했는데 너무나 실망이 많았다는 것, 이런 것은 확실히 생각했던 것이 착각이었다는 것을 알게 되었다.

참된 진리는 어디에 있는가?

북한 영혼들이 참된 진리를 알자면 우선은 참된 진리가 무엇인지, 또 그 진리는 지금 어디에 있기에 북한 사람들은 그것을 모르고 있는지, 진리를 알려고 하는데 무엇이 그것을 알지 못하게 방해하고 있는지, 그것을 알아야 한다고 생각한다. 필자는 교회에 다니는 교인이기 때문에 이런 말을 하는 것이 아니라 좀 더 솔직하게 이 세상을 바라보고 판단하는 옳은 세계관을 가져야 한다고 생각한다. 특히 북한 영혼들에게 있어서와 함께 좌로 우로 완전히 치우친 우리 대한민국의 일부 국민들에게 말이다.

공산주의 이념도 한때 인간들에게 매력적이었으며 지금도 환상적 매력에 빠진 사람들이 많다. 그러나 그것은 진리가 아니다. 진리라면 많은 국가들과 사람들과 정당들이 가다가다 못간 그 길이 아닐 것이다. 물론 아직도 이상으로는 될 수 있다. 그러나 인간의 의지로는 못 가는 길이다. 다만 사람이 완전히 공산주의자가 된다면 갈 수 있다.

그런데 공산주의 사회에 상응한 공산주의자가 된다는 것은 하나님이나 예수님처럼 된다는 것을 말한다. 사람을 하나님이나 예수님처럼 만든다는 것은 인간이 절대로 할 수 없다.

북한의 공산주의자들은 사람이 먼저 공산주의자(김일성주의자)가 되면 경제도, 문화도, 공산주의 사회에 상응한 경제와 문화로 만들게 된다고 한다. 그것은 어느 사회나 사회건설의 주인은 사람이기 때문이다. 사람의 결정적 역할론과 사람이 세상을 다스려 나갈 수 있는 만물의 영장으로서의 그 성경적 지위를 그들(북한)도 인정한 것이다. 그래서 그들은 사상론을 주장하며 그 사상론으로 사람들을 공산주의자로 만들겠고 한다. 바로 그 임무를 노동당과 근로단체 정치 조직들이 맡고 있다. 그러나 사람을 사람답게 만드는 것은 노동당도 아니고 그 이상 강력한 조직이 있어도 안 된다고 한다.

북한에서 사람을 공산주의자로 만드는 일, 우리 자유민주주의 체제에서 사람을 사람답게 만드는 일은 인간으로서는 도저히 할 수 없는 일이다. 왜냐하면 사람은 사람을 만들지도 않았고 사람이 사람의 속성을 만들어 사람에게 불어 넣을 수도 없기 때문이다. 그러나 사람은 이미 진리의 속성을 가지고 있다. 그렇다면 누군가가 그 속성을 사람에게 넣어 준 것인데 그분이 바로 하나님이시다.

하나님은 인간을 만드실 때 분명히 하나님의 형상과 모양대로 만드셨다. 우리 인간은 그 창조주의 은혜로 하나님을 알고 믿고 순종하며 충성을 다해 하나님을 널리 전파해야 한다. 때문에 예수님을 믿은 기독교는 종교가 아니라 이념이라고 생각한다. 이것은 지극히 성경적이다. 북한에서 성경을 보다가 '아 바로 이것이구나.' 이렇게 탄성을 올렸다. 즉 인류의 최고 강령은 공산주의 사회를 건설하는 것도 아니며 또 자본주의 복지사회를 건설하는 것도 아니다. 다만 하나님주의를 건설하는 것이 인간의 최고 강령이다. 성경에서는 이 세상의 시작과 끝에 대해서 정확한 답을 주고 있기 때문이다.

성경에는 있는 개인이나 부자들의 소유를 폭력으로 다 죽이고 빼앗아 국가 소유로 만들어 국가가 국가 계획을 가지고 경제를 운영하라는 공산주의 탄생의 출로를 가르쳐 준 것이 없다. 또 한편 성경은 "땅에는 언제든지 가난한 자가 그치지 아니하겠으므로 내가 네게 명하여 이르노니 너는 반드시 네 경내 네 형제의 곤란한 자와 궁핍한 자에게 네 손을 펼지니라"(신 5:11)라고 가르치고 있다. 또 "일하지 않는 자는 먹지도 말라"(일하기 싫어하거든 먹지도 말게 하라; 살후 3:10)고도 가르치고 있다. 이 얼마나 짝이 맞고 균형 잡힌 말씀인가? 때문에 성경은 진리이며 인류의 최고 강령은 공산주의 건설이 아니며 자본주의 사회 건설도 아니다. 다만 하나님주의를 건설하는 것이며 하나님주의 건설의 심판은 예수님이 이 땅에 재림하여 진행할 것이다. 그때 누구나 다 면류관을 받는 것이 중요하다.

우리 자유민주주의 체제에서도 그 원리는 같다고 본다. 우리 체제는 자유민주주의 체제이기 때문에 공산주의 사람들처럼 사람을 자유민주주의 체제의 사람으로 만든다고 할 수도 없고 그저 사람을 사람답게 만든다고 말해 보자. 사람이 사람답게 된다는 것은 원래의 창조적 본성을 회복하는 것을 말한다. 그렇다면 이러한 문제를 어떤 단체가 어떤 방법으로 만들 것인가? 그래서 창조주 하나님은 이 땅에 교회를 세웠고 교회들로 하여금 사람을 사람답게 만들라고 명령을 주셨다. 교회가 해야 할 일과 그 임무는 대단히 많고 중요하다. 그렇다고 해서 한국의 교회들이 북한의 노동당이나 근로단체, 정치 조직과 사명이 같다고 보는 것은 절대로 잘못된 것이다. 노동당은 사람이 만든 것이고 교회는 하나님이 만든 것이다. 필자는 노동당에서도 일을 해 보았고 또 교회에서도 일을 해보았다. 그리고 사람이 만든 것과 하나님이 만든 것은 완전히 다르다는 것을 체험했다. 무신론자들 공산주의자들의 가장 큰 약점이 무엇인가? 사람의 인본주의 사상과 의지대로만 모든 것을 다 할 수 있다고 생각하는 것이다. 그것이 그들의 모든 패배의 원인이다.

만일 우리 자유민주주의 체제에서도 사람이 사람답게 준비된다면 정치도, 경제도, 문화도, 다 해결되었을 것이다. 지금 우리 사회와 같이 차마 눈 뜨고 볼 수 없는 현상들이 정치권이든, 경제권이든, 군사권이든, 문화부분이든 어디에서도 나타나고 있는 비리와 비행들이 다 사람이 사람다운 구실을 하지 못하기 때문이다. 만일 사람이 사람답게 산다면 그렇게도 정부가 애쓰는 경제문제도 해결되었을 것이고, 양극화 문제도 해결되었을 것이며, 지역주의 문제도 해결되었을 것이고, 남북문제도 진정성 있게 해결되었을 것이다.

대한민국은 국민들의 분포와 가족의 숫자에 비추어 볼 때 건설된 집은 모든 사람들이 다 쓰고도 남는다고 한다. 그런데 그것이 있는 사람에게는 있고, 없는 사람에게는 없어서 문제가 된다. 골고루 분배하지 못한 것인데 자유민주주의 체제 하에서는 공산주의자들과 같이 무상 몰수하여 무상 분배 할 수도 없다. 이것은 성격적인 것도 아니다. 하나님은 성경에서 재산 있는 사람들 것을 마구 빼앗아 없는 사람들에게 주라고 말씀하신 적이 없다. 그래서 공산주의는 이 세상에 탄생하지 말았어야 할 이념이다.

부동산 문제를 해결하려면 단 한 가지 방법이 있다. 하나님의 사상으로 감동되고 무장된 사람들이 하나님의 영으로 통제받고 인도받을 때에는 얼마든지 해결될 수 있다. 집이 있는 사람은 악하고, 집이 없고 서민으로 사는 사람은 선한 것인가? 만약 이런 생각을 품는 자가 있다면 이것은 하나님의 사상을 잘못 이해한 것이다. 하나님은 사랑의 하나님이시지 프롤레타리아 혁명의 지도자는 절대로 아니시다. 부동산 문제 하나만 놓고 말하더라도 프롤레타리아 혁명으로도 집 문제는 해결할 수 없다. 또 자본주의 사회에서 건설업체들이 폭리를 보면서 건설을 무한정 한다고 해서 해결될 수도 없다. 다만 하나님의 사랑의 영으로 감동된 이 나라 국민 전체의 사랑의 힘에 의해서만 해결될 수 있다.

그들이 하나님을 알게 될 때

이 세상천지 만물 가운데 사람이 제일 귀중한 존재이다. 사람이 모든 것을 다스려 나가며 사람이 사회를 건설하는 역량이자 추동력이라는 것은 바로 하나님이 사람을 만들고 사람에게 부여한 지위이며 역할이다. 그것은 하나님의 명령이자 축복이다. 북한의 지도 사상인 주체사상도 바로 그것을 그대로 옮겨다가 만든 사상이다. 거기에 하나님은 빼고 수령이라는 존재를 등장시켰고 수령은 아무리 수령이라고 해도 사람을 창조했다고 말하기는 어렵다. 그렇기 때문에 창조론에 대해서는 주체사상에서 다루지 않는다. 그러다 보니 그들이 어리석게도 주체사상을 가지고 하나님의 사상을 변론하며 대적하겠다고 대드는 것이다.

결론적으로 북한 사람들에게 참 진리를 알게 하는 것은 곧 하나님을 알게 하는 것이다. 그들이 하나님을 바로 알 때 자신들이 하나님의 형상과 모양대로 창조되었다는 것을 알게 되고, 그 하나님의 형상과 모양이 도대체 무엇인가 하는 것도 깨닫게 될 것이다. 이렇게 될 때 북한의 영혼들은 참된 자유를 알게 되고, 참된 민주주의를 알게 되고, 참된 인권을 알게 되고, 숭배해야 할 참된 신이 누구이신지에 대해서도 알게 될 것이다. 공산주의자들도 늘 증거 하는 것처럼 사람은 원죄로부터 죄인이다. 공산주의 사람들은 "완성된 사람은 이 세상에는 없다."라고 말한다. 그래서 그 어떤 절대자이신 분으로부터 지도도 받고 인도도 받고 그분의 사상으로 무장하고 그분의 모양과 형상대로 살아야 한다고 말한다. 그런데 그분이 바로 하나님이시다. 북한은 그분이 '김일성', 그리고 지금은 '김정일'이라고 한다. 여기서부터 북한은 모든 일이 안 되는 것이다. 이것을 아는 순간에 북한의 영혼들은 자신이 분명이 갖고 있으면서도 향유하지 못하는 것이 무엇이며, 향유하지 못한다면 누구 때문에, 왜 못하는지를 깨닫게 될 것이다. '아는 것'은 곧 '시작'으로 될 것이다. 그러면 내 모든 것 즉 자유, 인권, 민주주의, 마음껏 신을 믿는 신앙, 이 모든 것이 누구에게 있단 말인가? 그들은 곧 알게 될 것이다. 김정일이 다 빼앗았다고 말이다. 고유한 자기의 것을 남에게 강제로 빼앗겼다는 것을 알게 될 때 사람은 가만있지 않게 되어 있다. 그렇게만 된다면 북한 영혼들은 열심히 하나님께 기도할 것이고 하나님께 잡힐 것이며 하나님을 믿는 사람들이 늘어날 것이고 늘어나는 분들이 또 기도할 것이다. 그럴 때 하나님과 북한의 영혼들은 한 덩어리가 될 것이다. 그야말로 아버지와 그 아버지의 아들딸들이 될 것이다.

분명히 지금 정치가들이 부르짖는 통일의 방법, 그리고 경제전문가들이 경제 협력의 방법으로 북한을 변화시키려고 하는 방법 등 이 모든 것이 하나님의 뜻에 합당하였다면 하나님은 벌써 이 땅에 통일을 주었을 것이다. 그러나 하나님은 60년이 넘게 아직도 분단을 허락하고 계신다. 그렇다면 하나님의 뜻은 도대체 어디에 있단 말인가? 우리는 하나님의 음성을 듣고 찾아야 한다.

저 북한을 향한 하나님의 마음은 개성도 아니며 금강산도 아니며 봉수교회나 칠골교회도 아니다. 단지 북한의 2,000만 영혼들을 구원하려는 데 있다. 그들의 영적인 구원이 바로 통일이며, 김정일의 회개 또는 죽음이며, 북한의 핵문제 해결이다. 만일 그렇게 되면 이 세상에서 제일 강력한 나라가 바로 한반도일 것이다. 우리가 북한에 많은 것을 도와주어 그들이 풍청대면서 살아간다고 해도 영적으로 구원을 받지 못한다면 그것은 본질에 있어서 통일이 아니다. 거기에는 빛이 없고 진리가 없기 때문이다.

북한 영혼들이 구원을 받았을 때 계속해서 하나님은 어떤 방법으로 북한을 섭리하시는지 알 수 없다. 다시 한 번 더 말하고 싶은 것은 나는 교인이기도 하지만 북한의 주체사상의 신봉자였던 자로서 하나님이 인류의 강령임을 두 체제를 체험하면서 인정하지 않을 수 없다. 주체사상을 통해 성경으로 인도받은 자로서 인류에게 주어진 참된 진리는 하나님이시며, 인간은 공산주의도 자본주의도 아닌 하나님주의자가 되는 것이 참된 길을 가는 것이라고 생각한다. 이미 하나님께서는 성경을 통하여 인간 구원의 길, 진리의 길, 생명의 길은 예수 그리스도를 통하여 하나님께로 가는 길밖에 없다고 말씀하신다. 이 세상길이 많은 것 같지만 아무리 찾아보아도 이 길밖에 더는 없다는 것을 성경과 인류역사와 필자의 체험이 증명한다.

북한 영혼들에게 하나님을 알게 하는 것은 물론 매우 힘든 문제이다. 현재 북한의 영혼들에게 하나님을 전하기 위해 목숨을 걸고 힘이 들게 하는 기독교 단체들과 선교사들이 있는가 하면, 아주 쉽게 하는 단체들도 있다. 힘이 들게 하는 단체들은 직접 선교를 하는 단체들이다. 이들은 많은 영혼들을 구원하며 구원받은 영혼들이 북한에서 지하 교회를 형성하고 예배 생활을 하고 있다. 지금은 지하 교회에서 예배 생활을 하지만 머지않아 지상교회에서 예배 생활을 할 수 있는 인프라 구축도 이들을 통해서 이루어지고 있다. 이런 사역에 대해서는 한국교회들이 잘 신뢰를 하지 않는 것이 특징이다. 필자도 탈북자이지만 우선 탈북자들이 잘 신뢰하지 않고 있다. 탈북자들은 북한 체제가 어떤 체제인가를 잘 알고 있기 때문에 북한에 지하 성도들이 있고 소수가 모여서 예배를 드리는 그 자체를 잘 신뢰하지 않는다. 필자와 함께 대북 복음 방송을 하고 있는 신실한 탈북자 자매도 자신이 복음 방송을 하면서도 긴가민가하면서 잘 믿으려 하지 않았다고 한다. 그러나 잘 믿어지지 않는다는 말을 하면 방송을 하는 분들에게 죄송스러운 것 같아 말을 못하고 혼자서만 그런 마음을 지니고 있었다고 한다. 그런데 얼마 전에 북한에 있는 언니와 전화로나마 대화를 하고 나서야 모든 것이 사실이라는 것을 알고 하나님 앞에 회개했다고 한다. 북한에 복음을 전하는 일은 전능하신 하나님이 하시는 것이다.

신사참배보다 더 큰 죄악

조선그리스도연맹과 함께 손을 잡고 북한 선교를 한다고 하는 교단과 교회들도 있다. 이들이 주장하는 이론은 이렇다. 첫째는 합법적으로 북한에 복음을 전할 수 있는 채널은 조선그리스도연맹밖에 없지 않느냐 하는 것이고, 둘째로는 하나님은 조선그리스도연맹을 통해서도 역사하신다고 전능하신 하나님의 능력을 인정한다는 것이다. 개인적으로 조선그리스도연맹을 인정한 것은 1938년 9월 9일 일본의 천황폐하를 인정하고 숭배하는 신사참배를 정식 결정한 제 2의 신사 참배라고 생각한다. 조선그리스도연맹과 봉수교회와 칠골교회는 성부, 성자, 성령의 이름으로 기름부음을 받은 하나님 안에 있는 단체가 아니며 특히 조선그리스도연맹은 독재자 김정일의 사인을 받고 만들어진 기만적인 종교 연맹이다.

대한민국의 기독교 역사에 1938년 일본 천황에 대한 신사 참배 결정은 하나님 앞에 큰 죄악이 아닐 수 없다. 그런데 문제는 그때 지은 죄가 아직도 하나님 앞에 깨끗이 회개된 것이 없다. 신사 참배를 결정할 때에는 일본이 지배하는 세상이 영원할 줄을 알았는지는 모르겠지만 우리나라가 해방되는 것은 진리이며 그 진리가 우리를 광복시켜 준 것이다. 만일 신사 참배를 결정할 때 우리 나라가 7년 후이면 해방된다는 것을 알았다면 신사 참배를 결정했을까? 알고도 신사 참배 결정을 했다면 광복이 된 이후에는 신사 참배 결정 문제를 어떻게 해결하려고 그때의 종교 지도자들은 마음을 먹었을까? 아마 그것까지는 생각하지 못했을 수 있다. 그렇다면 광복 이후에라도 하나님 앞에 뼈를 깎는 회개를 했어야 했다. 그러나 세월이 흘러 세대가 바뀌면서 역사에 기록은 있지만 마땅히 회개했다는 기록은 확실치 않은 것 같다.

오늘 조선그리스도연맹에 대한 문제도 그렇다. 합법적인 채널이 그것밖에 없다고 하는 교단과 개별적인 교회들, 그리고 교회 지도자들은 조선그리스도연맹을 인정했다는 것인데 인정했다는 것은 본질에 있어서 김정일에 대한 신사참배를 결정한 것이다. 그들은 이렇게 말하면 큰일 났다고 할 수 있다. 김정일을 비록 직접 보지는 못하였겠지만 김정일이 사인을 한 거짓 그리스도연맹을 인정했다는 것 자체가 바로 그것이다. 일본의 신사 참배가 그러했던 것처럼 이제 통일이 되면 조선그리스도연맹은 어찌하겠다는 것인가? 통일이 안 되고 김정일 세상이 영원하리라고 생각하는지는 모르겠으나 통일은 진리이다. 그 진리가 광복을 주신 것처럼 통일을 주실 것이다. 그때 또 세대가 바뀌면서 역사에 지금 신사 참배 문제를 깨끗이 해결하지 못한 것처럼 남겨 놓으려 하는가? 신사 참배는 압력과 협박이라도 있었지만 조선그리스도연맹에 대한 문제는 저절로 그리고 제 발로 돈을 들고 찾아올라간 것이다. 신사 참배의 죄보다 더 엄중하다는 것이다. 물론 북한에 조선그리스도연맹이라는 채널밖에 없기 때문에 어쩔 수 없지 않느냐 하는 문제는 말도 안 되는 것이며 북한의 종교 정책 자체가 위선인 것만큼 그들을 깨우쳐 주는 차원에서 조선그리스도연맹과 외교적으로는 관계할 수 있다. 그러나 지금은 그 도를 훨씬 넘어서 너무나도 깊게 들어갔다.

조선그리스도연맹은 지금도 하나님을 인정하지 않으며 통일이 된 다음에도 북한에서 어렵게 지하에서 신앙생활을 하던 신앙인들이 지상으로 올라오면서 그들도 인정하지 않을 것이다. 또 신앙생활을 하지는 않지만 그때 북한의 인민들도 인정하지 않을 것이다. 지금 조선그리스도연맹을 인정하고 끌려 다니던 교단들과 지도자들은 그때 어떻게 처리하려고 하는 것인가? 북한의 인민들이 그리고 지금의 지하 성도들이 인정하지 않는다면 이미 그때에는 노동당은 존재하지 않을 것이고 강영섭도 없어졌을 것이다. 분명히 말하건대 지금은 북한 땅을 밟을 수 있어도 그때에도 북한 땅을 밟을 수 있으리라고 생각하고 있다면 큰 착각이라는 것을 알아야 한다.

하나님 앞에서의 사역은 조그마한 총명과 공명심도 있어서는 안 된다. 신실하고 정직해야 한다. 지금 그들(조선그리스도연맹을 인정한 사람들)은 그렇게 하고 있다고 생각하고 있다. 그러나 다른 데로 끌려가고 있다는 것을 알아야 하며 깊이 성찰해 보아야 할 것이다.

무엇이 진정한 북한 선교인가?

한편 북한 선교를 한다고 소리를 치고 다니는 단체들이나 사람들은 위에서 이야기한 조선그리스도연맹에 자주 다니는 사람들이 아니면 교육된 북한 안내원들의 안내를 받아 고아원이나 탁아소, 유치원 등 몇 곳에 가보고 구제를 한 사람들이다. 성경은 사랑은 제일이라고 말해 준다. 북한의 어려운 영혼들을 구제한 것, 북한 영혼들에 대한 사랑이 없이 할 수 있는 일은 아니라고 생각한다. 그러나 한 손에 빵을 주었으면 한 손에는 진리를 쥐어 주어야 한다. 복음을 전파하는 아름다운 발걸음은 균형적 발걸음이지 소리 나는 꽹과리 같은 발걸음은 아닌 것이다. 사도행전 6장은 우리에게 그렇게 하라고 가르치고 있다. 지금 북한의 현실은 그렇게밖에 할 수 없다고 주장한다면 전지전능하신 하나님의 능력의 영과 투철한 소명의 영으로 덧입은 사명자로서는 좀 더 기도를 많이 해야 할 것이라고 생각한다.

솔직히 말해서 하나님은 원래 소리치는 것을 좋아하지 않으신다. 또 왼손이 하는 것을 오른 손이 아는 것도 좋아하지 않으신다. 북한에 다니기 좋아하고 특히 북한에 가서 조선그리스도연맹 사람들과 사진도 찍고 조선그리스도연맹 위원장의 사인을 받고 와서 사람들에게 보이며 하나님이나 만나고 온 것처럼 생각하는 사람들에 대해서는 하나님은 더 좋아하지 않으실 것이다. 이런 사람들과 단체들은 소문 없이 직접 선교를 하는 단체들은 마치 나도 북한의 불쌍한 영혼들에 대한 육신의 어려움에 대해서는 아랑곳하지 않는 잔인한 사람들처럼 생각하는 면도 있는 것 같다. 소문 없이 직접 선교를 하는 단체에 대해서 그 이름은 말할 수 없지만 한 사례를 소개한다면 그들은 북한에 한해에 2억 원에 해당한 결핵약을 보내 주고도 누구에게도 이야기한 적이 없는 사람들이다. 지금도 계속 필요한 것, 즉 영과 육에 필요한 것 모든 것을 보내고 있다.

북한 선교는 북한의 영혼들을 구원하는 데 그 목적이 있다. 북한의 그리스도연맹에 돈이나 가져다주고 봉수교회를 크게 짓고 금강산에 모여 기도나 하는데 있는 것이 아니다. 물론 하나님께 기도한다는 데 그리고 봉수교회 돈을 주고 크게 지어주는 것도 하나님이 하신다고 하는데 누가 할 말이 있겠는가? 그러나 이것은 외교적으로는 할 수 있는 사역이라고 생각된다. 그러나 그것은 균형을 잃은 북한 선교일 수밖에 없다. 하나님은 금강산도 북한식 봉수교회도 내려다보고 계신다. 그러시면서 저것이 '내 마음에 합한 것이다.'라고 하시겠는지 모르겠지만 아무리 힘이 들어도 북한 영혼을 직접 구원하는 쪽을 택하는 것이 하나님이 더 기뻐하지 않을까 생각한다.

하나님은 거짓증거 하는 것을 싫어하신다. 조선그리스도연맹은 현대판 가룟 유다이다. 이미 하나님을 배반한 김일성 외가의 후손들로 노동당에 의하여 종교 간부가 된 자들이다. 원수까지도 사랑하라고 하신 하나님의 말씀을 선포하고 해석해야 할 교회에서 미국과 한나라당을 증오하라고 설교하는 그들(봉수교회)을 어떻게 보아야 하겠는가? 하나님은 신령과 진정으로 드리는 예배를 받으신다. 배반자들이며 배도자들인 세상에 태어나지 말았어야 할 거짓 분자들에게 알고도 동참한다면 그 자체가 지혜가 주는 전술적이며 외교적인 것은 될 수 있으나 그것만이 북한 선교라고 한다면 잘못된 것이다. 필자는 어렵게 북한 선교를 하는 선교 단체들과 선교사들에 의하여 구원받은 많은 영혼들은 많이 보았으나 조선그리스도연맹을 통하여 구원받은 북한 영혼들은 아직 만나보지 못했다.

필자도 하나님의 택하심을 받아 대한민국으로 와서 '북한의 영혼들을 구원하기 위해서는 어떻게 하면 좋습니까?'라고 기도를 많이 했다. 북한의 통제 체제를 너무나도 잘 알고 있었기 때문이다. 북한의 통제 체제를 생각하면 북한에 복음을 전한다는 것은 가능성이 없어 보인다. 그러나 우리 하나님은 전지전능하시며 얼마든지 전할 수 있으며 또 지금도 전하고 있다. 전해진 복음의 능력은 또 대단한 것이다. 이제 그 수가 채워지면 하나님은 북한에 지상 교회들을 세워지게 역사하실 것이다. 그것 때문에 하나님은 이 땅에 많은 탈북자들을 보내 주셨고 그들로 준비시키고 있다.

하나님의 나라와 의를 위해

오늘도 필자는 하나님을 알지 못하면서도 하나님을 대적하는 김정일과 그 측근들(한국에 있든 북한에 있든) 그리고 북한 영혼들을 위해 기도하며 '그의 나라와 그의 의(義)'를 위해 이 몸을 바친다. 하나님은 나를 그렇게 인도하고 계신다.

김일성 광장 열병식 종대 네 번째 횡대 우익 기준에서 답례하던 김일성 그 앞을 행진하면서"수령이시여! 명령만 내리시라. 저 제주도 한라산에 인공기 (공화국기)를 꽂기 전에는 이 손에서 총을 놓지 않겠습니다. 그리고 이 어깨에서 별도 내리지 않겠습니다."라고 맹세를 다질 때에도, 그러면 죽는 것인데 죽음에 대한 겁은 솔직히 있었다. 그것은 억지였으며 두려움 자체였다. 그러나 이제 하나님을 위해 일하다가 하나님을 위해 죽는다고 생각할 때, 너무나 마음이 평안하다. 이것이 하나님을 위한 진정으로 완성된 자유가 아닌가? 이것이 인생의 최고 절정, 최고의 행복이 아닌가? 바로 세상과 하나님은 이렇게 다르다. "진리를 알지니 진리가 너희를 자유롭게 하리라"(요 8:32) 인류에게 진리를 깨우쳐 주시고 자유를 권리로 허락하여 주신 하나님께 영원무궁토록 영광을 드린다. 길이길이 감사하노라. 나의 하나님께 아멘.

언제인가 평양 땅에도
하나님의 통치 하에서의 민주주의가,
하나님의 형상과 모양으로서의 인권이,

진리 안에서의 자유를 북한 영혼들이 마음껏 향유하리라 믿는
다.

그날까지 하나님은 우리 모두를 인도하실 것이다.

이것이 하나님의 주권이요,

여기에 순종하는 것이

하나님의 백성들의 권세이며 능력이다.